Information Literacy for Students

大学生のための情報リテラシー
活用力が身につく12章

SHINOHARA Masanori
篠原正典
[監修]

UEDE Hiroshi, HATANO Tomomi and KADOTA Asana
上出 浩・破田野智己・角田あさな
[著]

ミネルヴァ書房

はしがき

　多くのプロジェクトがそうであるように，本書の生い立ちも波乱に富む。COVID-19（新型コロナウィルス）は，学生にも，私たち情報リテラシー担当教員にも激変への即応を迫ったが，幸い私たちは，新体制への諸先生方のご理解とご協力，そして何よりも学生の意欲と努力，誠意と忍耐に支えられ苦難を乗り越えられた。COVID-19の完全な克服を願いつつ，この経験も活かし，本書では，対面・オンライン・ハイブリッドのいずれの講義形態でも用いることができるよう心がけた。

　逆境への対応をする中で改めて確認できたことがある。それは，本質をつかみ理解することの大切さである。本質あるいは中核となる考え方さえ押さえていれば，表層の変化に動じることなく次のパラダイムシフトに備えることができる。呼び名が変わろうが，アップデートが行われようが，OSやデバイスが変わろうが，中核的な考え方を押さえていれば恐れる必要はなく，次のバージョンアップを楽しみにできる。新たな一歩を踏み出そうとするみなさんに，そうなってもらうために，本書を操作重視のマニュアルとしてではなく，理解する素材として，優しい導入を配置しつつ，考え方の記述が豊富になるよう構成した。本質を探ることは遠回りのように見えるが，情報機器を長く，効率的に利用していくためには一番よい方法であると思われる。

　いつもとは少し異なる視点から，情報リテラシーやセキュリティ，Word, Excel, PowerPoint の総合的利用までの「まなび」を実践的に著したつもりで，「基礎」編と「発展」編を終えてもらうと初心者卒業となる。「基礎」編を確実にクリアし，ぜひ「発展」編まで終えて卒業を目指してもらいたい。ご利用いただける先生方には，不足やスタイル，方法の違いがあるかと思うが，本書を素材として自由にアレンジを加えながらご指導いただければ幸いである。

　繰り返すまでもなく，本書が成立するのは皆様のお陰でしかない。ともに乗り越えてくれた学生，とりまとめをしていただいた篠原正典先生をはじめ，ご協力をいただいた芦原典子先生，池田武先生，河西正之先生，安谷元伸先生，山﨑校先生，山本桂子先生，吉田秀和先生，渡邊優子先生（50音順）には心から感謝したい。改めてお礼を申し上げるとともに，皆様方の思いやご卓見の多くを盛り込むことができなかったことをお詫びしたい。

　急拵えのチームによる執筆作業だったこともあり，ご迷惑をおかけしたミネルヴァ書房営業部長の神谷透さん，そして大西光子さんにも感謝の念が堪えない。改めてお礼を申し上げる。

　このような生い立ちながら，いやこのような生い立ちだからこそなおさら，少しでも本書が，激動の中で大学の門をくぐる学生たちのよりよい理解へとつながり，その後の学修，そして飛躍への足がかりとなってくれることを願っている。

2020年12月28日

執筆者代表　上出　浩

目　次

Zero. まなぶ

「わかって」使えるようになるためのまなび

優　　：あっ，ごめんなさい……。

Na子：うん，大丈夫……。

優　　：良かった……。人が多くて……。

Na子：多いわね。いっぱい。
　　　　同じコースかしら？

優　　：そうみたいね。

Na子：初めまして，Na子です。

優　　：優よ。よろしく。

Na子：こちらこそよろしく。

優　　：出身どこ？

Na子：……。

優　　：ん？

本書のまなび

　AIがその威力を発揮するSociety 5.0でも，その能力を遺憾なく発揮させ，最大限の利益を引き出すためには，なおさら，情報ツールの理解と活用能力が必要となる。本書は現段階におけるその基礎を提供する。

　本書のまなびのロードマップは，

　　鳥瞰し → ポイントを押さえ → 必要な操作を学ぶ

となる。

　効率よく，実践的に，ずっと将来まで情報デバイスを利用する基礎として学んでいけるよう，まずはロードマップで大きな流れを示し（鳥瞰），学習に必要なポイント（考え方，コツ，してはいけないことなど）を押さえ，その後，関連する操作を解説している。大切なのは流れの中でポイントを押さえることである。細かい操作を忘れても，あるいはバージョンアップが行われても，流れとポイントさえ押さえられていれば何とかなるはずである。⁽¹⁾これは，全体でも，各章でも同じである。各章では，少し変わった大学新入生2人の会話で場面設定をしているので，この会話からスタートすると目標が飲み込みやすい。関連活用などを説明する【HINTS】も役立ててもらいたい。

　全体としては，レポートを書いて，発表するまでの手順を追っている。ロードマップは目次そのものであるが，以下のようになっている。便宜上，情報リテラシー学習として必須の【基礎】と，しっかり活用するための【発展】に分かれているが，XII章まで到達すると初心者卒業である。

　　Zero. まなぶ

【基　礎】

　　→ I.知る → II.選ぶ → III.操る → IV.書く → V.魅せる → VI.証す

　　→ VII.表す → VIII.導く

【発　展】

　　→ IX.守る → X.整える → XI.探る → XII.創る

　情報デバイスに「使われる」のではなく，「わかって」使えることを目指そう。読者には単なる知識や，操作を覚えるのではなく，考え方を理解することで，より長く，より広く，よりうまく情報デバイスを使えるようになってほしい。できればさらに，読者が新しいものを作り出していく基礎を築くことが本書の目標である。いつもとは少し違う進め方で戸惑うこともあるかもしれないが，失敗しながら，慣れながら，「こうだったんだ」が積み重なれば，「こう考えるんだ」がはっきりし，いずれ全体が見えてくる。全体が見えれば怖いものがなくなるだろう。そのようになれるまで，いっしょに頑張っていこう。

　なお，このテキストでは，キーを表す際には［　］を用いる。

---

(1) このテキストは2020年9月時点で，Windows10版Office365をベースに，必要に応じてMac版の操作に言及しながら書かれているが，できる限りバージョンや機種に依存しないよう目指されている。

【基　礎】

I. 知　る

効率よく見つけ出す

優　　：もう1週間になるわね。

Na子：この時代に送り込まれて。

優　　：最初は驚いたわ。

Na子：おどかしちゃったね。でも，最初に会ったのが優でよかった。

優　　：私も変わった友達がいきなりできてよかった。

Na子：変わったって失礼ね。でも，まぁそっか。

Na子：それにしても，入学したら，講義も始まっていないのにいきなりレポート。

優　　：この大学，厳しいのよ。

Na子：何とかしなきゃ。

優　　：一緒にがんばろ。

Na子：何から始める？

優　　：レポートの課題は，「情報を得るにはどうするか」だったよね。

Na子：私のいたSociety5.0では，「AIに聞く」が答えだけどね。

優　　：いいわねぇ。

　　　　でも，この時代ではそうはいかないのよ。

Na子：じゃあ，どうすればいいの？

優　　：調べるのよ。

Na子：じゃあ，調べるのを調べるってこと？

優　　：そうなるわね。

Na子：変なの。

優　　：仕方ないから，がんばりましょ。

Na子：でも，AIがいないのにどうやって？

優　　：私のパソコン使いましょ。嫌いだけど。

I.1 「知る」ロードマップ

　大学でレポートを書き，会社で報告をするためには，必要なことを調べ知っていなければならない。効率よく適切な知識を得るために必要な手順には様々なバリエーションがあるだろうが，ここでは以下のように進めることにしよう。

問題の明確化 → ツール選択 → 検索 → 記録 → 整理 → 分析 → 検証 → 最適解

I.2　調べるものを「知る」

　やみくもにキーワードを検索しても最適解は得られない。まずは与えられた問題がどのようなものかを明確に「知る」必要がある。難しいように聞こえるが，通常，問題文をよく読み，説明をよく読めば，何を調べなくてはならないかが自ずとはっきりしてくるはずであり，明確でない場合はたくさんの疑問が湧いてくるはずである。[(1)]

（例）「Society5.0について調べなさい」

　Society5.0の何を調べるのだろうか？　　言葉の意味？　　役割？　　仕組み？　　問題点？　　全部？

I.3　情報収集ツールを「知る」

　問題が明確になったら，次は情報を集めるツールを「知る」必要がある。利用できるツールそれぞれの特色に合わせて使いこなさなければならない。

最も身近な AI 系アシスタント

　iPhone などの Siri や Android の Google アシスタント，あるいは Amazon の Alexa は，スマートフォン（以下，スマホ）やスマートスピーカーに仕組まれたお馴染みの機能である。声で質問をしたり，命令をしたりすることができる。文字入力を利用してもよい。AI だけに日々学習しているので，ますます便利になってきているはずである。

（例）「Hey Siri, 今日の天気は？」

　これに Siri が答えられる理由を考えてみよう。この短い文章から Siri はどうやって問題を明確化しているのであろうか？　　おそらく，登録されている声であることを認識し，その音声をサーバーに送って分析して何を言われたのかを知り，最もあり得そうな質問を想定して，自分が利用できるデータの中から最もよさそうな答えを選びスマホに送り，スマホが音声に変えて答えてくれる。[(2)] 問題は，どこの天気かである。もちろんスマホの位置情報が使われる。Siri は常にあ

---

(1)　この時，いろいろな雑学が役立つ。このテキストには少し風変わりなものも含めてコラムがあるが，雑学として頭の片隅に入れておいてほしい。意外なところで役立つかもしれない。

なたの居場所を知っている。[(3)]

汎用のサーチエンジン

　少し前まで何かを探すといえば，「ググる」。すなわち Google のサーチエンジン（検索サービス）を使うのが定番であった。その前は，Yahoo!JAPAN が多かった。AI 系アシスタントもそうであるが，ここで大切なのは，全てを検索できるわけではなく，それぞれのデータ蓄積と検索アルゴリズム，つまりシステムによって出てくる答えは異なる，ということである。加えて，Net 上にはフェイクニュースだけでなく，真偽の定かでない情報があふれている。キーワードにヒットすれば，サーチエンジンもこれらをリストアップする。真偽を見極める能力が必要である。[(4)]リストのトップに出てくるのはスポンサーサイトかもしれず，あるサーチエンジンで出てこなくても，別のものだと出てくる可能性がある。別のサーチエンジンのはずなのに，全く同じリストが出てくるものもある。これは，リスト作成に同じプログラムが使用されるためである。

【代表的なサーチエンジン】

Google	：www.google.com
Yahoo!JAPAN	：www.yahoo.co.jp
Bing	：www.bing.com
Ecosia	：www.ecosia.org
DuckDuckGo	：duckduckgo.com

豊富な各種データベース

　大学では各種有料データベースを構成メンバーに限定公開している。大学にいる間，これを使わない手はない。

　これらは各大学図書館の学術情報検索サイトなどから利用できるようになっている。論文など全文を読めるものもある。大学図書館のページでは，非常に多くのリンクが用意されているので，用途に合わせて利用しよう。

【代表的な学術データベース：無料含む[(5)]】

OPAC	：各大学図書館所蔵書など

---

(2)　Siri が天気を予想しているのではなく，Siri はどこかの天気情報を利用して答えている。すると Siri の天気予報が当たるか外れるかは，Siri がどの天気情報を利用しているかで変わってくる。びしょ濡れになったのは，Siri のせいか，天気予報会社のせいか，それとも単に運が悪いのか。意外にわからないから不思議である。ではどうすればよく当たる天気予報を利用できるのであろうか。

(3)　プライバシーの問題，あるいは監視社会のゆくえについては，ジョージ・オーウェル著，高橋和久訳『一九八四（新訳版）』（早川書房，2009年）などが有名である。ジグムント・バウマン，デイヴィッド・ライアン著，伊藤茂訳『私たちが，進んで監視し，監視される，この世界について』（青土社，2013年）なども参考になる。

(4)　このテキストのタイトルにもなっている「リテラシー」とはもともと識字のことをいうが，転じて基本的な能力の意味で用いられるようになった。情報リテラシーやメディアリテラシーがフェイクニュースなどへの対処も扱う。

(5)　これらは一般的なものであるが，専門的なものもある。たとえば最高裁判所が運営する判例検索システム（www.courts.go.jp の「裁判例情報」），仏教資料などの佛教大学図書館デジタルコレクション（佛教大学付属図書館 bird.bukkyo-u.ac.jp の分野別「仏教資料」）などもある。

> CiNii Articles　　：論文検索
> 聞蔵　　　　　　：朝日新聞データベース
> 日経テレコン　　：日本経済新聞データベース
> JapanKnowledge：辞書・辞典を中心に幅広く
> Google Scholar　：論文検索（英文含む）

手がかりとしてのフリー百科事典系

　Wikipedia をはじめとするフリー百科事典がある。Web 上の辞書（たとえば，「情報　英語」などのワードで検索するとたくさん出てくる辞書サイト）とは異なり，みんなで集まって辞書を作ろう，というものである。たくさんの人の知恵が集まる有利さもあるが，他方で記述内容の偏りも懸念される。調べ始めるスタート地点にすることはよくあるが，頼り切ることはできない。

注意が必要な教えて・知恵袋系

　Yahoo! 知恵袋や教えて！ goo など，質問をすると有志が答えてくれるサービスがある。個別の疑問に答えてもらえたりするので，便利といえば便利である。ただ，親切で最適な解を与えてくれる回答者がいる一方で，親切ではあるがややずれた答えをくれる人や，ウィルス対処などで悪意のある回答者もいるようなので，気をつける必要がある。Web デザイナーやプログラマーは意外によく使うが，彼／彼女らが言うには，有益な情報を引き出せるか否かは質問の仕方次第だそうである。教えてくれる者たちの機嫌を損ねず，ほしい答えを引き出す質問をするには，それなりの技術が必要なのである。

技術系オフィシャルといえば，各種ヘルプ

　各種ヘルプは，製品，ツールの使い方を知るためだけでなく，情報を得るためにも使われる。それぞれの企業や製品ページの「サポート」「FAQ（よくあるご質問)」などから情報を得ることができる。サーチエンジンなどで探すより不要な情報が少なく，直接的な答えが得られることも多い。

【HINTS】　「ツール」の効率よい使い方を「知る」

　自然な言葉で引けるものも多いが，各種検索ボックスの中で「and」（かつ）や「or」（または）を用いたり，単語の並び順を変えたりすることで検索結果が変わる。単語の間にスペースを入れると，「and」と「or」のどちらになるかは，サーチエンジンによって異なるそうである。やってみよう。Google には，検索ボックスの近くに「検索オプション」のリンクがある。このページの中では各種検索がわかりやすく利用できる。

頼り切れない SNS

　ここにたどり着く，あるいはこれしか使わない，という人もいるだろう。SNS のような人的なネットワークを使うことは悪いことではない（カンニングなどでなければ）。ただしその危険性も知っておくべきである。

　（例)「次の試験，どこが出る？」

痛い目に遭うのはなぜだろうか。楽をしようとしたから？　そうなのだが，もう少し深く考えてみよう。問題は情報の信憑性，もっといえば情報源の信頼性だ。教えてくれた人がそもそも誰かから聞いた情報であったり（伝聞），ましてやあまり講義に出席していない人からの情報であったりした場合，どうだろうか。(6)

信頼性の高い書籍・論文

情報収集ツールはデジタルなものばかりではない。情報の信憑性を確認するためにも用いられるのが，書籍・論文である。専門家の審査（査読という）したものだけを載せる雑誌（学術誌）もあり，書籍は自費出版でもない限り，それなりのハードルを越えなければならない。思いつき，気分次第の発信とは異なることが多い。信頼し切るわけにはいかないが，執筆者が異なる複数の書籍，論文で同じ内容が記載されている場合，それだけ信憑性が上がることになる。

Ⅰ.4　見つけた情報を記録する

せっかく見つけた情報が見つからない。同じサービス，同じキーワードで検索しても出てこない。そのような経験は少なからずある。記録しておくべきである。Word や Excel の使い方は後で学ぶので，基本的な操作だけを取り上げる。また，あくまでも学術目的とする。(7)

> **【HINTS】　ファイルの保存**
>
> 　Word でも Excel でも情報はファイルとして保存しておく必要がある。基本はどのアプリでも同じで，「ファイル」メニューから「保存」あるいは「名前を付けて保存」で，保存場所とファイル名を指定して保存する。保存先でとりあえずわかりやすいのは「デスクトップ」であるが，自分の使っているデバイス（PC やタブレット，スマホ）に合わせ，整理のためにもフォルダなどを利用して，確実に保存しておくことが必要である。ファイル名もわかりやすくしておこう。

これだけは：URL＝Web ページのアドレスの記録

ブラウザ（Web ページを見るためのアプリ）のアドレスバーにある URL（Web ページのアドレス）を保存しておく。アドレスを範囲指定し，右クリック（長押し）して，コピーを選び，Word などに貼り付けてメモと一緒に保存しておく。Web ページのコンテンツは削除されたり，URL が変わることもあるので，閲覧した日付を記入しておくとよい。

確実に文章・画像の記録を

文書や写真を保存しておくのもよい。文書は範囲選択をし，画像の場合はそのまま右クリック

---

(6)　情報の信憑性を確認することは，情報リテラシーの大切な能力である。(4)参照。

(7)　著作物は，著作権法によって作者に著作権が与えられ，本人が明示的に放棄しない限り，自由に使ってよいものではないが，参照元をきちんと示した正当な範囲の学術的利用は許されている。CRIC 公益社団法人著作権情報センター（www.cric.or.jp）「著作権 Q&A」など参照。

（長押し）し，コピーを選び，Word などに貼り付けて，やはりメモと一緒に保存しておく。この時，URL と訪問日を添えておくのがコツである。

表の記録もできる

表も文章と同様にコピーして保存しておける。Word よりも Excel に貼り付けた方がデータとしては使いやすい。やはり URL と訪問日を添えておく。

ファイルのダウンロードもメモと一緒に

サイトによっては，統計データなどをダウンロード提供している。この時も，Word などに URL や訪問日を残しておく方がよい。

意外に便利なブックマークの利用

ブラウザのブックマーク機能を使うのも一つの手である。パソコンであれば右クリック（長押し）して出てくるメニューから，あるいは［ctrl］を押しながら［B］で，ブックマークすることができるブラウザが多い。

スクリーンショット（プリントスクリーン）で画面を記録

画面を画像としてコピーして保存する方法は，スマホではよく使われる。パソコンの場合，Windows では［Print Screen（PrtSc）］のキーを押すと画面がコピーされ，Word などに貼り付けることができる。ただ，そのまま貼り付けるとビットマップという圧縮されていない状態で貼り付けられるため，ファイルサイズが大きくなってしまう。できれば png などの圧縮された形式に保存しておいてから貼り付けるとよい。[8] Mac では［command］［shift］［3］で画面がコピーされ，通常デスクトップにすでに圧縮された png 形式でそのイメージが保存される。保存されるイメージのファイル名もわかりやすいものに必ず変更しておこう。[9]

【HINTS】　もう一つの記録の方法を「知る」

集めた情報をファイルとしてパソコン内やクラウドに保存する以外に，簡易的に残しておく方法がある。自分にメールで送っておくのである。メールには文章や添付ファイルで画像をつけることができるので，よそのパソコンで作業している時など，意外に便利である。

I.5　集めた情報の「整理」の仕方を「知る」

アプリの使い分け

むやみに情報を集めても散乱するだけで意味がなくなる場合も多い。情報の整理は，収集の時から心がける必要がある。このテキストで扱うアプリを次のように使い分けるとよい。

---

[8] アクセサリの中にある「ペイント」に一度貼り付け，png などで保存しておいて利用するとよい。

[9] Windows のアクセサリの中にある「Snipping Tool」や，Mac で画面の一部を保存できる［command］［shift］［4］も便利である。

文章，画像：Word（スクリーンショット含む）

表　　　：Excel（リスト形式に強い）　　　　いずれも URL と訪問日を添えておく。

きちんとファイル名をつけ，フォルダも利用

データのファイル名は，きちんとわかるものにしておくことが必要である。また，スクリーンショットの画像も含め，それぞれのファイルはフォルダで整理することをお勧めする。ドライブなどにフォルダを作り，その中にまとめて入れておく。[10]

データベース化：索引作成で探しやすく

大量のデータがある場合，Excel にキーワード，URL，訪問日，概略，保存ファイル名などを整理してリストにしておくと，検索などで非常に役立つ。なお，Excel のデータベース機能については，後に「XI. 探る」で学習する。

I.6　集めた情報の外観を「知る」

集めた情報の分析についてはこのテキストの目的を超えるが，少しだけふれておく。実は，情報を収集し整理して保存していく中で，自然と情報の種類や内容が，大まかなイメージとして頭に入ってくる。外観を捉えている，といってもよいだろう。このイメージから興味のある部分や，不足している部分を掘り下げて調べ，整理していく中で，さらに内容が把握されてくることになる。この意味でも先にふれた情報の検索，収集，記録，整理は大切である。

【HINTS】　整理された知識の在りかを「知る」

検索や Net 利用に慣れてしまうと，すでに整理された貴重な知識の在りか，しかも膨大な知識の在りかを見逃す可能性がある。その在りかとは図書館の書架である。図書館では本は分類に従って整理され開架されている。この分類法は芸術であるという人もいるほど素晴らしい。膨大な本をテーマに沿って，一覧できるのである。冊数や装丁にふれてみると，重要性が伝わってきたりする。同じものがたくさんある本は基本的なもので，押さえるべきものといえ，すり切れた装丁は，多くの人が参照する良本である可能性が高い。また，なぜか検索しても出てこない，同じテーマの興味深い本が隣に並んでいたりする。決して検索画面に現れない貴重な情報である。面倒がらず，図書館に足を踏み入れてみてはどうだろうか。

---

[10] フォルダを使って階層構造をつくることで，よりわかりやすい整理・保存ができる。たとえば，「課題」フォルダの中に，「Society5.0」フォルダを作り，その中に「言葉」「仕組み」「問題」などのフォルダを作り，それぞれに関連するファイルを格納しておく。ファイル名は，内容を示すキーワードに訪問日時などを合わせた「内閣府資料20200717.docx」などにしておくとわかりやすい。

I.7　情報の信憑性を「知る」

これまでにもふれてきたように，世に出回る情報には，フェイクもあれば取るに足らないものも多くある。いわゆる権威のあるところでも，驚くような過ちを犯すことがある。[11] グルメや商品の「口コミ」評価の中にも「さくら」を使い，不当に評価を上げているものがある。少なくとも単独の情報源に頼らず，複数のツール，複数の資料，複数情報から検証をしなければならない。「情報操作」という問題もある。

I.8　理由を「知る」

こうしてようやく選びとった情報が「最適解」であるかは，作業を進めるうちにわかってくるであろう。そこで一つ大切なのは，「理由」である。なぜ選んだのか，なぜこれでよいのか，「理由」を考えるとより理解が深まる。「みんな言っているから」は理由にはならないことがここまででもわかってもらえただろうか。[12]

> **演習**
>
> 　Society5.0については AI がメインのようにいわれるが，実は人を中心に据えている。これはどういうことであろうか。調べてみよう。

⑾　教科書に載っていた発掘品が偽物であった事件があった。あるいは音速は本当は秒速何メートルなのであろうか。愚かなトカゲであったはずの恐竜は，今や親子で狩りをし，羽毛まで生えたカラフルな生命体と考えられているらしい。長く生きるとわかるが，真偽を見極めるのは大変難しい。従来のコンピュータでは0か1の2通りしかない常識的なデジタル信号が用いられていたが（章末のコラム参照），近年現れた量子コンピュータは0でも1でもある不可思議な状態（量子重ね）を利用しているといわれる。常識も変化を余儀なくされる例であろう。

⑿　AI は一般に信じられているほど万能ではなく，いろいろな問題を抱えている。AI はいろいろなところで「最適解」を求めるのが上手で速い。ただし，なぜそれを選んだかは実は説明できない。これができるのはいまだ人間だけであろう。AI に関しては，NHK で放送された『人間ってナンだ？超 AI 入門』がわかりやすい（NHK の Web サイトにもある）。

コラム

0と1の間

円周率 π は，いくつと覚えていますか？　3？　3.14？　3.1415926535？　……？

確かに小学生には小数点は難しいけれど，少なくとも3であってはならない，と主張する人がいる（ここにも）。3.1415926535……という数字を覚えろ，というのではない。そんなに綺麗なぴったりの簡単な数字ではない，というところに実は大きな意味があると考えるからである。

デジタルは，0と1で表されるのが普通だ。いわゆる1bit。これまでのコンピュータは，全てをこの0と1の並び，最も単純な数値の並びに変えて，正確で素早い処理を可能としてきた。みなさんが見ている複雑に動くゲームのキャラも，突き詰めてみると0と1が高速に流れているだけである。単純化は過ちを少なくし，高速処理を実現し，とうとう逆に複雑なものを表すことまでできるようになったということでもある。

近年，音が良いといったらハイレゾ（High-Resolution audio：高精細音源）だが，こちらも実はデジタルである。デジタル化（0と1の並びにすること）を非常に細かくしているので，CDとは比べものにならない「良い」音がする。簡単にいってしまえば，音楽を記録するのにCDの何倍もの細かさで0と1に変換し，大量のデータを使って再生するということだ。ところが，今なぜかアナログなレコードやカセット・テープがにわかに人気なのである。どうせ年寄りが懐かしんでいるだけ，と思った人が多いと思うが，欧米では若者にも浸透しつつある。アメリカではレコードの売り上げがCDを超えたという話まである。理由は，温かい，心地よい音だから，というのが多いようだ。レコードの音は必ず歪んでいるので，音が少し変に聞こえたりするが，それでも，あるいはそれがよいという。不思議である。レコードファンは正確さに価値を置いていないようだ。

CDには別の話があって，CDには人に聞こえない周波数の音が記録されていない。生演奏をよく聞く人は非常に違和感を覚えるそうだ。聞こえてもいないはずなのに，だ。これも不思議である。他方で，脚注(11)でふれたが，量子コンピュータがこれまでのコンピュータとは桁違いに速く「最適解」を求められるのは，0と1の状態だけでなく，0でも1でもある状態があるからだそうである。では，状態がもっとたくさんあるレコードのようなアナログでコンピュータを作ればもっと速いのでは，と思えてきたりしないだろうか？

人はアナログといわれる。レコードのようなアナログが意外に人には優しいのかもしれない。アナログでは，0と1の間に無数に，割り切れない連続量がある。そこにもいろいろな可能性が隠れていそうだ。アナログ・コンピュータを作れば，これまでの単純な「正確」さではない何かが生まれるかもしれない。

Ⅱ. 選 ぶ

自分に合ったツール：デバイスおよびネットの基礎

Na子 ：この時代のデバイス，さっぱりわからない。

　　　　私の住んでた Society5.0の時代は，何でも AI に頼めたのに。

優　　：そうだね。不便でしょうね，この時代は。

　　　　でもないと困るわよ。

Na子 ：どうやって選べばいい？

優　　：私はみんなが使っているやつで，何も考えずに買ってしまったけど。正直，失敗したと思ってる。

Na子 ：えっ？　どうして？　高かったんでしょ？

優　　：デザインもよくて最初は気に入っていたんだけど，なんだか自分のしたいことや，自分のスタイルに合ってなくて，すぐに使いづらくなっちゃった。

Na子 ：そういえばパソコン嫌いって言ってたね。

　　　　買う前に考えたり，試してみなかったの？

優　　：みんながこれがいいって言うし。Net でワンクリック。

　　　　だから Na子 は調べて，触ってみてから決めた方がいいよ〜。

Na子 ：そうだよねぇ。

　　　　じゃあ，私のツール選び付き合ってくれる？

優　　：もちろん，いいわよ‼

II.1 「選ぶ」ロードマップ

それぞれの目的に沿ったツールを選ぶためには，まずはそれぞれの差異を知ることが必要となる。ここでは以下の順で考え，「選ぶ」ための準備を整えていこう。

**目的の明確化 → スタイルを選ぶ → OS を選ぶ → ハードウェアを選ぶ →
アプリケーションを選ぶ → 取捨選択**

II.2 目的を明確にする：自分に合うものを「選ぶ」ために

情報ツールには，スマートフォンやタブレット，ノート型やデスクトップ型のパソコン（personal computer）など，様々なものがある。これらは，自分のしたいことを手助けする道具（ツール）である。計算機であり，筆記具であり，辞書にもなる。この道具を選ぶためには，まず自分がそれによって何をしたいのか，何を目的とするのかを明確にする必要がある。

自分が情報ツールに求めることは何かを考えよう。文書や書類を作る？　データを整理する？　絵を描く？　ゲームをする？

道具の特性や他のものとの違いを知らなければ，「選ぶ」ことはできない。それぞれのメリット／デメリットを知って，目的に沿ったものを選ぼう。

II.3 スタイルを「選ぶ」

目的が明確になったら，それをどのようなスタイルで使うのかも考えよう。

どのような場面で使うものか。授業で使う？　仕事で使う？　プライベートでも使用する？

自分の生活様式はどのようなものか。持ち歩く必要があるか？　特定の部屋でしか使わないものか？　その部屋の広さは？　部屋の中で移動する？

まず考えることは，持ち歩くか否か。持ち歩くことを考えたモバイルツールでは，選択肢は3つである。

いちばん身近なスマートフォン

スマートフォンは現在最も身近な情報ツールといえるのではないだろうか。電話や SNS など，コミュニケーションツールとしての側面が大きい。情報ツールとしては最も小型で持ち歩きに便利だが，携帯性をよくするため小型になっており，画面が小さいため一度に表示できる情報量が限られる。また，操作対象も小さくなるために操作ミスの可能性が高くなり，資料の作成や編集など複雑なことを行うのにはあまり向いていない。

見やすいタブレット

スマートフォンよりも大きくなるが，薄くて軽いタブレットは持ち運びに向く。画面サイズが

大きいため，スマートフォンよりも表示できる情報量が多く，操作もしやすくなる。片手で持って，もう一方の手で操作するということが可能なため，立ったままでの使用も可能。入力の際は，画面上にキーボードを呼び出して行う。Bluetooth を使ってカバーと一体となった外付けできるキーボードを使うとより便利だが，少し重くなる。

気軽に持ち歩くノートパソコン

ノートパソコンはタブレットよりもさらに重くなるが，ノート型で持ち運び可能なもの。ラップトップ（laptop），あるいはブック（notebook, book）ともいう。lap は膝を意味し，膝の上で利用できる大きさであるということ。デバイスを置く場所が必要となるものの，キーボードがあることでタッチパネルに比べ操作ミスやタッチミスが少なくなり，ショートカットキーの操作も容易になる。そのために，資料の作成や編集などがしやすくなり，長時間の作業も可能になる。画面の大きいものであれば，一度に表示できる情報量もより多くなる。持ち歩くことを考えるのであれば，書類の多くの A4サイズと同じくらいのもの（13インチ程度）がカバンにも入れやすい。

それでは，持ち歩くことを想定しない場合はどうだろうか。選択肢としては以下の2つが考えられる。

見やすい大画面ノートパソコン

ノート型でも15インチ以上の大型のものになると，画面が大きく見やすくなり，高性能のものが多い。しかし，A4の書類よりも大きくなるためカバンに入れにくく，重さも2kgを超えるものが多く，持ち運びにはあまり向かないものとなる。しかし，自宅で使うのであれば，デスクトップ型のものに比べて場所を取らず，収納がしやすい。また，家の中で場所を変えて使うこともできる。

パワフルなデスクトップパソコン

デスクトップパソコンは設置型のもので，デスクトップ（desktop）という呼び名の通り，机の上に置いて使うことを想定されている。本体の内部のスペースが大きくなるため，ハードウェア（機械部分）の増設などの物理的なカスタマイズがしやすい。持ち運びはできないため，設置する場所の確保ができることを前提として，常に決まった場所で作業をするという場合に向いている。内部のスペースが大きくなると放熱がしやすく，発熱量の大きい高性能な CPU（コンピュータの頭脳部分）を搭載することも可能となる。CPU の性能については後述するが，動画編集などを行う場合や，マルチタスク（何か作業をしながら，他の作業をする）を行う場合には，高性能なものが必要となる。メモやメール，Facebook，Twitter，YouTube，Microsoft Office など一般的な作業を普通に行う分には，それほどの性能は必要ない。

ノートパソコンとデスクトップパソコンでは，使用目的が異なる。ノート型は大きいものであっても，「持ち歩く」ということが想定されている。「持ち歩く」ための課題は，サイズ（小型化），バッテリーの持ち，重量と排熱など多くあり，その課題を解決するためにコストが高くなる傾向にある。これに対して，デスクトップ型は拡張性が高く，処理能力を優先して性能を引き上げることができる。持ち歩く必要性がなく，設置するスペースが確保できるのであれば，同じコスト

でノート型よりも高い性能のものを手に入れることができる（表Ⅱ-1参照）。

　課題やレポートで何時間も作業することを考えると，スマートフォンやタブレットだけでは，作業効率が落ちる可能性がある。生活スタイルに合わせて，ノート型かデスクトップ型のパソコンを選びたい。

表Ⅱ-1　ノート型とデスクトップ型の比較

	ノート型	デスクトップ型
メリット	携帯性に優れる 収納性が高い 電気代が安い	拡張性が高い コストパフォーマンスが高い 快適性に優れる （画面の大きさ，キーボードやマウスの位置調整ができる） 高い性能の CPU を搭載できる （筐体が大きく，冷却性能に優れる） 修理の際の手間が少なく，安い （持ち歩かないため，故障率が低め。パーツごとに取り換えが可能）
デメリット	小型化と性能を両立させるためにコストがかかる 拡張性が低くパーツの交換や増設が難しい	設置スペースが必要

Ⅱ.4　OSを「選ぶ」

　情報ツールを支配するシステムが OS（Operating System）である。ハードウェア（モノの部分＝機械部分）に指示を与え，ソフトウェア（モノでない部分＝形のない指示や手順などの集合体＝プログラムやアプリケーションなど）とつなぎ，最も基本的な機能を提供する。キーボードやマウス，スピーカーやマイク，プリンタなどの周辺機器を接続し，操作を可能にし（デバイスの管理），作業の処理順序や，それぞれのタスクに必要な CPU やメモリ，ストレージを振り分けるマネジメント（タスクの管理）を行い，多様な情報データを一括してファイルにまとめて簡単に使えるようにする（ファイルの管理）など欠かせない機能を担っている。OS は，何ができるかを決め，マウスやトラックパッドの使い方も決めているものであるから，OS の出来・不出来が，ユーザーの使いやすさに直結する。セキュリティにも深く関わる[1]。情報ツール選びでは，まずは OS を知らなければならない。

　最初の本格的な OS は1969年に開発された UNIX というもので，現在の多くの OS がこれをベースとして作られている。Windows の前身である MS-DOS も UNIX の機能縮小版として作られた。また，この UNIX をベースに作られた Linux という OS が Android，macOS のベースにもなっている[2]。現在では IoT（Internet of Things）といわれるように，家電など様々なものに OS が組み込まれ Net でつながるようになった。こうした「どこでもコンピュータ」社会の到来は[3]，

---

(1)　セキュリティについては，「Ⅸ. 守る」を参照のこと。

1984年に日本の坂村健によって提唱された TRON（The Real-time Operating system Nucleus）という OS の構想によってすでに予想されていたものだった。

モバイルツールで考えた場合，OS の選択肢で主なものは，Android，iOS，iPadOS，macOS，Windows の 5 つである。据え置きの場合でも，Windows か macOS で考えるのが一般的だろう。

ビジネスに強い Microsoft Windows

Microsoft 社によって作られた OS。いわゆる「ウィンドウズ」パソコンには全てこれが使われている。前身は MS-DOS。デスクトップの OS では世界で最も高いシェアを占める。古いものから順に Windows95，98，Me，XP，Vista，7，8，10 となっている。Windows の強みはその汎用性にあり，様々な用途に使うことができる。機能重視のため，ビジネス系に強いといえる。

アートと学びの macOS

Apple 社により開発された Macintosh 専用 OS。いわゆる「マック」には全てこれが搭載されている。UNIX をベースに開発されている。初期のパソコンでは MS-DOS のように，全ての指示や情報の提示を文字にたよる CUI（Character User Interface）を用いていたが，そんな時代に Mac では，アイコンなどのグラフィック（画像や図形）を多く用い，基礎的な操作の多くをマウスやタッチパネルなど画面上での指示によって行う GUI（Graphical User Interface）が導入され，飛躍的に操作性を高め，その後のパソコンのベースを築いた。今もその流れを継ぎ，グラフィカルなだけでなく，使いやすさが重視されており，教育や芸術関係に強いと言われる。

操作とセキュリティのスマートフォン用 iOS

Apple 社によって作られたモバイルツール用の OS。他の Apple 製品（iPad や Mac）と iCloud というクラウドを通じての連携が容易で，新しい iPhone へのデータの引継ぎなども iCloud を使うことで簡単にできる。複数デバイスのクラウドを通じたシームレスな連携の一つの模範となっている。また，操作も感覚的になれていくことができ，機種による差異などもなく，統一感があり，OS が更新されても安心して使うことができる。Android とは異なり microSD カードなどは使用できないため，データの外部保存はクラウド上のストレージを使うことになる。アプリは，Apple 社が運営する公式 Store からしか購入できないが，Apple による管理が行われ，一定以上の信頼感がある。

タブレット用に拡張された iPadOS

Apple 社により iPad（タブレット）のために独自に開発された OS。iPad には当初 iOS が入っ

---

(2) Linux は，Linux カーネルというリーナス・トーバルズ（Linus Benedict Torvalds）によって最初に開発されたカーネル（OS の中核部分）を用いた OS。フリー（目的を問わず利用，研究，変更，配布する自由があるということ）かつ，オープンソース（目的を問わずソースコードの利用，研究，再利用，変更，拡張，再配布が可能）なソフトウェアとして，数多くのユーザーの協力によって修正され，共同開発されている（なおソースコードとは，プログラミング言語で書かれたプログラムを表現する文字列（テキスト）のこと）。スーパーコンピュータ，企業などで使用されるメインフレーム，サーバや家電の組み込みシステムなど多くのもので使用されている。

(3) 「ユビキタス社会」と呼ばれた。

(4) 「アクセサリ」の中の「コマンドプロンプト」という CUI では MS-DOS のコマンドを使える。

ていたが，iOS 13以降はこの iPadOS を使用するようになった。画面の大きさと処理能力の高さを活かしマルチタスクを可能とし，タブレットをより狭義のパソコンへと近づけた。やはり視覚的，感覚的使用ができることが特徴である。アプリは公式ストアから購入する。

自由なカスタマイズの Android

Google 社を中心とした複数の企業・団体のコンソーシアムによって作られたスマートフォンやタブレット向けの OS。Android のユーザーインターフェース（User Interface, UI）は，端末メーカーによるカスタマイズが許可されており，メーカーごとに独自なものとなっている。そのため，メーカーや機種ごとに同じバージョンの OS でも画面構成などが異なる。最新 OS へのアップデートについても，端末メーカーにその判断が委ねられており，機種によってアップデート可能なバージョンが異なる。アプリも好きなストアから購入することができる。メーカーによるカスタマイズや自由なアプリ購入を見てもわかるように，ユーザーの判断による自由な使用が目指されているのが特徴である。ただし，古い機種は新しい OS に対応しなくなる場合が多い。microSD カードに対応しているものが多く，データの移行などは microSD カードを使って行うことができるが，Google をはじめクラウドのストレージも利用可能である。

大学の環境と Office

上で見てきたように，一般にはスマートフォンは Android か iPhone か，パソコンは Windows か Mac かを組み合わせて選ぶことになるが，その連携や大学の設備も考えなくてはならない。iPhone ユーザーなら親和性が高いのは Mac だが，文系の大学では授業は Windows を基本として進むことが多い。Windows を選んだ場合は，大学と同じ環境で作業でき，違和感なく始めることができる。Mac を選んだ場合は，別に使い方や Windows との互換性などについて学ぶ必要性が出てくるが，最初から入っているアプリも使いやすいものが多く，Microsoft Office（Word, Excel, PowerPoint など）を除いては新たに入れる必要がほとんどないだろう。Windows パソコンでも，Microsoft Office が最初から入っているものと，入っていないものがある。入っていても使用期間が限られているものもあるので，注意が必要である。Mac でも Windows でも，大学で Microsoft Office が必須な場合，後述の Office365も含め，Office をどうするかも考慮しなければならないが，近年大学から Office365を提供されることも多いので，まずは調べてみよう。ちなみに，Mac の Office と Windows の Office は基本的な機能が同じであり，Office365ではほとんど変わらない。

自分のスタイルや目指すもの，感覚に合うことを中心に選ぶことをお勧めする。[5]

---

(5) 文系の大学や企業で Windows が圧倒的に多いのは，日本の特徴でもある。身近なところに Windows ユーザーが多いので，教えてもらいやすくはある。しかし「Ⅰ．知る」で学習したように，うまく情報を調べれば，解説が多数見つかり（悪意のないものかどうかを注意する必要がある。「Ⅸ．守る」参照），そうやって学習した方が，スキルが上がることも多い。やはり目的とスタイルで選ぶべきであろう。

自分の生活スタイルやイメージから，かたちや OS はどれがよいのか，考えてみよう。

Ⅱ.5　モノの性能を「選ぶ」：ハードウェア

　次に，情報ツールの機械部分の構造をある程度把握し，必要な能力を「選ぶ」。コンピュータの実体的なモノの部分，機械の部分をハードウェアという。それに対し，コンピュータを動かすためのプログラムや，アプリケーションをソフトウェアという。OS はソフトウェアの 要 であり，OS に対応するハードウェアとその他のアプリケーションソフトウェアを選ぶことになる。

　情報ツールの機能はおよそ，演算，制御，記憶，入力，出力の5つに分けられる。それぞれの機能を担当する装置（ハードウェア）が，コンピュータの五大装置と呼ばれるものである。

演算・制御装置：作業の速さを「選ぶ」

　コンピュータの頭脳部分にあたるのが，CPU（Central Processing Unit：中央演算処理装置，プロセッサーともいう）である。CPU はクロックと呼ばれる周期的な電気信号に合わせて処理を行っており，このクロックを1秒間にどれだけ行うことができるか（クロック周波数の高さ）が処理の速さになる。一般的に，クロック周波数が高くなればなるほど処理の速度も上がるが，同時に発熱量も上がってしまうため，放熱のために大きなスペースが必要となる。このため，処理速度の高い CPU を搭載するためには，より大きな形のもの（デスクトップ型）の方が向いているということになる。

　高い性能が必要となるのは，たとえば，3DCG の制作などのグラフィックデザインの作業や，高度な動画編集，最新のゲームなどをする場合である。

　もう一つ，CPU のスペックとして表記されるのがコア数である。コアとは，演算機能の中核部分のことで，このコアの数を増やしたものをマルチコアという。複数の作業を同時に進めること（マルチタスク）ができるよう，働く人（頭脳）の数を増やしたという状態がこのマルチコアである。マルチコアは，何か作業をしながら同時並行で他の作業をするような場合，たとえば，動画を見ながら Net で調べ物をしつつ，Excel で大きなデータを扱って，Word でレポートを作成

---

(6)　クロック周波数の単位は Hz（ヘルツ）。たとえば，3GHz の CPU であれば，1秒間に約3,000,000,000回の電気信号に合わせて情報のやり取りを行うことができる。

(7)　コアが2つであればデュアルコア，4つであればクアッドコア，8つであればオクタコアなどと呼ばれる。マルチコアに対して，コアが1つのものはシングルコアという。

(8)　同時に進めることのできる作業量（処理数）が多ければコア数が多い方が速くなるが，処理するものが1つしかない場合はコア数が増えても処理速度は変わらない。1人の人間がいくら速く仕事ができるとしても，一度に進めることのできる仕事量には限界がある。仕事をする人数を増やして，複数の仕事を同時に進めることで，さらに仕事の速度を上げられるようにした，と考えればよい。いくら人数が多くても，仕事が1つしかなければ，1人だけが仕事をして，他の人は暇を持て余す状態になってしまうということだ。

する……といったように複数のアプリケーションを同時に扱うような場合に役に立つものである。将来も含めて使用目的を十分考えて，選ぼう。

記憶装置：作業領域の広さとデータを保管できる量を「選ぶ」

　記憶装置はデータやプログラムの保持・保存を行い，作業領域としても使われるもので，主記憶装置（メインメモリ）と補助記憶装置（ストレージ）に分けられる。メインメモリは頭脳であるCPUと直接データのやり取りをする部分で，情報ツールを起動している時に「現在していること」が置かれている場所である。主な作業領域として働く。レポートを書く際に，筆記用具や辞書，参考資料，ノートなどを広げておくための机だと考えるとよい。机が広いほど，作業できるスペースが広がり，作業効率が上がる。[10]

　メモリが不足すると，本体の起動やアプリケーションの起動が遅くなり，大量のデータを扱うと時間がかかる。ひどい場合には，画面表示の異常（白くなったり，表示されなくなったりするなど）が発生することもある。これは，机が狭くて物を置く場所がないために，使用する資料をそのたびごとに本棚まで取りに行っているような状態だと考えるとよいだろう。非常に効率が悪く，すぐに疲れてしまうことが容易に想像できる。メモリが不足すると，作業が遅くなる上，CPUに負担がかかってしまうのである。ブラウザで多くのタブを開いたり，フォルダを多く開いたままにしたり，複数のアプリを開いて作業したりするといったようなマルチタスクを行う場合には，その分メモリが必要となる。机が広ければより多くの本を開いて置いておけるのと同じように，メモリが多ければより多くのアプリを同時に実行できる。過度の負担を避けるためには，不要なアプリは終了しておいた方がよい。

【HINTS】　必要なメモリの容量は？

　どのくらいのメモリの容量が妥当だろうか。目安を挙げてみる（表Ⅱ-2）。ゲームや動画編集ソフトなどには，それぞれ推奨スペックがあるので，それらを参考にするとよいだろう。

---

(9)　コア数とともに，スレッド数という表記もある。スレッド数は論理コア数とも呼ばれ，物理的なコアの数とは別に情報ツールから（OS上で）認識されるコアの数を表している。通常であれば，物理的なコア数は認識されるコア数と同じになる（コア数＝スレッド数）と考えられるが，処理効率を上げるために1つのコアを疑似的に複数のコアとして扱う技術によって実際の数よりもコア数を多く情報ツールに認識させることができるというものである。たとえるならば，「うちの社員は4人しかいないけれど，みんな1人で2人分の働きをするから，実質の働きは8人分になる」という場合の実際の社員の人数（4）がコア数，「働きの数」（8）というのがスレッド数にあたる。実際の数が増えているわけではないので，処理状況によってはスレッド数が多くても処理速度が変わらない場合がある。2人分の働きができる能力があったとしても，1つのものを持つのに物理的に手がふさがってしまっていたら，2つのものを持つことはできないことと同様である。

(10)　ただし，どんなに机が広くても手の届かない場所に置いたものは使えないのと同様に，CPUの扱える情報量（bit数）によってアクセスできるメモリの容量は限られている。

表Ⅱ-2 メモリの必要量

用 途	メモリの必量量
Windows10を快適に動作させる（64bit 版）	4 GB
Net の閲覧とメールのみ	4 GB
マルチタスク （ブラウザで10個程度のタブを開き，音楽を流し，Word や Excel などで作業）	8 GB
オンライン会議を快適に行う	8 GB
最新の3D ゲームをする	16GB
本格的な動画編集ソフトを使う	16GB
大量のアプリを立ち上げて使用する	16GB

　メモリは情報ツール本体の電源を切るとその内容が失われてしまうため，保存したいデータはストレージに書き込む必要がある。メインメモリを机とするならば，集めた資料やテキスト，作成したレポートやノートを保管しておく本棚がストレージとなる。ストレージとして用いられるのが HDD（Hard Disk Drive）や SSD（Solid State Drive）である。HDD は磁気を利用して回転するディスクに情報を記録する装置で，外部からの磁気や強い衝撃に弱い。SSD は USB メモリと同様にフラッシュメモリを使用し，HDD に比べると物理的な動作部分がない分，データの読み書きの速度が速く，衝撃にも強く，発熱量・消費電力・作動音などが小さいといったメリットがあり，持ち運びを行うノート型に向いているが，やや価格が高くなる。自身の用途に合わせ，容量とコストのバランスを考えて HDD と SSD のどちらにするかを決めよう。データの保存には，HDD や SSD などの情報ツール本体に保存する他に，USB メモリなど様々なものがある。保存の際は，どこに保存しておくのか，考えて保存するようにしよう。

【HINTS】　ストレージの容量はどのくらい？
　ストレージの容量は自分の扱うデータの大きさや量によって考えよう。目安は以下である（表Ⅱ-3）。

表Ⅱ-3 ストレージの容量

用 途	ストレージの容量
Windows10（OS）のみの使用量	20GB
Microsoft Office でのレポートや資料の作成，表計算などのデスクワーク	128～256GB
写真や動画データの保管や Web デザインなどで画像データを扱う	256～512GB
動画や音声の編集作業や3D ゲームなどをする	512GB 以上

入力装置：操る手段を「選ぶ」

　キーボードやマウス，タッチパッド，タッチパネルなどは，情報ツールに指示を入力するための装置である。キーボードには，ボタンを押し込むという物理的な動作があることで，ふれると

反応する画面へのタッチに比べると誤動作が少なくなる。誤動作が多いと，その修正に手間や時間を取られ，作業効率の低下を招くことになる。それがわずかの差であったとしても，長時間の作業を行う場合には大きなデメリットとなってしまう可能性がある。入力装置の選択は，自身が最も作業しやすい環境を整えることにつながる。実際に操作してみて選ぶのがよい。

出力装置：見せる手段を「選ぶ」

　情報ツールの処理した情報を確認できる形で表示（出力）する装置で，ディスプレイやスピーカー，プリンタがこれにあたる。多くの情報量を一度に表示するには，ディスプレイ画面が大きい方が必然的に見やすくなるため，一般に画面の大きさは情報量の多さに比例する。[11]作業の内容により選ぼう。

　一般に家庭用として使われるプリンタには，インクジェットプリンタとレーザープリンタがある。

　インクジェットプリンタは本体が安価で写真なども手軽に綺麗に印刷できるため個人用としてよく使われるが，機種によってはインクカートリッジが高く，ランニングコストがかかるものがある。レーザープリンタは，高速で文字を中心としたドキュメント印刷に向いているが少し高価である。近年ではカラーのものも普及しつつあり，価格も下がりつつある。どのような印刷が多いかで機種を選ぶとよい。

演習

　自分が使用するにあたって，CPU の性能，メモリの容量，ストレージの容量はどの程度必要か考えてみよう。

II.6　何をするのかを「選ぶ」：アプリケーション

　さて，ここまで情報ツールというものの土台部分である機械部分と OS について考えてきた。次は，その上で何をするのかを考えたい。自分がこのツールで何をしたいのか。SNS だけ？書類を作る？　ポスターやビラを作る？　絵を描く？　写真や動画を見る？　ゲームをする？動画を編集する？　プログラミングをする？

　ここで行うのは，OS の上で働くアプリケーション（Application）ソフトウェア，いわゆるアプリの選択である。アプリはレポートや論文を書くといったような文書の作成や，データを整理する際の表計算などの個別の機能を提供するもので，OS に合わせたものをインストールして使う。[12]それぞれのアプリは，それぞれ何ができるかが決まっていると同時に，保存の形式も決まってい

---

[11]　画質の繊細さは画素（pixel）の数の多さ（解像度）にも依存する。より多くの要素によって作られた画像が，より詳細に，かつよりなめらかに表示されるということだ。フル HD で1920×1080＝207万3600画素（約2.1MP，MP = Megapixel）である。また，ディスプレイの相対解像度は画素密度（dpi = dots per inch）という１インチ幅にどれだけのドットが表現できるかを現す数値で表されることもある。

る。ファイル名の最後には拡張子と呼ばれるものがついており，これを見るとどのアプリ用のどんなファイルかがわかるようになっている。たとえば，文書作成ができる Word では，ファイル名の最後に「.doc」「.docx」がつく。この Word ファイルや PDF ファイル（拡張子は「.pdf」）などの文書のファイルをドキュメントという場合もある。表計算やグラフ作成ができる Excel では，拡張子には「.xls」や「.xlsx」がつく。このように，拡張子によってどのアプリ用のものか，どのようなものが入っているかが推定できる。

　あなたがしようとすることと，それに必要なアプリケーションは何だろうか。拡張子との種類とファイルの中身の関係を学びながら考えてみよう。

「.txt」：文字を扱うテキストファイル

　飾りつけのない文字情報だけであれば，これで足りる。文字データのみのファイルである。Windows ではメモ帳，Mac ではテキストエディットなどで扱えるが，Word などさらに高機能のアプリでも扱える。手軽なファイルである。また，リッチテキストファイル（.rtf）という，プレーンなテキストに加え，文字の大きさや色などの書式情報が加えられたものもある。

「.docx」：文書作成の Word ファイル

　Microsoft Word によって作成した文書ファイル。Microsoft Word は，後に見るように，文書に図や写真などを挿入したり，文字データだけでなく文書全体をレイアウトやデザインしたりすることも含め，ビジュアルにドキュメントを作成できる高機能の文書作成アプリである。

「.xlsx」：表計算のための Excel ファイル

　Microsoft Excel によって作成したファイル。Excel は Word と同じく Microsoft の表計算ソフトウェア。表を作成する他，データの集計やグラフの作成などを行うことができる。後の章で詳しく見ていく。

「.pdf」：ページの状態を保つ PDF ファイル

　文字や図，表などを使った文書のレイアウトやデザインなどのページの状態を紙に印刷するように保存する形式。PDF とは，Portable Document Format の頭文字を取ったもの。Word やExcel では，PC の環境やソフトウェアのバージョン等によって文書のレイアウトが崩れてしまったり，誤操作などによって編集されてしまったりすることがある。そうしたトラブルを防ぐために，このファイル形式に変換してやり取りを行うことが多い。Word や Excel から，この形式に変換して保存することができる。ファイルの閲覧には Adobe Acrobat Reader を用いる。

「.jpg」「.png」「.gif」：写真や絵などの画像ファイル

　写真や絵などを保存する形式。JPEG（.jpg）形式は約1677万色（フルカラー）を扱うことができ，写真によく使用されるものである。高画質で圧縮によってファイルサイズを小さくすることができるが，保存によって画質が劣化してしまい，元には戻せない（不可逆圧縮）[13]。圧縮の度合い（画

---

(12)　これは，スマートフォンを使う上で，すでに聞き慣れた言葉のはずだ。「アプリ」は，アプリケーションの略語である。パソコン用に提供されていたアプリも，どんどんスマホ版ができている。

質に影響）を指定することができる。PNG（.png）形式は Web 上での画像表示によく使用される。透明や半透明の画像も作成できるという特徴があり，圧縮しても元に戻すことが可能である（可逆圧縮）。ただし，フルカラーにすると JPEG よりもファイルサイズが大きくなってしまう。GIF（.gif）形式は通常256色しか使えず，単色が多いイラスト，ロゴなど２次元の画像に向き，gif アニメーションが作成できる。これらの画像ファイルは，Windows のペイントや，Adobe Photoshop などで扱うことができる。さらに，iPhone の場合は，通常標準カメラを使って撮影した写真は HEIF 形式といって「.heic」という拡張子となっている。ファイルサイズが小さく，JPEG 形式よりも高効率なものとなっている（表Ⅱ‐４参照）。また，デジカメなどでは圧縮などをしない無加工の「生」画像である RAW 画像がある。撮ったままともいえ，画質の点において有利で加工にも向く。拡張子は機種によって異なり，扱うには専用のアプリが必要となる。[14]

　また，情報をピクセル（点）だけでなくベクトル（線）で表現するベクター画像というものもある。ベクター画像は高解像度のディスプレイや印刷に適した画像で，拡大などをしても画質が損なわれることがない。Adobe Illustrator などは，これを扱うことのできるソフトウェアである。拡張子は「.ai」や「.svg」などがある。

表Ⅱ‐4　主な画像ファイル形式

ファイル形式	拡張子	色　数	圧縮方式	特　徴	用　途
JPEG	.jpg/.jpeg	約1677万色	不可逆圧縮	高画質でデータサイズが小さめ	写真
PNG	.png	約1677万色	可逆圧縮	透明や半透明の画像を作成可能	写真やイラスト
GIF	.gif	256色	不可逆圧縮	アニメーションを作成可能	イラスト，ロゴマーク，アニメーション
HEIF	.heif/.heic	約10億6433万色	可逆圧縮	JPEG や PNG などと比べ高い画質と圧縮率	写真（動画や音声にも対応）

「.mp3」「.wav」「.flac」：音声（音楽）ファイル

　音声データを保存する形式。MP3（.mp3）は，不可逆圧縮のファイル形式の一つ。データサイズは CD の約10分の１で，CD とほぼ同じ音質が再現可能とされる。

　WAVE（.wav）は，Microsoft 社が開発した Windows 用の音声ファイル形式。様々な圧縮形式のデータを格納できるが，一般には非圧縮のデータが記録されていることが多く，データサイズが大きくなる。CD はこの形式で音楽が保存されている。

　FLAC は可逆圧縮で，高解像度（ハイレゾ＝ High Resolution），高音質の音楽ファイル形式の一つ。CD の約５分の１のデータサイズで，CD と変わらない音質の再現が可能。

---

[13]　圧縮したデータを元に戻すことができないということ。

[14]　また，プリントスクリーンで取得した画像は，そのまま貼り付けるとビットマップ形式（.bmp）になる。具体的な扱い方については，「Ⅰ．知る」のスクリーンショットについての項目（10ページ）参照。画像の形式と特徴については「Ⅻ．創る」の HINTS（236ページ）を参照。

　これらの音声ファイルは，録音とも関わりながら，bit レート（情報の多さ）を指定することができる。CD はサンプリング周波数が44.1kHz，量子化ビット数が16bit であるが，ハイレゾは WAVE や FLAC の96kHz ／24bit 以上となる。後者は前者の約3.3倍の情報量があるため，より高音質となる。ハイレゾを聴く場合，専用のアプリが用いられることが多い。

「.mpg」「.mp4」「.wmv」「.avi」：動画ファイル

　MPEG（.mpg）は ISO（国際標準化機構）の一部の MPEG（Motion Picture Experts Group）により制定された情報量の多い動画や高解像度の動画の圧縮形式。現在は MPEG-1，MPEG-2，MPEG-4 がある。MPEG-1 が最初のビデオ／オーディオ基準で，音楽ファイルの MP3は MPEG-1の音声部分を取り出したものとなっている。MPEG-4は，MPEG-1を拡張し，MPEG-2の規格を取り込んで効率化を図ったものとなっている。MPEG-4は圧縮率が高く汎用性があり，YouTube などの Net での視聴用動画に向く。MP4は動画とともに音声やテキスト（文字）情報も含めたファイルの格納形式となっていて，動画部分に MPEG-4，音声部分に MP3を使用している。DVD に書き込みできる一般的な形式の一つである。

　WMV（.wmv：Windows Media Video）は Microsoft 社が開発した動画ファイルの圧縮形式。WMV の音声部分に使用されているのは，WMA（Windows Media Audio）という Microsoft 社の音声ファイルの圧縮形式である。Windows Media Player で再生可能。Blu-ray Disc に使われる標準形式の一つ。

　AVI（Audio Video Interleave）は，Microsoft 社が開発した動画ファイルの格納形式で，MPEG，WMV，MP3，WMA などに対応している。

　動画編集には専用のアプリが使用されることが多く，またパソコンもある程度の性能が必要である。

「.pptx」：プレゼンテーションのための PowerPoint ファイル

　Microsoft PowerPoint を使って作成したプレゼンテーション用ファイル。PowerPoint では，Word で文書を作成するのに似たスライド作成に加え，スライドや文字，画像などにアニメーションをつけたり，スライドショーで順に連続表示させたりすることができる。詳しくは，後の章で見ていく。

「.html」：Web ページを作る HTML ファイル

　Web ページのファイル。HTML とは Hyper Text Markup Language の略で，Web ページを作る言語のこと。「タグ」と呼ばれるルールを使って記述するテキストファイルの種類の一つ。メモ帳，note パッドなどテキストファイルを扱うことのできるアプリで作成でき，Microsoft Edge や Firefox，Google Chrome，Safari などのブラウザで表示させることができる。

「.exe」：Windows の実行ファイル

　Windows において，実行することができるプログラムを収めるファイル。ファイルを開くことで，プログラムが起動される。この「.exe」という拡張子のついたファイルがメールなどに添付されている場合は，ウィルスである可能性もあるので，注意しておきたい。

Ⅱ.7　自分に必要な道具を「選ぶ」

　ここまで考えた上で，自分の目的に最も適していると思われるものを選び取っていこう。ネジを締めたい時に金槌を持っていても役に立たないように，目的に沿っていない道具は使うことができない。情報ツールは用途が非常に広く，多岐にわたる道具である。自分の生活スタイルや用途に合わせ，必要なものは何か，不要なものは何かを明確にした上で選ぶことによって，使いやすい道具となる。

┌─ コラム ─────────────────────────────

Society5.0

　Society5.0とは何か。内閣府における科学技術政策において目指すべきものとして設定される，狩猟社会（Society 1.0），農耕社会（Society 2.0），工業社会（Society 3.0），情報社会（Society 4.0）に続く，5番目の社会である。内閣府によると「サイバー空間（仮想空間）とフィジカル空間（現実空間）を高度に融合させたシステムにより，経済発展と社会的課題の解決を両立する，人間中心の社会（Society）」であるとされる。

　人間の最初の社会は，狩猟や採集によって生活を立てる自然環境に依存するものだった（Society1.0）。そこから，安定した食を得るための農耕が発達し，定住化が進み，共同体が大きくなっていった（Society2.0）。産業革命によって工業化が進み，農業を基準に発展していた社会構造から工業を中心とした社会構造に変化する（Society3.0）。その後，コンピュータと通信技術の発達によりNetが普及し，情報が価値を高め，その情報を中心とした社会になった（Society4.0）。現在，情報があふれているものの，その情報の共有や，膨大な情報の中から必要な情報を抽出するといった課題がある。また，これらの課題をこなす上での人間の能力の限界という問題もある。Society5.0では，これまでのフィジカル（物理的，身体的）な空間にサイバー空間を融合させることで，そうした問題解決を図ろうというものである。

　Society5.0が目指すのは，あらゆる場面で人がネットワークとつながりつつ，IoT（Internet of Things）で種々の機器同士が情報をやり取りすることで様々な情報が共有され，領域横断的な連携が可能となり，AI（人工知能）によって必要な情報の即時識別・即時提供が可能となり，ロボット技術によって身体的な制約を取り除き，個々人のニーズに十二分に即応できるようにすることである。一人ひとりの人間を中心としながら，人間では処理しきれないビッグデータをAIによって解析して最適解を求めた上で提供し，ロボット技術によって人間の身体的な作業をサポートすることで，誰もが快適で質の高い生活を得ることができるような社会である。

　これは決して，遠い未来の話ではない。現在，すでにスマートフォンで外部からエアコンや照明の制御をすることが可能になり，メニューを提案し自動調理してくれる家電があり，外出時のペットの見守りや給餌も可能になっている。また，ワイヤレスタグなどを使って忘れ物や物の喪失を防ぐことが可能

となり，キャッシュレス化も進み現金を持ち歩くことなく買い物をすることも可能になった。これらは，人間にとって代わるものとしてではなく，人間の生活を補助するものとして，Net や IoT，AI やロボット技術を活用しようとするものだ。Society5.0の社会は，いまだ来ぬ夢としてあるのではなく，すでに身近なものとして近づいてきている現実である。

　世界では，シュレディンガーの猫の思考実験で有名な「同時に２通り以上の状態がある」という量子力学を応用した量子コンピュータの開発が試みられている。これまでのコンピュータは０と１しかない二者択一の世界であるが，量子コンピュータではこれが拡張され，新たな世界が広がる。これまでの限界をはるかに超えた計算能力をもつ量子コンピュータや伝送の力をもつ量子伝送が実用化されつつあり，人の能力を飛躍的に高め，その限界を喪失(15)させるものとして活用されていくはずだ。Society5.0で目指される「人間中心の社会」を構築し，その中で「自分らしく」生きていくためには，それらの技術に意思決定を支配されるのではなく，自己の問題の解決のために能動的に利用する姿勢が求められるだろう。(16)

---

(15)　2019年10月に，Google を中心とした研究グループによって開発された量子コンピュータが，これまでの世界最速のスーパーコンピュータでは１万年かかる計算を200秒で行ったと発表された。

(16)　このコラムに入っているイラストはペンギンであるが，ペンギンは実は量子力学と関係がある。興味のある人は一度調べてみよう。

Ⅲ. 操 る

デバイスも入力も思った通りに

優 　 　：パソコンも買ったし，そろそろレポート書きましょ。

Na子 ：いいわよ。

　　　　……（じぃっとパソコンを見つめる。）

優 　 　：なにやってるの？

Na子 ：えっ？　レポートを書くんでしょ？

優 　 　：でも見てるだけじゃ書けないわよ。それとも超能力か何か？

Na子 ：あはは，違うわよ。　……って，BMI くらいあるわよね？

優 　 　：BMI って，体重の？

Na子 ：まさか。たしかブレイン・マシン・インタフェースの略。

　　　　脳とつないでパソコンを動かすあれよ。

　　　　私の時代だと非接触が普通なんだけれど，まさか接触型？

優 　 　：そんなものあるわけないでしょ！

Na子 ：嘘でしょ⁉　有線もないの？　不便ねぇ。じゃあ。

　　　　「そさえてぃ ゴ てん ゼロ をれいにとって」

優 　 　：はいはい。音声認識もできないことはないけど。

　　　　変換ミスも多いし，設定してないわよ。

Na子 ：やだ，じゃあどうやって動かすの？

優 　 　：これとこれ。マウスとキーボード。

Na子 ：別の道具があるのね。これ，歴史資料で見たような。

　　　　文字がいっぱいで難しそう。

優 　 　：慣れれば大丈夫よ。教えてあげる。

Na子 ：お願いします。

優 　 　：でも，まずパソコンを起動しないとね。

Na子 ：えっ？　これ動いてないの？

　　　　ほんと面倒ね。高いくせに。

Ⅲ.1 「操る」とは何かを考える

　この章では，コンピュータを操作する方法を学ぶ。マウスやキーボードの使い方から紹介するので，初心者の人も安心して読み進め，できるという自信につなげてほしい。また，「そんなことは知っている」という人は，意外な使い方や落とし穴を知り，自分が誰かに教える時のヒントを得て，ステップアップするチャンスだと思ってほしい。

【HINTS】　コンピュータが「使える」ってどんな状態？

　コンピュータが使えるというのは，小説や映画などに登場する「天才ハッカー」や「伝説のプログラマー」のように，目にもとまらぬ速さでキーボードを叩き，自在にコンピュータを操るというイメージがあるかもしれないが，それはコンピュータの使い方のごく一部である。スマートフォンで写真を撮ってSNSで送ったり，カーナビに道案内をさせたり，ゲームで遊んだりすることでさえ，できない人からすれば驚くべきスキルである。

　大切なのは，コンピュータを使うことを特別視せず，自分に合った使い方に慣れることである。たとえAIの開発者がCGを描けなくても，それをコンピュータが使えないとはいわないように，それぞれの用途で使えればよい。しかも，一つの使い方に慣れてしまえば，その経験は他にも応用できる。Wordに慣れれば，PowerPointもすぐ使えるようになる。これは「何が解らないのか，判る」ということが大きい。ただ漠然と「わからない」と手の施しようがないのに対し，何ができて何ができないのかが判れば，できないことに対処できるのである。

Ⅲ.2 「操る」ロードマップ

　では，ここから一緒に「コンピュータが使える」を広げていってみよう。この章で用いるのはパソコン，マウス，キーボードなどの入力デバイスである。今さらマウスやキーボード？　と思うかもしれないが，知っているつもりでも意外に知らないことがあるかもしれない。「何が解らないのか，判る」ためには，知識やスキルをしっかり確認することが大切である。それに，「できる」や「知っている」ことが確実なら，迷った時いつでもそこに戻れるので，無理なく新しい知識やスキルに手を伸ばすことができる。

　そこで，ここでは以下のような手順で進めていくことにしよう。

　　入力デバイスを確認する　→　マウスを使う　→　キーボードを使う　→　日本語を入力する

Ⅲ.3 入力デバイスを確認する

　まず，コンピュータを操るための基礎を確認しておこう。なお，ここから様々な機能を紹介し

ていくが，全てを暗記する必要はない。それよりも，いろいろな使い方があることを知り，「これを使えば楽ができそうだ」と予感したり，「これを別のアプリで使ってみたらどうなるのだろう」と考えたりすることが重要である。自分で試行錯誤したり調べたりした知識やスキルほど頭に残る。

　コンピュータを操るには，まず何らかの方法でコンピュータに指令を伝える必要がある。コンピュータに指令を伝えることを入力（input）というが，コンピュータが処理できるのは電気信号だけなので，専用の装置を使って伝えたい情報を電気信号に変換する必要がある。この装置を入力デバイス（device：機器，装置，端末）という。

【HINTS】　様々な入力デバイス

　入力デバイスには多くの種類がある上，同じ種類のデバイスでも見た目が異なっていることがある。たとえば図Ⅲ－1に並んでいるのはいずれもマウスであるが，ボタンの数や機能が異なっている。最も普及しているのはホイールマウス[(1)]，次いで2ボタンマウスであるが，3ボタンのものやボタンがないもの，さらにここには示していないが5ボタンや7ボタンのものもある。

　このように見慣れないデバイスを見聞きしたときの疑問や興味を，ぜひ大切にしてもらいたい。たとえばボタンがないマウスを見ると「どうやって使うの？」と戸惑うかもしれないし，ボタンが7つあると聞けば「そんなにたくさん何に使うの？」と不思議に思う人もいるだろう。その疑問を，そのまま「普通」のデバイスにも向けてみよう。

　使い慣れたものでも，改めて調べてみると新たな発見があり，それによって劇的に効率が上がるかもしれない。ビルの最上階に行く時，階段しか知らないと大変だが，エスカレーターやエレベーターも使えるなら楽な方法を選べるのと同じである。そうやって，すでにもっている「普通」に新しい発見を追加していけば，作業効率が上がるだけではなく，「コンピュータを使える」を支える知識や経験が蓄積されていくことになる。

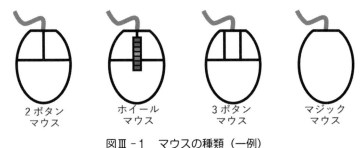

図Ⅲ－1　マウスの種類（一例）

---

(1)　2ボタンマウス（図Ⅲ－1左端）の中央にスクロールホイールがついたマウスで，図Ⅲ－1の左から2番目のものである。スクロールホイールはボタンのように押し込むこともできるが，誤作動を避けるため，CAD（computer-aided design）で製図を行う場合，ホイールの代わりに3つめのボタンを備えた3ボタンマウス（図Ⅲ－1の左から3番目）が使われることもある。なお，マジックマウス（図Ⅲ－1右端）はMacintoshのパソコンで採用されており，タッチパッドのように様々なジェスチャに対応している。

Ⅲ.4　マウスを使う

　では手始めに，マウスの外観を一緒に確認してみよう。形は様々だが，多くのマウスには左右
２つのボタンがある。ホイールが左右のボタンの中央にあることも多い。また，裏返すと底面に
は穴が開いていて，この中にあるセンサーでマウスの移動を感受するようになっている。ワイヤ
レスマウスの場合，ON/OFF のスイッチも配置されているかもしれない。マウスはシンプルな
入力デバイスなので，これで外観の確認を終わり，次は機能を確認していく。なお，普段ノート
パソコンを利用しており，マウスがないという場合は，タッチパッドで機能を確認しても問題は
ない。[(2)]

マウスポインタ

　まずボタン以外から確認していく。

【移　動】

　マウスを置いて移動させる（タッチパッドの場合には板面を指１本でなぞる）と，画面上でマウス
ポインタが動く。マウスポインタはマウスが正常に接続されていないと動かない（あるいは表示
されない）ので，マウスポインタが動かない場合は接続し直そう。

【HINTS】　マウスポインタの形

　通常状態のマウスポインタは矢印の形をしているが，重ねている場所，つまりその時，実行で
きる機能によって形が変化する。たとえば Web サイトを見ている時，マウスポインタをリンク
に重ねると指の形になり（図Ⅲ‐2「リンクに重ねた場合」），この状態でクリックすると，リンク
先にジャンプする。また，文章に重ねるとＩの形になり（図Ⅲ‐2「文字列に重ねた場合」），文字
列を選択することができる。

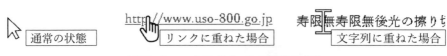

図Ⅲ‐2　マウスポインタの形状の変化

【強調表示】

　マウスポインタを動かしてアイコンやメニューに重ねると，重なったものが強調表示されるこ
とが多い。たとえばデスクトップ上のアイコンにマウスポインタを重ねると，アイコンの周りに
色がつくし，Word，Excel，PowerPoint などのメニューであれば色が変わるとともに文字が太
くなる。

---

(2)　マウスと同様の機能を提供するものは，他にもトラックボールやタッチパネルなどがあり，これらは「ポインティン
　　グデバイス」と総称されている。

【ツールチップとステータスバー】

　アイコンやメニューにマウスポインタを重ねたままにしておくと，その周辺に説明が表示されることがある。これはツールチップ，あるいはポップヒントと呼ばれている（図Ⅲ-3）。これは特に Word，Excel，PowerPoint などで使い慣れていない機能を使う時にとても役立つ。

　また，ツールチップと似たものに，Web ブラウザのステータスバーがある。ステータスバーは，Web サイトのリンクにマウスポインタを乗せた時にブラウザの左下角に表示され，リンク先のアドレスがわかるようになっている。これを見れば騙しリンクやフィッシング詐欺を回避できるので，リンクをクリックする前には確認してほしい。[3]

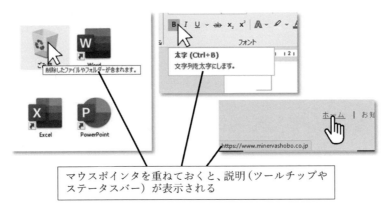

図Ⅲ-3　ツールチップとステータスバーの例

左ボタンの機能

　続いて，使う機会が多い左ボタンの機能を確認する。

【クリック】

　左のボタンを1回押すことを，クリックという。[4]クリックすると，画面上でマウスポインタが重なっているものが選択される。もちろん，クリックした場所に何もなければ何も起こらない。試しにデスクトップのアイコンにマウスポインタを重ね，クリックしてみよう。アイコンが選択された状態になる。また，Word，Excel，PowerPoint などのメニューや，スタートメニューに並んでいるアイコン，Web ページなどにあるリンク（マウスポインタが矢印から手の形に変わる部分）は，1回クリックするだけで機能する。時折，何でもかんでもダブルクリック（後述）する人を見かけるが，これは誤った操作であるため，想定とは違う動きをしたり，逆に動かなかったりする可能性がある。もし区別がつきにくいのであれば，ダブルクリックせず，まずクリックから始めるようにすれば，何度かやるうちに正しく使えるようになる。

---

(3)　詳しくは「Ⅸ. 守る」参照。

(4)　クリックは「押す」と表現されることが多いが，実際の動作では電話やエレベーターのボタンのように，押してすぐに離す。この時「カチャッ」と音がするので，英語で「カチャッ」とか「カタカタ」とか「コトン」という音を表すclick という名前がついた。

【ダブルクリック】

　左のボタンを2回連続で押すことを，ダブルクリックという。ダブルクリックの主な機能は「実行する」ことで，たとえばデスクトップにあるアプリのアイコンにマウスポインタを重ねてダブルクリックすると，そのアプリが起動する。また，フォルダのアイコンにマウスポインタを重ねてダブルクリックすると，そのフォルダが開く。ここで知っておいてほしいのは，ダブルクリックには危険がつきまとうということである。先ほど学んだように，一度だけクリックすべきものをダブルクリックすると誤作動の原因になるし，迷惑メールに添付されているファイルをダブルクリックするとコンピュータウィルスに感染することもあることを，しっかりと認識しておこう。⁽⁵⁾

【トリプルクリック】

　左のボタンを3回連続で押すことをトリプルクリックという。WordやWebなどの文章にマウスポインタを重ねてトリプルクリックすると，1段落，あるいは全ての文章を選ぶことができる。これ以外でトリプルクリックを使う機会は多くないが，アプリによっては特別な機能を割り当てられている場合があるので，試してみると意外な発見があるかもしれない。

【ドラッグ】

　左のボタンを押しながら，マウス本体の位置をずらすことをドラッグ⁽⁶⁾という。ドラッグの機能は，大きく分けて範囲選択と移動の2種類がある。

　まず，何も選択していない状態でドラッグすると範囲を選択でき，その範囲にあるものを同時に選択できる。ためしにデスクトップの，アイコンがないところをドラッグしてみると，選んでいる範囲に枠が表示されることが確認できるだろう。また，この枠内に入っているアイコンは同時に選択される。WordやWebサイトなどでは文字列を範囲選択することもできる。選択したい文字列の先頭にマウスポインタを置き，そこからドラッグすると文字が反転表示されるはずである。

【ドラッグ＆ドロップ】

　何かを選択した状態でドラッグすると，選択したものを移動できる。ためしにデスクトップのアイコンをドラッグしてみると，ドラッグしている間はマウスポインタにアイコンがくっついたような表示になり，指を離すと，その場所にアイコンを移動できる。指を離すことをドロップといい，このようにドラッグして特定の場所にドロップするという一連の動作をドラッグ＆ドロップ（ドラッグアンドドロップ）という。

　ドラッグ＆ドロップした場所に何もなければ単に移動させるだけだが，そこに何かあれば様々な動作をする。たとえば，フォルダを開いておき，そこにファイルをドロップすると，そのフォルダにファイルを格納できる。また，ごみ箱のアイコンにファイルをドロップすると，その

---

(5)　「IX. 守る」も参照すると理解が深まる。

(6)　ドラッグの英語表記はdragで，薬を意味するdrugとは別である。dragは「引っ張る」という訳もあるが，「引きずる」という意味の方が強い。マウスは軽いので，左ボタンを押しながら縦や横に滑らせる感覚をもとう。

ファイルを削除できる。⁽⁷⁾この他にもドラッグ＆ドロップには様々な機能があるので，少しずつ習得していこう。

右ボタンの機能

次に右ボタンの機能を確認しよう。

【右クリック】

　左ボタンのクリックと区別するため，右ボタンをクリックすることは右クリックと呼ばれている。右クリックすると，マウスポインタが示している場所で使える機能の一覧を表示できる。この一覧はコンテクストメニューと呼ばれている。コンテクスト（context）には，文脈，脈絡，状況などの意味があり，右クリックした場所によって使える機能が違うので，この名がつけられている。たとえばデスクトップならば，アプリのアイコンとごみ箱のアイコン，さらに何もない場所では，右クリックした時に表示される内容が異なることを確認できる（図Ⅲ－4）。

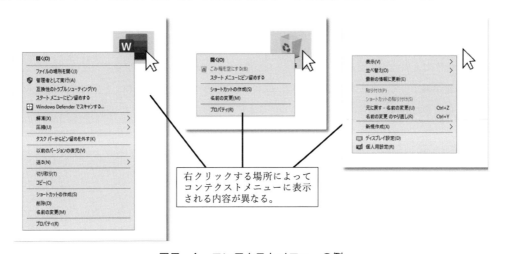

図Ⅲ－4　コンテクストメニューの例

【右ドラッグ】

　正式名称ではないが，ここでは右のボタンを使ってドラッグすることを右ドラッグと呼ぶことにする。右ドラッグを使うと，ドロップした時にコンテクストメニューが表示される。その中には「ここに移動」「ここにコピー」などが並んでおり，選択することで移動，コピー，ショートカットの作成など様々な機能を実行できる。

ホイールの機能

最後に，ホイールの機能も確認しておこう。

ホイールの主な機能は画面のスクロールである。たとえば Web を見ている時，ホイールをス

---

(7)　ごみ箱もフォルダの一種なので，基本的には「ごみ箱を空にする」を選ばなければ削除されない。しかし，うっかり空にしてしまうと大変なことになるので，絶対にごみ箱を一時保存フォルダの代わりに使ってはいけない。

(8)　コンテクストメニューをよく見てみると，Word やごみ箱では「開く」が太字になっている。これはダブルクリックした時に実行される機能を示しており，Word やごみ箱をダブルクリックすると「開く」ことがわかる。

クロールすれば画面を上下に送ることができる。タッチパッドであれば，板面を指2本で上下になぞることでスクロールできる場合もある（機種による）。

また，Web ブラウザや Word，Excel，PowerPoint などでは，キーボードにある［Crtl］キーを押しながらホイールを回すと，画面の拡大・縮小ができる。タッチパッドであれば，2本の指を開いていくようになぞったり，逆に指2本で板面をつまむようになぞったりすることで拡大・縮小できる場合がある（ピンチズーム機能。機種による）。なお，デスクトップで同じことをすると，アイコンが拡大・縮小するので，興味があれば試してみよう。

この他，実はホイールはボタンになっていて，押し込むこともできる。押し込んだ時の動作はアプリによって異なるので，いろいろ試してみよう。

演習

　デスクトップのアイコンを使って，クリック，右クリック，ドラッグ，右ドラッグ，ダブルクリック，トリプルクリックのそれぞれを試してみて，どうなるか確認しよう。また，Web ブラウザの文章でも同じ操作をして，違いがあるかどうかを確認してみよう。

　同じ操作でも機能が異なることを知っていれば，それぞれの場面やアプリで「この操作にはどんな機能が割り当てられているのだろう」という視点をもつことができる。そうして身についた操作と機能の対応は，単に丸暗記するよりはるかに強く頭に残る。

Ⅲ.5　キーボードを使う

　キーボードも，まずは外観の確認から始めてみよう。

　図Ⅲ－5は，Windows のパソコンで広く使われている日本語109キーボードである[9]。「日本語」を冠している通り，日本語の入力に便利なように設計されている。これに対して英語キーボードというものもあり，日本語キーボードとはキーの並びなどが異なるので，海外に行った際や誤って購入した場合は戸惑うかもしれない[10]。両者を見分けるポイントは左上にある［半角/全角］キーで，これがあれば日本語キーボードである。日本語キーボードであれば，メーカーによってキーのサイズや配置が図と違ったり，キー表面の英語が略記されていたりといった差はあるが，基本的な機能は変わらない。また，図のキーボードはテンキー（数字と計算記号を入力するためのキー群）が独立している「フルキーボード」と呼ばれるタイプのものであるが，ノートパソコンでは省スペースのためテンキーが文字キーと合体しており，配置もギュッと詰まっている[11]。その場合，少しキーを探すことがあるかもしれないが，本章を理解するには支障はないので安心してほしい。

---

(9)　109はキーの数であり，これ以外にも101，104，106，108，112などの種類がある。

(10)　日本語がない分，スタイリッシュなデザインのものが多く，海外製で廉価なものもあるため，知らずに購入してしまうことがある。プログラマーの中には英語キーボードを好む人もいるので，納得した上で購入するならば問題はない。

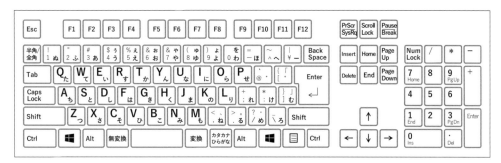

図Ⅲ-5　Windowsの日本語109キーボード（一例）

　図Ⅲ-6はMacintoshのパソコンで用いられている日本語キーボードである。文字の配列は図Ⅲ-5で示したキーボードと同様であるが，文字以外のキーは異なっているものがいくつかある。中でも以下の点は本章を理解する上で重要なので，気に留めておいてほしい。

・［半角／全角］がなく，［かな］と［英数］がスペースキーの両脇にある。

・［Back Space］がなく，［delete］が同じ機能をもっている。

・［Ctrl］がない（Windowsの［Ctrl］とMacintoshの［control］は機能が違う）。ひとまず，［command］が［Ctrl］の機能をもつと考えてよい。

・Windowsのファンクションキーは［F1］～［F12］までだが，Macintoshは［F19］まであり，機能も異なっている。

・キーに印字がなく，マークしか描かれていないことがある。その場合でもおそらく配置は図Ⅲ-6と同じなので，これを手がかりに読み進めてほしい。

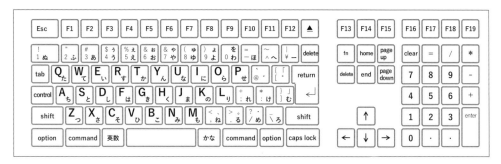

図Ⅲ-6　Macintoshの日本語キーボード（一例）

文字や記号の入力に使うキー

ここからは，図Ⅲ-7のように，キーボードをいくつかに区分して機能を見ていこう。

⑾　そのほか，［Fn］と書かれたキーが配置されていることがある。このキーを他のキーと組み合わせると，音量を上下したり画面の明るさを変えたりできるので，見つけたら使ってみよう。

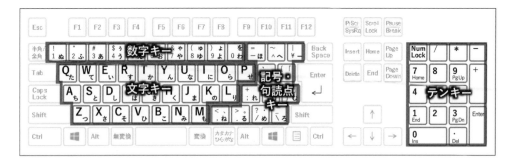

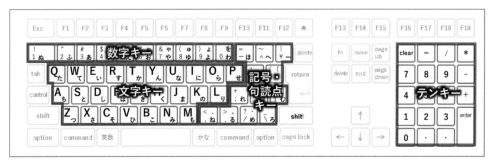

図Ⅲ-7　文字キー，数字キー，記号・句読点キー（上が Windows，下が Macintosh）

　図Ⅲ-7を見ると，キーボードの中心付近，および右側の独立した部分には，文字や記号の入力に使うキーが集まっていることがわかる。入力の際，最もよく使われるのが文字キー，次に句読点キー，数字，記号なので，指が届きやすい場所に配置されている。これらについての詳細は以下のとおりである。

【文字キー】

　アルファベットとひらがなで構成されている。通常（他のキーと組み合わせない場合）は，小文字のアルファベットを入力する。また，[Shift] を押しながら文字キーを押すと，大文字のアルファベットを入力する。Shift には「ずらす」や「移す」という意味があり，通常の入力とずらしたもの（キーの左上に印字されているもの）を入力したい時に使うと考えよう。なお，ひらがな部分は「かな入力」という入力方法で用いるためのものであり，このテキストで解説するローマ字入力では使わないので，ここでは無視してよい。

【数字キー】

　数字と記号，ひらがなで構成されている。通常は数字を入力する。また，[Shift] を押しながらだと記号を入力する。特に「！」や括弧はよく使うので，慣れていないならば，今，入力してみよう。

【記号・句読点キー】

　記号や句読点などで構成されている。通常は左下に印字されているもの，[Shift] を押しながらだと左上に印字されているものが入力されるが，カギ括弧（「　」）はこの限りではない。これらは「習うより慣れろ」の代表のようなキーで，とにかく使って慣れていこう。

【テンキー】

　数字や計算記号の入力に便利であるが，ノートパソコンの場合，独立で備わっていないことが多い。⁽¹²⁾数値入力や計算の機会が多い場合，USB などで接続できる「テンキーボード」を購入して利用すると作業がはかどる。

操作に使うキー

　続いて，その他のキーを分類したものが図Ⅲ-8 である。

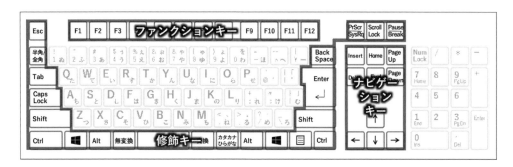
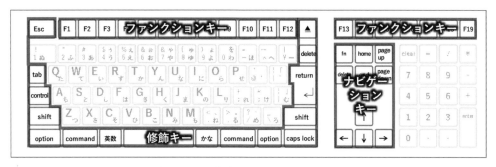

図Ⅲ-8　修飾キー，ナビゲーションキー，ファンクションキー

　キーボードには，文字や記号を入力するキーだけでなく，特殊な機能を割り当てられたキーがたくさん並んでいる。本章の最初の方でも述べたが，それらを全て覚える必要はない。以下ではよく使う機能に絞って紹介していくので，便利だと思ったものを積極的に使い，徐々に慣れていけばよい。

【修飾キー】⁽¹³⁾

　単独，あるいは他のキーと組み合わせて使うことにより，様々な機能を使うことができる。以下では，主なものだけを列挙する。

・[半角/全角]：押すたびに，入力する文字を半角（英語）と全角（日本語）で切り替える。

---

(12)　モードを切り替えることにより，文字キーや記号キーの一部をテンキーとして使える機種もある。そうした機種では，何かの拍子にテンキーモードに切り替わってしまうと「あいうえお」と入力しても「あ54え6」のようになってしまう。もし入力がおかしくなったら，この可能性を思い出そう。

(13)　必ずしも修飾（入力の補助）にだけ使うキーではない。「コントロールキー」という名称もあるが，[Ctrl] や [control] と紛らわしいので，ここでは修飾キーと呼ぶことにする。

Macintosh の場合，［英数］が半角，［かな］が全角への切り替えである。

・［Back Space］：文字カーソルの左側にある文字を消す。Macintosh では［delete］が同じ機能
をもっている。

・［Ctrl］：文字キーと組み合わせることで，ショートカットの機能（後述）を使える。Macintosh
では［command］が同様の機能を担っているが，完全ではない。たとえば Windows であれば
［Ctrl］を押しながらマウスホイールを回すと，表示を拡大・縮小できるが，Macintosh では
［command］に加えて［control］も押しておく必要がある。

・［Shift］：すでに述べた通り，このキーを押しながら文字キーを押すと，通常とは別の文字を入
力できる。この他，絵を描いたり位置を変えたりする場合，「正確に」あるいは「まっすぐ」行
える。このように［Shift］は「ちょっと特別」な入力ができるので，いろいろ試してみよう。

・［Esc］：「エスケープ」と読み，これを使えば実行中の処理を中断できる。たとえば動画の全
画面表示を普通サイズに戻したり，Web ブラウザで読み込みに時間がかかっている時に中断
したり，Excel で入力中の関数を途中でキャンセルしたり，と様々に使える。また，ドラッグ
＆ドロップしようとして目的とは別のファイルをドラッグしてしまった場合にも，それをキ
ャンセルできる。困った時には［Esc］を思い出そう。

【ファンクションキー】

アプリによって様々な機能（Function）が割り当てられている。ここでは後述する「Ⅲ.6　日本
語を入力する」で登場する。なお Macintosh では，図Ⅲ‒8 にあるように，ファンクションキー
が F19 まで配置されていることもある（Windows と同じ F12 までの場合も多い）。

【ナビゲーションキー】

Word や Web ブラウザで文章内を移動する際や，編集作業などの際に用いる。ここで特に重
要なのは矢印キーであり，これを使うことでマウスやタッチパッドでは行いにくい「微調整」を
行うことができる。たとえば文中の挿絵や写真の位置を少しずつ変えたり，文字カーソルやセル
を移動したり，［Shift］と組み合わせて細かい選択ができたりするので，マウスでは大きく動き
すぎてしまう時に使ってみよう。

ショートカット

修飾キーと他のキーを組み合わせて使うことで，マウスでメニューを選択しなくても，特定の
処理をダイレクトに行える。これをショートカットという。Word で文章を保存したい場合，上
に並んでいるメニューから「ファイル」を選択して，開いたパネルにある「上書き保存」を選ぶ
という 2 ステップを経る必要があるが，［Ctrl］を押しながら［S］を押せば，同じ作業を即座に
行える。このため，ショートカットに慣れれば作業効率が飛躍的に高まる。

ショートカットには多くの種類がある上，アプリによって使用できるものが異なるため，全て
を覚えている人はいない。しかし，基本はよく似ているし，用いるキーも限られているので，よ
く使うものを中心に普段から利用しておけば応用が利く。たとえば［Ctrl］＋［A］というショ
ートカットなら，デスクトップで使うと「全てのファイルやアイコンを選択」，Word で使う

と「全ての文字列とオブジェクトを選択」, Excel なら「全てのセル, あるいは全てのデータベースを選択」になる。これらは「全て選択」という点で共通しているため, 直感的に共用することができる。

　ここでは一例として, 特に使用頻度の高いものを表Ⅲ-1に挙げた (いずれも共通する機能を表示しているため, 細かい動作はアプリによって異なる)。Word や Excel, PowerPoint で使えるのはもちろん, 応用範囲も広いため, 一つのアプリで使えるようになったあとは, ぜひ別のアプリでも試してみてほしい。

表Ⅲ-1　ショートカットの例

重要度	キー操作	機　能	用　　途
★★	Ctrl + A	全て選択	ウィンドウ内にある全てを選択する。まとめてコピーしたり消したりできる。
★★★	Ctrl + C	コピー	選択したものをパソコンに覚えさせる。文字, 絵, ファイルなど多用途。Ctrl+V とセットで使う。
★★	Ctrl + F	検索	ウィンドウ内に含まれる文字や単語を検索できる。
★	Ctrl + P	印刷	プリンタで印刷したい時に使う。「印刷」ボタンがなくても使える。
★★★★	Ctrl + S	保存	「上書き保存」するほか, Web ページも保存できる。文書作成中なら5分に1度は使いたい。
★★★	Ctrl + V	貼り付け	コピーしたものを貼り付ける。何度も繰り返して貼ることもできる。
★★	Ctrl + X	切り取り	コピーと同時に元を削除する。
★★★	Ctrl + Y	やり直し	直前の動作と同じことを繰り返す。Ctrl+Z とセットで使うことが多い。
★★★★	Ctrl + Z	元に戻す	直前の動作を元に戻す。操作ミスをした時の強い味方。戻しすぎたら Ctrl + Y を使う。

Ctrl+A なら「[Ctrl] を押しながら [A] を押す」ことを意味している。Macintosh の場合, [Ctrl] ではなく [command] を使う。

演習

1. Word などを開き, [Shift] を押しながら, 全ての文字キーを1つずつ順に入力してみよう。この時, 何が入力されるかを予想し, その通りになるか確認するとさらによい。

2. 文字キーと [Shift], ファンクションキーだけを使って, 以下の顔文字を作ってみよう (右側の「|||」のみ半角である)。

    (＊・＿・)？(；x；|||)

3. Web ブラウザを開き, ここで紹介しなかったキーの使い方を調べてみよう。たとえば Windows のキーボードでロゴマークがついたキーはウィンドウズキーという名前なので「ウィンドウズキーの使い方」のように調べてみる。

Ⅲ.6　日本語を入力する

　本章の締めくくりとして，日本語入力の方法を確認する。すでに様々な機会を得て日本語を入力することに支障がないという人もいると思うが，意外に知らないことがあるかもしれないので，目を通してみよう。また，ひらがなや漢字を実際に入力しながら学習すると理解しやすいので，Word（なければメモ帳などのテキストエディタ）を開いておいてほしい。

ひらがなの入力方法

　まず［半角／全角］，あるいは［かな］を使って日本語入力モードにしておく。Word の場合，アプリを起動した時点で日本語入力モードになっているはずである。［A］を押して「あ」と表示されれば日本語入力モードになっている。

【かな入力とローマ字入力】

　ひらがなの入力方法には「かな入力」と「ローマ字入力」の 2 つがある。かな入力は，素早く日本語が入力できることが最大のメリットであるが，ひらがなとアルファベットそれぞれの配置を覚える必要があるため，習得に時間がかかる。これに対してローマ字入力はアルファベットを使って入力するため，そのまま英語を入力する際にも使える。このため初学者にはローマ字入力が推奨される。

【ローマ字入力の注意点】

　ローマ字については改めて説明しないが，入力する際には以下のような特徴があるので，一度試してみてほしい。

・小さい字（ぁぃぅぇぉ，ゃゅょ，っ，ゎ）は，L あるいは X [14] に続けて入力する。

・ただし「きゃ」や「しゃ」などは，子音の直後に Y を入れて入力した方が早い。たとえば「きゃ」なら「KILYA」や「KIXYA」ではなく「KYA」でも入力できるし，「しゃ」も「SYA」が早い。さらに，「じゃ，じゅ，じょ」は「JA，JU，JO」でも入力できる。

・「ん」は N を 2 つ重ねて「NN」とすれば入力できるが，Y と N 以外の子音の前なら N を 1 つ省略できる。たとえば「てんしんらんまん」は「TENNSINNRANNMANN」ではなく「TENSINRANMANN」と入力してもよい。なお，子音が Y の場合にどうなるかは「RANYOU」と入力すればわかる（「らんよう」にはならない）。

変　換

　入力したひらがなや数字は，漢字やカタカナ，英語，記号など様々なものに変換できる。以下ではスペースキーのほか，様々なキー，あるいはマウスを使った変換方法を確認していこう。

---

(14)　L や X が使われる理由は判然としないが，ローマ字入力で使わないからだと思われる。「Little（リトル：小さい）のL」や「x-height（x の高さ＝小文字サイズ）の X」など，こじつけで覚える手もある。

【スペースキー】

　変換キーとして最も利用頻度が高い[15]。ひらがなや数字を入力すると，文字の下に点線が表示されるので，この時スペースキーを押すと変換候補が現れる。変換候補は図Ⅲ-9のようにスペースキーを押すたびに次のものが表示され，最後の候補まで表示されれば最初の候補に戻る。

図Ⅲ-9　変換候補

【数字キー】

　変換途中で数字を入力すると，対応する変換候補をダイレクトに選択できる。たとえば図Ⅲ-9のように変換候補が表示されている状態で「3」を入力すると，「偏官」が選択される。

【マウス】

　変換候補をクリックすると，その変換候補をダイレクトに選択できる。たとえば図Ⅲ-9のように変換候補が表示されている状態で「返還」をクリックすると，「返還」が選択される。入力速度が落ちるため推奨はしないが，直感的にはわかりやすい。

【矢印キー】

　変換候補は上下の矢印キーでも選択できる。ただし，環境によっては下矢印が決定（[Enter]や[return]）と同じになってしまうことがあるので注意が必要である。

【ファンクションキー】

　Windowsの環境では，変換中に[F6]〜[F10]を押すことで，カタカナや英数に直接変換することができる[16]。たとえば「すいか」と入力したあとで[F6]〜[F10]を押すと，それぞれのキーを押すごとに以下のように変換されるので，確認してみよう。

・[F6]（ひらがなに変換）：すいか → すいか → スイカ → すいか（最初に戻る）

・[F7]（カタカナに変換）：スイカ →スイカ →すいか →スイカ（最初に戻る）

・[F8]（半角カタカナに変換）：スイカ → スイカ → すいか → スイカ（最初に戻る）

---

(15) 昔は[変換]キーで変換を行っていたが，ジャストシステム社が，英文を打つ時にスペースで単語を区切ることをヒントに，スペースキーで変換を行えるようにした結果，この方式が普及した。

(16) Macintoshでも，設定すればファンクションキーを変換に使える。設定方法は環境によって異なるが，たとえばリンゴのマークから，「システム環境設定」「キーボード」を選び，「F1，F2などのキーを標準のファンクションキーとして使用」にチェックを入れるという方法がある。

・[F9]（全角英数に変換）：ｓｕｉｋａ → ＳＵＩＫＡ → Ｓｕｉｋａ → ｓｕｉｋａ（最初に戻る）

・[F10]（半角英数に変換）：suika → SUIKA → Suika → suika（最初に戻る）

　この中で使用頻度が高いのは［F7］と［F10］で，前者は文中でカタカナを入れたい時に使えるし，後者は日本語を英語に変えたい時[17]に使える。

　なお，［F8］を使うと半角カタカナに変換できるが，半角カタカナの使用はなるべく避けた方がよい。これは，環境によっては半角カタカナで書いた文字が文字化け[18]して読めなくなる可能性があるためである（章末コラムを参照）。

【無変換キー】

　押すたびに，入力中の文字がカタカナ，半角カタカナ，ひらがなと変化する。Windows でしか使えないが，スペースキーの横にあるため［F7］より使いやすいという人もいる。

タッチタイピング

【なぜタッチタイピングが必要か】

　キーボードを打つ際，手元を見ずに入力することをタッチタイピングという。タッチタイピングに慣れると，考えるスピードに合わせて文字を入力できるようになるので，レポートや書類を非常にスピーディーに作成できる。逆に，タッチタイピングができないと，文字を打つこと自体に時間を奪われ，内容を考えたり，推敲したりする時間がなくなるだけではなく，グラフや写真などを用意したり加工したりすることまで手が回らなくなる。

【タッチタイピングを習得するコツ】

　もしタッチタイピングができないのであれば，今すぐ練習を始めた方がよい。幸い，タッチタイピングには「やり方」があり，そのやり方に沿って練習すれば数日のうちに基礎を習得できる。一度基礎を習得してしまえば，あとは文章を書くたびに練習ができるので，どんどんスピードが速くなる。

　タッチタイピングを習得するためのアプリや書籍は非常に多くあるので，詳細はそちらに譲るが，ここではタッチタイピングを習得するコツを3つだけ紹介したい。

　1つめは，できる限り手元を見ないことである。タッチタイピングとは手元を見ないタイピングのことであり，スピード競技ではない。たとえ最初は遅くとも，できる限り手元を見ずに入力していくことで，頭の中に指の動かし方が記憶される[19]。これは，スポーツや武道で，意識しなくても体が動くように基本動作を繰り返し練習するのと同じである。手元を見なくても思い通りに指を動かせるようになれば，スピードは後からついてくる。

　2つめは，指の動かし方を学ぶことである。書籍や Web サイトを探せば，タッチタイピング

---

(17)　たとえば手元を見ながらメールアドレスを打っていて，「ほげ@ａｂｃ。こm」のようになっても，F10を押せば「hoge@abc.com」と変換されるので，打ち直す必要がない。

(18)　入力した文字が別の文字に入れ替わって読めなくなる現象。

(19)　こうした記憶は「手続き的記憶（procedural memory）」と呼ばれている。記憶喪失の人が当然のように歩けるのも，おじいさんが数十年触っていないコマを上手に回せるのも，「体が覚えている」からである。

に向いた，効率のよい指の動かし方を知ることができる。それらを，まだ指の動かし方が定まっていない初心者のうちに学べば，一足飛びに上達する可能性がある。ただし，必ずその打ち方でなければならないということではないので，誤解しないでもらいたい。指の可動範囲や運動性能をはじめ，様々な個人差があるのだから，「正しい」方法はないといってもよい。事実，最近の研究では，独学で身につけたタッチタイピングが，「正しい」タイピングに引けを取らないことが報告されている[20]。したがって，すでに手元を見ずにタイピングできる人は，Web サイトや書籍を参考にして指の動かし方をチェックし，よさそうな使い方があれば採り入れるだけでよい。そうではなく，まだ指の動かし方が定まっていないのならば，これから効率よく学べるチャンスだと思ってほしい。

音声入力デバイス

　近年，音声認識の技術が急速に進歩し，キーボードからの入力を代替できるようになってきた。音声認識を用いると，スキルや手指の機能に依存せず文字情報を入力できるので，キーボードの利用が困難な個人でも使えるという利点がある。Siri や Cortana，Google アシスタントなどはその例である。

演習

1．Word などを開き，自分の住所の郵便番号を「１００－００１１」のように全角で入力して変換してみよう。また「きごう」や「すうがく」や「ばるたん」を変換するとどうなるか確かめよう。キーボードの機能に加え，様々な変換結果を知っておくと，どんどん「使える」が広がる。

2．タッチタイピングの Web サイト，あるいは書籍を２つ以上探してみよう。
　　タッチタイピングを習得する上での大敵は「面倒だ」という気持ちである。参考にしたWeb サイトや書籍が自分に合わないと感じたら，それにこだわらず，無理なく始められそうなものを探せばよい。もちろん，自分に合っているかそうでないかは判断しにくいので，複数の Web サイトや書籍を比べてみるとよい。

---

[20]　Feit, A. M., Weir, D., & Oulasvirta, A. (2016) "How we type: Movement strategies and performance in everyday typing", In *Proceedings of the 2016 chi conference on human factors in computing systems* (pp. 4262-4273).

⬤⬤⬤ コラム ⬤⬤⬤

情報の表し方

　数字を使ったクイズに，「片手で表せる数はいくつある？」[21]というものがある。いくつかわかるだろうか。解き方を知らずに直感的に解くなら，指折り数えて 1 〜 5 の 5 つだが，0 を含めれば 6 通り表せることに気づく人もいるだろう。しかし正解はもっと多く，0 〜 31 まで，32 の数を表現できる。

　数の表し方は次の通りである。まず，じゃんけんのグーの形。指が 1 本も立っていないので，これを 0 とする（図Ⅲ - 10左上）。そこから親指を立てると 1 を表現できる。次に親指を倒し，代わりに人差し指を立てた形を 2 とする。なぜ親指をいったん倒すのかは後で説明する。同様に，3，4，5…31 までの表し方は図Ⅲ - 10の上段を参照してほしい。

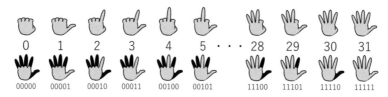

図Ⅲ - 10　片手で表せる32通りの数

　図Ⅲ - 10の下段では，指の状態を色で表すとともに 5 桁の数字を併記した。上段で倒している指は黒く塗り，対応する指の数字を 0 にする。たとえば「2」なら人差し指以外は黒く塗り，数字は人差し指に相当する右から 2 番目の数字だけを 1 にして「00010」としている。このルールを適用すれば，「30」は親指だけ倒し，左 4 本の指を立てるので「11110」という数字で表せる。

　このルールは 2 進数と呼ばれていて，n 桁の数字で 2^n 通りの状態を区別できる。たとえば 1 桁，つまり指が 1 本なら 2^1 通り，つまり 2 通りになる。確かに指が 1 本なら，その指を立てるか倒すかの 2 通りしかない。これを数字で表すと 0 か 1 になる。2 本なら 2^2 通り区別でき，確かに00，01，10，11の 4 通りが存在する。同様に，指が 5 本なら 2^5 で32通り，6 本なら 2^6 で64通り，8 本なら 2^8 で256通りの状態[22]を区別できるのだが，区別できるのは数だけではない。

　2 進数を使えば，文字や色も区別できる。たとえば図Ⅲ - 10では 0，1，2…の数字を区別しているが，代わりに a，b，c……が対応するという「取り決め」をしておけば，00001，00100，00011は 1，4，3 ではなく "bed" と読める。これを利用するのがコンピュータで，0 と 1 を電気の OFF/ON と対応させ，数字，文字，色，音など様々な情報を処理している。また，この 0 と 1（OFF/ON）は情報の最小単位となっていて，bit（ビット）と呼ばれている。たとえば上記のように 0 や 1 が 5 つ並んでいれば5bit の情報量となる。

　記憶媒体の容量やコンピュータの性能を表す際に登場する Byte（バイト：B）は，1 文字を区別するための情報量である。アルファベットは26文字なので5bit あれば識別できるのだが，ついでに記号や

---

[21]　もう少し厳密にいうなら，指は 5 本使えて，それぞれの指ができることは曲げるか伸ばすかの 2 通りだけ，もちろん指以外は使わず，1 回で表現できる数，となる。

[22]　2 進法は 0 と 1 しか使えない（2 以降がない）ので，1 足す 1 の答えは10のように桁上がりする。だから片手で 2 を表す時は親指をいったん倒した。

数字を表現したり，確認用の1桁を確保したりといった都合があったため，現在は8bit を1Byte とすることが標準規格となっている。しかし，日本語，中国語，韓国語などは文字の種類が多いため，1Byte では区別しきれず，2Byte を使って表現する（2Byte＝16bit＝65536通りを区別できる）。こうした文字を2バイト文字という。漢字やひらがなの大きさに対して，アルファベットは半分の大きさで表示されるので，2バイト文字を全角，1バイト文字を半角と呼ぶこともある。

　［F8］キーの説明でふれた半角カタカナは，1Byte 文字しかなかった時代の名残で，日本語でありながら1バイトで表現されるため，数字と文字を対応させるための文字コードという「取り決め」に合わないことがある。このため，半角カタカナで入力したつもりなのに，別の環境では全く違う文字として表示される「文字化け」が起こる可能性がある。

⒀　ISO（国際標準化機構）や IEC（国際電気標準会議）が8bit を1Byte と定めたのは2008年である。

Ⅳ. 書　く

文章：Microsoft Word（1）

Na子 ：やっとキーボードにも慣れてきたわ。
　　　　タイピングゲームがなかったら，あきらめてたかも。

優　　：マウスは単純でしょ？

Na子 ：感覚的だから楽。

優　　：よかった。
　　　　ようやくレポートが書けるわね。

Na子 ：急がないとね。

優　　：文章を書くには，これを使いましょ。
　　　　Word。大学にもあるし。

Na子 ：アプリね。たくさん絵があるわね。
　　　　まさか，全部覚えなきゃいけないの？

優　　：大丈夫。基本だけでいけるわ。
　　　　どうせバージョンが変わったら変わってしまうし全部を覚えたりしないって，こ
　　　　ないだ先生も言ってた。

Na子 ：必要なところだけ覚えればよいのね。

優　　：覚えるというより，慣れだけどね。
　　　　わからなきゃ，探せばいいのよ。

Na子 ：わかった。始めましょ。

優　　：始めるのはいいけど。
　　　　内容は決めてあるの？

Na子 ：思い付きじゃ…やっぱりだめよね。

優　　：そうだね。大学だし，無理そう。

Na子 ：じゃあ，内容少し考えてから，教えてもらうことにする。

優　　：そうしましょ。

Ⅳ.1 「書く」ロードマップ

レポートや論文，報告など，文書の作成に欠かせないのがMicrosoft Wordである。以下の手順で学んで，効率的に整った文書の作成ができるようになろう。

クセの把握 → 表示を整える → 入力 → 保存 → 校正 → 整形 → 保存 → 印刷

Ⅳ.2 Wordのクセを知る

適当にWordを使っても，文書を作ることはできる。しかし，Wordのクセを知った上で使うと，効率的にこのツールを使うことができる[1]。場合によっては，そのクセを利用することまでできる。まず，押さえるべきポイントを見ておこう。

扱えるものは2つ

以下の2つは全く違うもので，それぞれ操作方法も異なるが，それぞれの中では共通している。オブジェクトについては次の章で学ぶ。

文字　　　　　：abc123あいう１２３漢字★？……

オブジェクト　：図や図形，イメージ，音声，動画などの総称

区切り

文字の集まり，つまり文章の中で意識すべき区切りは，２つである。

文字　：１文字，２文字　：「フォント」メニュー

段落　：１段落，２段落　：「段落」メニュー

書式を引きずる

直前の文字の書式を引きずることを意識しておくと使いやすくなる。

（例）新しく入力しても同じ書式になる（図Ⅳ－１）。

<u>太文字斜体下線囲みインデント</u>（続けて入力しても、段落を変えても）

<u>次も同じ</u>　　　　　　　（同じ書式が引き継がれている）

図Ⅳ－１　書式の引継ぎ

(1)　クセはバージョンによって異なる。ここでは必須のものだけを扱う。なお2020年７月17日時点でのMicrosoft Office365を基準とする。

【HINTS】 空の段落

常に下に何も書式の設定していない段落を残しておくと便利である（図Ⅳ-2）。

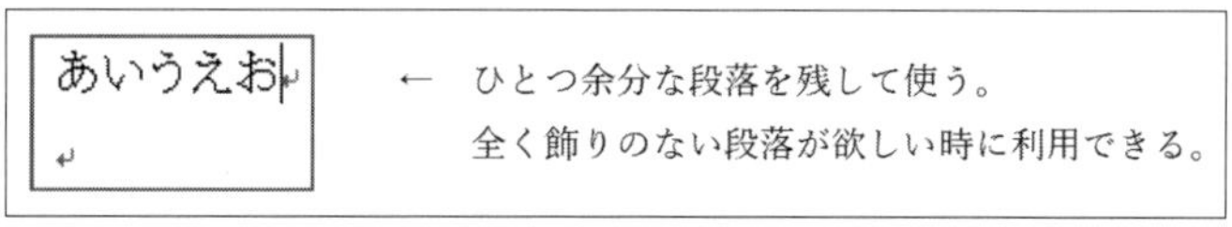

| あいうえお↓ | ← | ひとつ余分な段落を残して使う。 |
| ↓ | | 全く飾りのない段落が欲しい時に利用できる。 |

図Ⅳ-2　空の段落

オブジェクト（図やExcelの表やグラフなど）を入れる場所も空の段落で作っておくとよい。

最初に「ルーラー」の表示

最初にルーラーを表示しておくとよい。「表示」の「ルーラー」にチェックを入れる。インデントなどの設定に便利であるが，消えてしまっていることが多い（図Ⅳ-3）[2]。

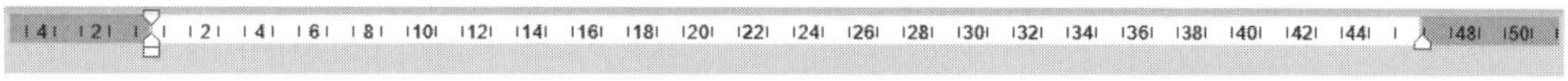

図Ⅳ-3　ルーラー

ページレイアウト

作成中に完成した状態がイメージしやすいように，「ページレイアウト（設定）」の「印刷の向き」＝紙の縦・横，「余白」を調整してから始めるとよい。

先に文書，飾りは後

通常は先に文章を全て入力してしまい，後で書式などを設定する方が効率的である。ただ，論文などで章立てを行いながら書く場合は，見出し書式をつけながら入力していくとわかりやすい。見出しについては，後にふれる。統一した書式の設定には，書式のコピー機能（後述）が使える。

同じ機能への複数のアクセス

Wordでは，同じ機能へのアクセス方法が一つだけでなく複数用意されている場合がある。ここで説明する方法が全てではないので，いろいろと試して，自分の使いやすい方法を見つけて利用してほしい。

Ⅳ.3　表示を整える

まず，文章を作りやすくするために，「レイアウト」や「表示」の項目を設定して，表示を整えてから始める。具体的に操作しながら進めていこう。

表示（全体の見え方，表示内容の設定）

文章を作るページ全体を画面に大きく表示させたい場合や，小さく表示させてページの全体が見えるようにしたいという場合は，「表示」タブの中の「ズーム」（🔍）などの機能を使って表示

---

(2)　縦のルーラーもあるが，あまり使われない。

サイズの拡大・縮小ができる。表示倍率の調整に加えて，複数ページ表示なども可能である。自身が最も作業しやすい表示に調整するとよい。ズームは，ページ下にあるスライダーを使って調整することもできる（図Ⅳ-4）。

先に述べた「ルーラー」の表示もこの「表示」タブの中で行う。

$$- \underline{\quad\quad} \blacksquare \underline{\quad\quad} + \quad 100\%$$

図Ⅳ-4　ズームのスライダー

レイアウト（ページ全体の設定）

ページ全体の設定は「レイアウト」タブから行うことができる。「ページ設定」で余白の大きさや，印刷の向き（用紙の縦・横），文字列の方向（縦書き・横書き）などを変えることができる。印刷の際に調整することもできるが，印刷の向きや文字列の方向などは大きく配置が変わってしまいバランスが崩れてしまう可能性がある。あらかじめ整えておくことで，修正が少なくて済む。A4サイズ，縦置きが標準である。

演習

自分のわかりやすい表示やレイアウトに整えよう。

Ⅳ.4　文字の飾りつけをする

自分が作業しやすい表示に調整し，ページレイアウトをある程度決めることができたら，文字を入力し，次に進もう。

文字単位の飾りつけはフォント・グループ

入力ができたら，次は書式（飾りつけ）だ。書式の設定は，大きく分けて2種類ある。文字への飾りつけと段落への飾りつけである。「24pt 太字斜体下線灰色ルビ全て」を入力しておいて図Ⅳ-5を参考にしながら進めよう。

文字単位での設定は，「フォント」グループで設定できる。選んだ文字に対して，フォントの種類（明朝やゴシックなど）やサイズ，太字や斜体，下線やルビなどの装飾を設定することができる。変更したい箇所を選択して，望む装飾のボタンをクリックすることで設定できる。もう一度ボタンを押すと元に戻る。ボタンの意味がわからなくとも，ボタンにポインタを合わせて少し待つとその説明が出るようになっている。自分でいくつも試してみよう。実際にどのようなものかを見てみるというのもわかりやすい手段の一つである。

ボタンの横にある下向きの記号（˅）から種類などを選択できるようになっているものもある。「フォント」（種類）や「フォントサイズ」のように名称や数値を直接入力できるものもある。書式はまた，重ねづけが可能になっている（図Ⅳ-5）。

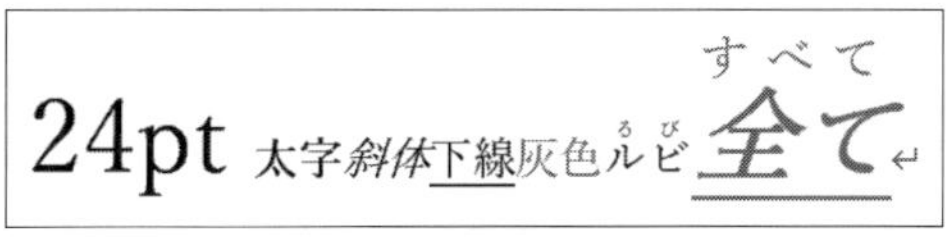

24pt 太字*斜体*下線灰色ルビ 全て↵

図Ⅳ-5　書式の重ねづけ

　この「斜体」（*I*）という装飾については，あまり使用する機会がないように感じるかもしれ
ないが，レポートや論文を書く時に必要となる。洋書を参考文献として挙げる際，その書名をイ
タリックあるいは下線で示すというルールがある。この場合の「イタリックにする」は文字を斜
体にすることで代用（定義は異なるが，表示は同じになる）することができる。図Ⅳ-5の「全て」
のふりがな「すべて」などはルビといい，「　」で設定する。ルビを削除する場合は，このボタ
ンで表示されるダイアログボックスの「ルビの解除」を用いる（図Ⅳ-6）。

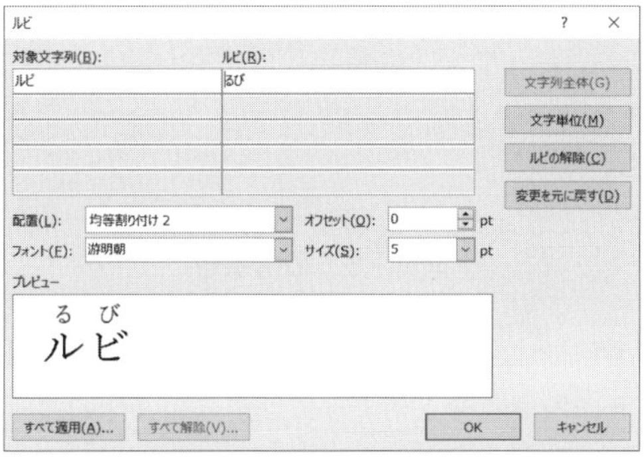

図Ⅳ-6　ルビのダイアログボックス

　ルビを設定した文字列はひとまとまりの特別な文字となる。中の一字だけを書式変更したりす
ることはできない。

　さらに細かい設定をしたいという場合は，「フォント」グループの右下角の矢印マーク（　）
からオプション（ダイアログボックス）を呼び出して詳細な設定を行うこともできる。

行よりも段落を意識して操る

　もう一つ，段落ごとの書式設定もある。「段落」グループでは，文字列の中央揃えや右揃えの
ような，文字列が始まる位置や幅などの段落全体の様子を変える設定ができる。

　WordでEnterを押すと，次のようなマークが出る（図Ⅳ-7）。

図Ⅳ-7　段落記号

　これを「段落記号」といい，段落の最後を表す。このマークが見えない場合は，「段落」グ
ループの中にある「編集記号の表示」（　）をONにするとよい。

　段落への書式設定では，文字の時のように必要な箇所全てを選択しなくても，段落内のいずれ
かの箇所にカーソルがあればその段落が選ばれていることとなり，その段落に書式が適用される。

続けて段落を変えた場合にも，同じ書式が適用される。

　段落番号（あるいは箇条書き）の設定をすることもできる。段落を選択した上で段落番号のボタン（≣）で設定するか，段落番号を設定してから入力し段落を変えれば，自動的に次の番号が振られる。段落に一つずつ振られる番号なので，段落番号である。

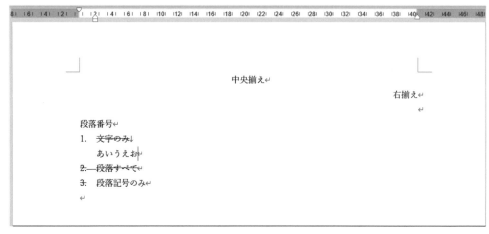

図Ⅳ-8　段落番号

　同じ段落内（同じ段落番号の中）で改行をするには，［Shift］を押した状態で［Enter］を押す（［Shift］+［Enter］）。図Ⅳ-8の段落番号1のように下向きの矢印のマークが出て，段落内で改行ができる。この時，段落番号のみに何らかの書式を適用したい場合は，段落記号のみを選ぶとよい。文字にのみ書式を適用したい場合は段落記号を含まず文字のみを選択し，段落全体に書式を適用したい場合は文字とともに段落記号を含めて選択する。図Ⅳ-8では取り消し線を引くにあたって，段落番号1は文字のみ，2は段落すべて，3は段落記号のみを選択して適用している。このように，フォント（文字）と段落とはきちんと区別して設定をしていくべきである。

　段落についてもフォントの時と同じように，より細かい設定がしたい時は「段落」グループ右下のマーク（⤵）からオプションを開くとよい。後述するインデントの設定などもこのオプションからできる（57ページの「演習」へ進む）。

Ⅳ.5　ファイルを保存する

　ファイルの保存については，Word も Excel も PowerPoint も同様である。ポイントを押さえて，せっかく作ったドキュメントなどを失ってしまわないようにしよう。

新しいファイルを作成して保存する「名前を付けて保存」

　フォントと段落の書式設定もある程度できたら，一度保存をしておこう。「ファイル」タブから「名前を付けて保存」をする。任意の保存先（デスクトップやドキュメントフォルダなど自分の使いやすい場所）を選択し，何のファイルかがわかりやすいように名前をつけて保存をする。

画面表示を整えた上で，次の図Ⅳ-9の内容を入力し，書式を設定して再現してみよう。

文字についての飾りつけは、「フォント」でできる。↵
段落についての設定は、「段落」でできる。↵

これは、20pt↵

上付き下付き↵

ルビ↵

図Ⅳ-9　フォントの書式の演習

図Ⅳ-10は，囲みなども含めていろいろなフォントの飾りつけを使い，1行で作成されている。これを再現してみよう。

図Ⅳ-10　フォントの飾りつけの演習

図Ⅳ-11を，箇条書きを使って再現してみよう。

◆　普通↵
◆　項目内（途中）↓
　　改行↵
◆　普通↵

図Ⅳ-11　箇条書きの演習

図Ⅳ-12は段落番号を使っている。これも再現してみよう。

0.　番号も文字も斜体↵
3.　文字だけ下線↵

7.　番号だけ囲み線↵

図Ⅳ-12　段落番号の演習

元のファイルに上書きする「上書き保存」

「名前を付けて保存」に対して，すでに名前のついている同じファイルに上書きするのが「上書き保存」である。作業を中断する場合はもちろん，作業を続ける場合でも，何らかの要因で急に電源が落ち作業が無駄になってしまうというような事故を防ぐため，ある程度作業をしたら，こまめに「上書き保存」をしておくことを勧める。きりのよいところで「上書き保存」をしておくと，加えた変更が上手くいかず変更を加える前の状態に戻したい時などにも役に立つ。⁽³⁾様々なトラブルを防ぐために自分でもこまめに保存するクセをつけておくとよい。[Ctrl]（Mac は[command]）キーを押しながら [S] でもできる。

やり直しをする場合の2つの方法：「元に戻す」と別ファイルで保存

Word では，ある程度の回数の作業は「元に戻す」（🔄）を使って，前の状態に戻すことができる。また，戻し過ぎてしまった場合や，やっぱり必要だったといった場合には「繰り返し」（🔄）を使って先の状態に戻すこともできる。しかし，戻せる回数にも限度があるので，大きな変更を加える前などは，「上書き保存」をしてしまう前に「名前を付けて保存」をして，別ファイルとして保存しておくと便利である。失敗した時でも，元のファイルからやり直しをすることができる。たとえば，「Word について」というファイルを作成している途中であれば，「Word について1」などと適宜バージョン番号を振って保存しておくとよい。あるいは，作業日や時間を後ろに付けておいてもよいだろう。

Word の使い方や機能の位置などは，バージョンによって変わることがあるため，丸暗記をして覚えても実際に使えない可能性がある。こまめに「保存」をしてバックアップを取っておけば，どのように失敗してもすぐに元に戻すことができる。「元に戻す」機能を使ったり，「名前を付けて保存」と「上書き保存」を活用して，積極的に試し，使ってみることで覚えていくようにしてほしい。

Ⅳ.6　校正機能で文章を整える

文章が一通り完成したら，作成した文章をよりよくするための校正機能を使ってみよう。

正しい文章にするためのスペルチェックと文章校正

Word には文章校正機能がある。文章を打っていると，赤い波線や青の二重線（バージョンによっては青の波線）の下線が出てくることがある。赤い波線は誤字脱字や入力ミス，スペルミスの可能性があることを示し，青の二重線（青の波線）は文法の間違いや表記のゆれなどの場合に出る（図Ⅳ - 13）。

---

(3) 最近は，適当な時間をおいて自動保存されるようにもなっているが，バージョンによってはできないものもある。

図Ⅳ - 13　校正機能のエディター

　図Ⅳ - 13の右側に出ている「エディター」は，該当部分を選択した上で「校閲」タブの「文章
校正」グループにある「スペル　チェックと文章校正」のボタン（⒜⒝⒞）あるいは［F7］キーを
押すと出る。ここで，下線が出ている理由などを確認し，修正したり，場合によっては無視をし
たりすることができる。また，下線のある箇所を選択して右クリックをすることでも簡単な内容
を見て確認することができる（図Ⅳ - 14）。

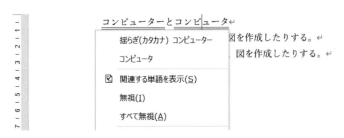

図Ⅳ - 14　揺らぎのチェック

　入力ミスやスペルミスの赤い波線では，登録されている辞書の中から近いものを可能性として
挙げてくれる（図Ⅳ - 15）。この候補の中から該当する語を選択すれば，変換できる。

図Ⅳ - 15　スペルチェックの修正候補

しかし，登録されている辞書によってこうしたチェックを行っているので，固有名詞などで辞書に登録されていない語は，入力が正しいものであっても赤い波線が表示されてしまう場合がある。そういった場合，よく使う語などは「辞書に追加」しておくと，今後赤い波線が表示されないようになる。

字数やページ数を数える文字カウント

レポートや論文を作成する時，字数制限がある場合が多い。出された課題などで求められている条件をよく読み，形式を整えて提出をする必要がある。その際に役に立つのが「校閲」タブの中にある「文字カウント」の機能である。単語数や文字数（スペースを含めた場合／スペースを含めない場合）などをそれぞれカウントしてくれる（図Ⅳ - 16）。

図Ⅳ - 16　文字カウントの例

ページ数や行数，単語数や文字数などは全て Word が数えてくれる。提出物のページ数や行数に指定はあるか，字数制限の場合はスペースを含めた数字でよいのか，などをきちんと確認し，定められた制限内に収めるようにしたい。[4]

---

[4] 「文字数」と「全角文字＋半角カタカナの数」の違いは，半角英数字を含むか含まないかである。「全角文字＋半角カタカナの数」は全角文字と半角カタカナの数を足したものであり，半角英数字を含まない。

文字の検索と置き換え

　一つの文章の中で，同じ意味の語をいくつかの異なる表記で書いており，それらを一つの表記に統一したいといった場合に使えるのが，文字の検索と置換である。「ホーム」タブの「編集」グループにある「置換」ボタンからウィンドウを開くことができる。同じ文章中に，「コンピューター」と「コンピュータ」などが混在していたり，「Word」と「ワード」などの表記違いが意味もなくあるのは美しくない。前者のような場合は Word が青の波線などを引き注意を促してくれるが，後者の場合は自分で気をつけなければならず，どちらかに表記を統一する必要がある。そこで，「Word」で統一しようと決めたなら，「ワード」になっている部分を探して，「Word」に修正していかなければならない。それを自動的に行ってくれるのが「検索と置換」の機能である（図Ⅳ - 17）。

検索と置換			?	×
検索	**置換**	ジャンプ		

検索する文字列(N)： ワード

オプション： あいまい検索 (日)

置換後の文字列(I)： Word

オプション(M) >>　　　　置換(R)　　　すべて置換(A)　　　次を検索(F)　　　キャンセル

図Ⅳ - 17　検索と置換

　「置換」のボタンで出てくるウィンドウの検索する文字列に「ワード」を入れ，置換後の文字列に「Word」を入力し，「すべて置換」を選択すれば文章中の全ての「ワード」という語が「Word」に変換される。ただし，「ワード」という文字列を含む他の語（たとえば，「アワード」など）が文章中にある場合には，それらも一緒に変換されてしまうので注意が必要である。そういった場合は，一語ずつ「次を検索」して確認してから「置換」を行うと確実である。

文章を補足する脚注の挿入

　文章中に注を入れたい場合には，「参考資料」から脚注を挿入することができる。注を挿入したい箇所にカーソルを置き，「脚注の挿入」あるいは「文末脚注の挿入」ボタンを選択すればよい（図Ⅳ - 18）。挿入した脚注をオプションから文末脚注へと変更することもできる。

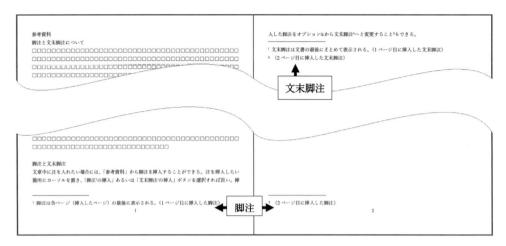

図Ⅳ-18　脚注と文末脚注

行った変更が見える変更履歴とコメントの挿入

「校閲」の中には，「変更履歴」や「コメント」の機能もある。行う変更を目に見える形で記録したい場合は「変更履歴の記録」を行うとよい。また，文章を直接変更するのではなく，コメントをメモのように挿入することもできる（図Ⅳ-19）。変更履歴の表示／非表示も選択できる。他の人とファイルをやり取りしながら修正を加えるような場合に用いるとよい。

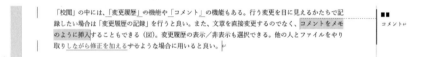

図Ⅳ-19　変更履歴とコメント

Ⅳ.7　レイアウトを整える

文章の内容が整ったら，形式を整える。ここでは図Ⅳ-29（70ページ参照）のサンプル文書（完成形）のような形を目指す。サンプル文書は，レポート課題を想定しているが，授業によっては，書式や形式も詳しく指定されることがある。その場合は，課題の指示に従って文書を整えよう。

ルーラーによるインデントの設定

「インデント」とは「字下げ」の意味であるが，「ルーラー」にあるマーカーで左右それぞれを調整することができる（図Ⅳ-20）。左インデントは行の始まりの位置を，右インデントは行の終わりの位置を調整するものである。

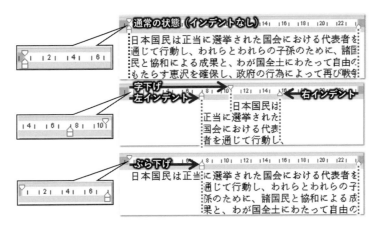

図Ⅳ-20　ルーラーのインデントマーカー

　左インデントのホームベース型のマーカーを左右に動かすことで，1行目のインデント，つまり，行頭の開始位置の調節ができる。真ん中にある逆向きのホームベース型のマーカーでは2行目以降の開始位置を，最下部の四角いマーカーでは段落全体の開始位置を，それぞれ調整することができる。

　右インデントのマーカーでは，選択した段落の行の終わりの位置（右端の位置）の調整ができる。

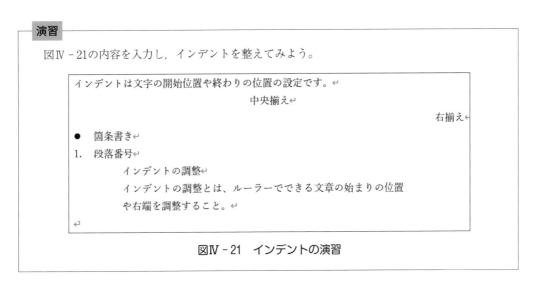

図Ⅳ-21　インデントの演習

文の始まりを下げる「字下げ」

　本文は左揃え，段落のオプションから行頭1字下げなどの設定をする（図Ⅳ-22）。「インデント」はルーラーでも設定できるが，1行目の「字下げ」などはこちらが便利だ。幅を「1字」にすれば，行頭1字下げとなる。

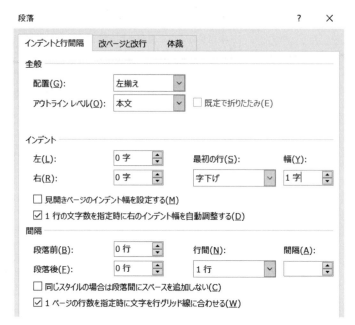

図Ⅳ - 22　字下げの設定

　タイトルは中央揃えにし，フォントサイズを大きくするなどしてわかりやすくする。氏名や所属などは右揃えにしてタイトルの下に入れておくとよい（65ページの演習へ進む）。

書式のコピーで同じ書式を適用する

　同じ書式を複数箇所に用いる場合は，「書式のコピー」が便利である。元となる書式の段落をクリックして選択した上で，刷毛（ハケ）のマーク（　）をクリックし，刷毛のマークが出ている状態で書式を貼り付けたい先の段落をクリックすればコピーできる。

　この時，「書式のコピー」のボタンをダブルクリックすると刷毛のマークが維持され，複数の箇所を続けて選択できる。解除するには，［ESC］キーか，あるいは「書式のコピー」のボタンを再度クリックする[5]。

見出しを使って文章構造を整える

　見出しを作り，階層をわかりやすく整理しておくことで，文章の構造が把握しやすいものとなる。卒業論文などの長い文章を作成する際には，論理的な文章を作り上げる補助となる。見出しの書式は，「ホーム」タブの「スタイル」から選んで設定することができる（図Ⅳ - 24）。サンプル文書では，「見出し1」を設定している。

---

(5)　書式のコピーを行う際，段落番号は前の番号から引き継がれてしまうので，段落番号をコピーする場合は同じセクションの中のみとなる。

(6)　レポートや論文の書き方については，戸田山和久『新版 論文の教室——レポートから卒論まで』（NHK 出版，2012年）参照。

演習

　図Ⅳ‐29のサンプル文書（完成形）（70ページ参照）の内容を入力し，図Ⅳ‐23のサンプル文書
の指示に従って文書の形式を整えていこう。(6)

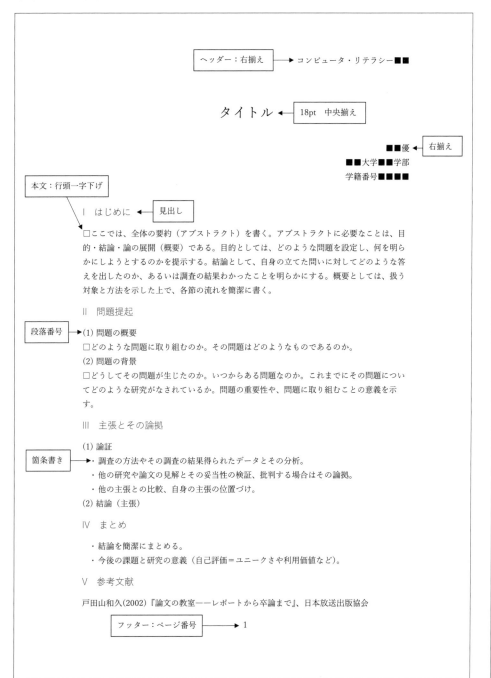

図Ⅳ‐23　サンプル文書

図Ⅳ‐24　スタイル

　加えて，見出しの書式をつけておくと，目次を自動的に作成することができる。目次は卒業論文を書く際にも必要となる。目次を挿入するには，「参考資料」タブの「目次」グループ，「目次」のボタンで表示される組み込みのメニューからイメージに近いものを選択する。図Ⅳ‐25は，サンプル文書（図Ⅳ‐29，70ページ参照）の見出しから自動的に作成したものだ。

内容
Ⅰ　はじめに 1
Ⅱ　問題提起 1
Ⅲ　主張とその論拠 1
Ⅳ　まとめ 1
Ⅴ　参考文献 1

図Ⅳ‐25　見出しから自動作成した目次

上下の余白の活用：ヘッダーとフッター

　ヘッダーとフッターとは，文書の上下の余白部分のことである（図Ⅳ‐26）。上部の余白をヘッダー（頭），下部の余白をフッター（足）という。ヘッダーには，発表資料などの場合は授業名や発表の日時など，その文書の関係する所属先や作成した日付を入れるなどし，フッターにはページ番号などを入れることが多い。ヘッダーやフッターを編集するには，上部あるいは下部の余白部分をダブルクリックすることで編集が可能になる。あるいは，「挿入」タブの「ヘッダーとフッター」から組み込みを選択した上で編集することもできる。

　本文の編集に戻るには，本文の領域をダブルクリックすれば戻ることができる。ヘッダーとフッターに入力したものは，基本的にすべてのページに表示される。最初のページのみ表示させたい場合は，「レイアウト」タブの「ページ設定」のオプションからヘッダーとフッターの設定を探し，「先頭ページのみ別指定」にチェックを入れておく。

複数ページの場合はページ番号をつける

　文書が複数ページにわたる場合は，間違いを防ぐ意味でもページ番号を入れておくようにしたい。ページ番号の挿入は，ヘッダー／フッター編集画面に入ると表示される「ヘッダー／フッターツール」の「デザイン」タブ内の「ヘッダーとフッター」にある「ページ番号」ボタン（📑）を選択して表示されるメニューから，どこに，どのような形で入れたいのか，イメージに近いものを選んで挿入する（図Ⅳ‐27）。

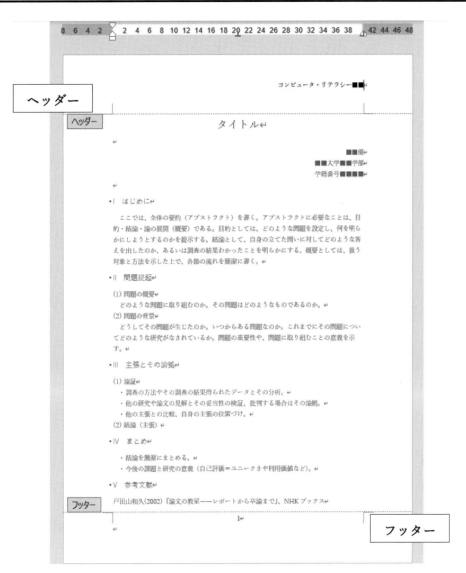

図Ⅳ‐26 ヘッダー／フッター編集画面

図Ⅳ - 27　ページ番号のメニュー

　今回のサンプル文書（図Ⅳ-29）では，ヘッダーに授業名を入れ，フッターにはページ番号を中央に入れている。

Ⅳ.8　様々な形で保存する

　形を整え終えたら，保存をしよう。データの状態で人に送ったりする場合には，誰が作成したものかをわかりやすくするため，「名前を付けて保存」をする際にファイル名に自分の名前を入れておくとよい。また，同じ文書を何度もやり取りする際は，最新のバージョンがわかるように，ファイル名の後にバージョンNo.や編集日付をつけておくとよいだろう。

　さらに，個人情報などが含まれていたりするような重要なファイルには，パスワードをつけておくこともできる。「ファイル」タブの「情報」から「文書の保護」を選択して出てくるメニューの中から「パスワードを使用して暗号化」を選び，任意のパスワードを設定しておけば，次からそのファイルを開く際には，設定したパスワードの入力が必要となる。

見た目を保つためのPDFファイルの作成

　Wordファイルは，Wordのバージョンや使用する情報ツールの環境によって形が崩れてしまう場合がある。データを提出する際に整えた形が崩れて見づらくなってしまうことを防ぐには，PDF形式で保存し，提出するとよい。通常，「名前を付けて保存」をする場合，拡張子がWord文書（.docx）になっている。保存するファイル名の下にある拡張子欄からPDF（.pdf）を選んで保存すれば，PDFファイルが作成できる（図Ⅳ-28）。

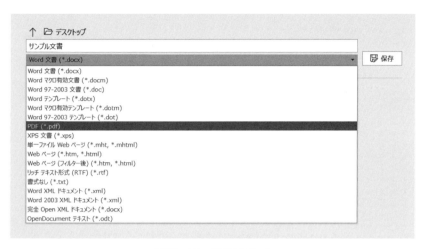

図Ⅳ - 28　PDF の作成

Ⅳ.9　印刷をする

　作成した文書を印刷する場合は，表示されるプレビューを確認してから印刷しよう。印刷の設定では，用紙サイズの選択や，余白の広さの選択，複数ページ印刷の設定などができる。印刷のプレビューを見てバランスを調整し，用途に合わせて設定するとよい。提出物などの場合は，プリントアウトした状態で改めて目を通し，不備のないことを確認してから提出しよう。

演習

　図Ⅳ - 29のサンプル文書（70ページ参照）を完成させよう。完成したら，作成したファイルに「サンプル文書　氏名」と名前をつけ，任意の場所に保存してみよう。作成したサンプル文書から，PDF ファイルを作成してみよう。

　最後に，可能であれば印刷もしてみよう。

Ⅳ.10　より魅力的なドキュメントにする

　次章では，レポートや卒論，報告書をより魅力的にするために，あるいはポスターやポップなどを作るために，オブジェクトについて学んでいく。オブジェクトまで学べば，Word の基本をマスターできたことになる。

コンピュータ・リテラシー■■

タイトル

■■優

■■大学■■学部

学籍番号■■■■

I　はじめに

　ここでは、全体の要約（アブストラクト）を書く。アブストラクトに必要なことは、目的・結論・論の展開（概要）である。目的としては、どのような問題を設定し、何を明らかにしようとするのかを提示する。結論として、自身の立てた問いに対してどのような答えを出したのか、あるいは調査の結果わかったことを明らかにする。概要としては、扱う対象と方法を示した上で、各節の流れを簡潔に書く。

II　問題提起

(1) 問題の概要
　どのような問題に取り組むのか。その問題はどのようなものであるのか。

(2) 問題の背景
　どうしてその問題が生じたのか。いつからある問題なのか。これまでにその問題についてどのような研究がなされているか。問題の重要性や、問題に取り組むことの意義を示す。

III　主張とその論拠

(1) 論証
・調査の方法やその調査の結果得られたデータとその分析。
・他の研究や論文の見解とその妥当性の検証、批判する場合はその論拠。
・他の主張との比較、自身の主張の位置づけ。

(2) 結論（主張）

IV　まとめ

・結論を簡潔にまとめる。
・今後の課題と研究の意義（自己評価＝ユニークさや利用価値など）。

V　参考文献

戸田山和久(2002)『論文の教室――レポートから卒論まで』、日本放送出版協会

1

図IV-29　サンプル文書（完成形）

コラム

引用と剽窃

　レポートや論文を書く際に，特に問題となるのは剽窃についてである。剽窃とは，他の文章や考え方を勝手に使用し，自分のものとして発表することであり，盗むことである。学術的，倫理的に重大なルール違反となる。しかし，適切な研究のためには，自分の考えを裏づけるために文献や資料を調べ，参考にし，引用する必要がある。引用と剽窃の差はどこにあるのか。剽窃は，適切な手続きを取らずに他者の著作を用いることである。「剽窃行為」とされるものに，意図のあるなしは関係がないとされる。たとえ，自分自身の書いた論文などであっても，正しい引用の要件を満たして使わなければ「自己剽窃」となってしまう。

　剽窃を避け，適切に他者の著作を用いる場合には，引用の手続き（ルール）を知っておかなければならない。基本的には，「他の文章から抜き出す全ての言葉や考えには必ず出典を明示する」ということである。元の文章の言葉をそのまま引用することを「直接引用」といい，元の文章の内容を自分の言葉で言い換えて利用することを「間接引用」という。直接引用の場合で引用する部分が短い場合は，その文章に「　」（カギ括弧）や“　”（コーテーションマーク）などの引用符をつけて引用した上で，出典を明記する。また，数行にわたるような長い文章を引用する場合は，引用した文章の前後の行を1行ずつ空けた上で，文頭を1字下げるなどし，引用した部分を明確にする。直接引用の際は原文に忠実に引用しなければならない。強調などを独自に加える場合は，その旨を必ず明記する。文章を要約するなど間接引用をする場合には，「○○によれば……」などと誰の考えであるかを示す文面を入れた上で，出典を簡潔に示しておく。どちらの場合であっても使用した文献は，本文（文書）の最後に，引用・参考文献表として著者名，書名（論文名），発行年などの詳細な出典の情報を記載する。こうした引用の際の詳しい書き方については，それぞれの専門領域によって書き方があり，ルールが定められていることがあるので，自分の該当する領域の論文などを調べ，その論文の引用の書式を参考にして書くようにするとよい。

　よりよいレポートや論文を書くために，適切な参考文献の表示は欠かせないものである。資料を参照したら，きちんとルールに従って引用し，出典を忘れずに示すことが重要である。

　さて，アルゼンチン出身の作家ホルヘ・ルイス・ボルヘスの短編集『伝奇集』に収録されているものに，「『ドン・キホーテ』の著者，ピエール・メナール」という一編がある[(7)]。ピエール・メナールという20世紀の作家が，1600年代にミゲル・デ・セルバン

ルイス・キャロル『鏡の国のアリス』（1871）の挿絵の白の騎士（ジョン・テニエル画）

テスによって書かれた『ドン・キホーテ』と単語と単語，行と行がそれぞれ一致するような『ドン・キホーテ』を書き写すのではなく，自身の力によって書こうと試みたというものである。出来上がったのは，『ドン・キホーテ』第1部の第9章と第38章，第22章の断片からなる未完の作品であった。ピエール・メナールは，すでに『ドン・キホーテ』を知っており，自身でも『ドン・キホーテ』を書くためにかなりの学習をしているし，セルバンテスの『ドン・キホーテ』そのものを書こうとする意思もある。しかし，ピエール・メナールは，彼自身の経験と思考によって『ドン・キホーテ』の断片を生み出したのである。この場合，ピエール・メナールの行為は剽窃にあたるだろうか。

---

(7)　J. L. ボルヘス著，鼓直訳『伝奇集』（岩波文庫，1993年）53-69ページ。

Ⅴ．魅せる

ビジュアル・ドキュメント：Microsoft Word（2）

Ｎａ子：疲れた〜。入力完了！

優　　：お疲れ様。

Ｎａ子：でも，なんか物足りなくない？

優　　：なんのこと？

Ｎａ子：なんか，字ばっかりで。

優　　：レポートだからねぇ。

Ｎａ子：イラストとか，写真とか使えないの？

優　　：使えるわよ。オブジェクトってまとめていうらしいけど。
　　　　図形や写真や動画も貼れるらしいわよ。

Ｎａ子：へぇ。ホログラムか何か？

優　　：何のこと？

Ｎａ子：だって動画でしょ。動かなきゃ，意味ないじゃない。

優　　：それはそうだけどね。
　　　　最近はオンラインで提出することも多くなったけど，基本は紙ね。

Ｎａ子：紙に印刷しても動くの？　すごい！

優　　：まさか。動きません。

Ｎａ子：じゃあ，動画はいらないんじゃない？

優　　：今はね。将来のためじゃない？

Ｎａ子：将来って私の時代よね。
　　　　全部，7Dホログラムなんだけど。

優　　：3Dじゃないの？

Ｎａ子：違うよ。香りや味もする。

優　　：すごい，美味しそう！

Ｎａ子：ん？

V.1 「魅せる」ロードマップ

　Wordで扱うことのできる「オブジェクト」は文書をビジュアル化し，より見やすくわかりやすいものにするために欠かせない項目である。以下の手順で学んで，文書を「魅せる」ものにしていこう。

　　挿入 → 描く → 操作 → 書式設定 → 画像を用いる → 配置

V.2　図形を挿入する

　前章では，Wordで扱える1つめのもの，「文字」を中心に見てきた。扱うことのできる2つめのものが，「オブジェクト」である。

オブジェクトとは

　「オブジェクト」（object）とは，対象，モノを意味する。Wordでは，文字（テキスト）とその他のものが別々に扱われる。つまり，文字以外の画像（図や図形，写真やイラストなどのイメージ），音声，動画などの総称がオブジェクトである。ここでは，紙媒体に載せることのできるものとして，画像の扱いを中心に説明していくこととする。

オブジェクトの挿入

　オブジェクトを挿入するには，「挿入」タブの「図」グループから挿入したいものを選んで挿入していく。Wordでは，図形という独自のオブジェクトがあり，丸や四角，三角などの基本的な形の他に，矢印やテキストボックスなどレポートや書類を作成する上で非常に役立つものがある。図形を挿入するには，「挿入」タブの「図」グループから「図形」を選択する。いろいろな図形のメニュー（図V-1）が開くので，そこから必要なもの，イメージに近いものを選ぶと，マウスポインタが十字になる。これで始点から終点までをドラッグすることにより，選択した図形を描画することができる。マウスボタンから指を離すと，図形の形が確定する。正方形や正三角形，円などを描こうとする場合は，［Shift］キーを押しながら描くと最も標準的な形を描くことができる。

図Ⅴ－1　図形のメニュー

Ⅴ.3　図形を描く

　Word では，図形を使って自分で図やイラストを作成することができる。「図形」を使った描画の方法を知ろう。先に述べたように，基本的には全て始点から終点までをドラッグすることによってその形を作ることができる。線の分類にある「フリーフォーム」のみ，フリーハンドで描くことができるようになっている。一度形を確定したオブジェクトを動かすには，そのオブジェクトを選択した状態でドラッグすればよい。［Shift］キーを押しながら動かすと，縦や横にまっすぐ動かすことができる。少しずつ動かしたい時は，オブジェクトを選択した上でキーボードの矢印キーを使う。

　文字を選択している状態では，方向キーを押してもオブジェクトが動くことはない。

図Ⅴ－2　ハンドル

　選択しているオブジェクトには「ハンドル」が表示される（図Ⅴ－2）。オブジェクトの拡大／縮小はこのハンドルを使って行うことができる。上下にあるポイントは縦方向に，左右についているポイントは横方向にそれぞれ動かして大きさを変更する。角の（四隅にある）ものは，上下を同時に動かすものとなっている。縦横比を維持したままサイズの変更をするには，［Shift］

キーを押しながらドラッグを行うとよい。オブジェクトの上に飛び出すようについているハンドル（⟳）は「回転ハンドル」といい，これをドラッグすることでオブジェクトを回転させることができる。この時，［Shift］キーを使うことで一定の角度ずつ動かすことも可能である。きっちりと上下を反転させたり，真横に倒したりしたいといったような場合に利用するとよい。

　また，矢印や曲線などを描く時に出てくるオレンジ色のハンドルは「変形ハンドル」といい，図形の部分の形の変更ができるようになっている（図V‒3）。

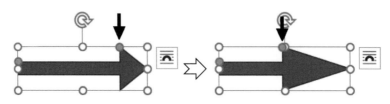

図V‒3　変形ハンドルを使った形の変更

　作成した円や三角や矢印などの図形のオブジェクトを組み合わせることで，イメージを作っていくことができる。

V.4　図形を整形する：大きさ，形

　オブジェクトを組み合わせるための操作を知っていこう。

コピーと貼り付け

　同じ図形を複数使う時には，「コピー」と「貼り付け」を使って，オブジェクトを複製することができる。オブジェクトを選択してコピーすれば，貼り付けを行うたびに複製される。この時，新しく作成したものが，上に（手前に）重なっていく。オブジェクトを消したい時には，選択して［Delete］キーを押せばよい。

複数選択

　複数のものを同時に消そうとする場合などには，一つのものを選択後に［Shift］キーや［Ctrl］キーを押しながら他のものを選択することで複数選択ができる。あるいは，「ホーム」タブの「編集」グループ，「オブジェクトの選択」ボタン（⍦）をクリックした上で，四角くドラッグして範囲内にあるものを選択する方法もある。複数選択をした上で［Delete］キーを押すと，まとめて消すことも可能である。

グループ化

　複数のオブジェクトを組み合わせて一つのイメージを作っている場合，それぞれがバラバラの状態では，動かそうとする時に一つひとつ移動させて，位置調整をすることになってしまう。こうした場合に，複数のオブジェクトをまとめて，一つのオブジェクトとして扱うことができるようにする機能が，「グループ化」である。まとめたいオブジェクトを全て選択した上で，描画オブジェクトを選択すると出てくる「描画ツール」[(1)]の「書式」タブの「配置」グループの中にある

「グループ化」のボタン（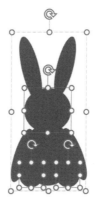）を選択すると，ハンドルが一つの大きなハンドルの中にまとまり，一つのオブジェクトとして扱うことができるようになる（図V‑4）。グループ化したオブジェクトを元のバラバラの状態に戻すには，オブジェクトを選択して「グループ化」ボタン右側の下向きの記号から「グループ解除」をすればよい。

図V‑4　グループ化したオブジェクト

　グループ化をしていないと，拡大・縮小の際にそれぞれがバラバラになり，バランスが崩れてしまうが，グループ化をすると，一つのオブジェクトとして動かすことができ，大きさを自由に変えることができる。［Shift］を押すことで比率を保ったまま大きさを変更できることなど，普通のオブジェクトと同様の操作が可能だ。また，コピーなどを行う場合にもグループ化をしておくと，そのままの状態でコピーや貼り付けが可能である。

V.5　図形の書式を設定する：枠線，塗りつぶし，効果

　オブジェクトも，テキストの時と同じように，色を変えたり，効果をつけたりと，様々な書式設定を行うことができる。描画した図形を飾りつける方法を知ろう。

書式設定

　オブジェクトを挿入するか，あるいは選択すると，「描画ツール」の「書式」タブが開く。その中の「図形のスタイル」グループの「図形の塗りつぶし」（🖌）から図形の色の設定を，「図形の枠線」（✏）から枠線の色や太さ，種類の設定をそれぞれ変更することができる。図形の色や枠線は「なし」に設定することも可能で，「塗りつぶしなし」「枠線なし」にすると透明なオブジェクトが作成できる。

---

(1)　バージョンやアップデートの状況によっては，「描画ツール」や「図ツール」などの「ツール」の表示がなく，「図の書式」「図形の形式」といったタブが出てくる場合もある。こうした名称や仕様などは今後も変わっていく可能性があるので，名称や場所を暗記するのではなく，Wordはこのように使うことができる，といった機能を覚えていってほしい。

グラデーション

　単色の設定だけでなく，グラデーションをつけることもできる。「図形の塗りつぶし」の下向きの記号で「グラデーション」を選ぶと出てくるメニューから，一番イメージに近いものを選んだ後で，「図形の書式設定」から色を設定するとよい（図Ⅴ-5）。細かい設定は「描画ツール」の「書式」タブの「図形のスタイル」グループ右下のオプションボタン（🔲）を選択するか，右クリックのメニューから画面右側に開く「図形の書式設定」から行う。「図形の書式設定」を開き，「塗りつぶし」がそこで開いていない場合は，「塗りつぶし」の名前部分をクリックすることでそのコーナーが開く（図Ⅴ-6）。ここで「塗りつぶし（グラデーション）」にチェックが入っていると，グラデーションの分岐や色など，細かく設定を行うことができる。

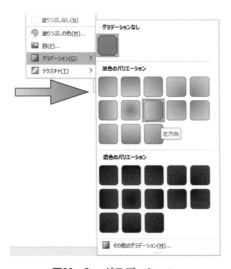

図Ⅴ-5　グラデーション

図Ⅴ-6　グラデーションの書式設定

テクスチャ

　また，「テクスチャ」（表面，質感）と呼ばれるものを設定することもできる。「図形の塗りつぶし」の下向きの記号の「テクスチャ」（表面，質感）のメニューからイメージに近いものを選ぶとよい（図Ⅴ-7）。この質感はまた，もっている画像などから設定することもできる。

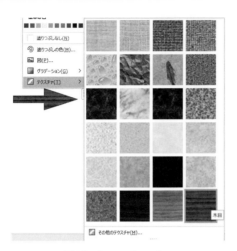

図Ⅴ-7　テクスチャ

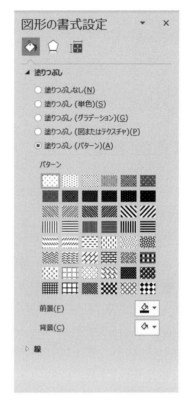

図Ⅴ-8　パターンの書式設定

パターン

　模様をつけることができる機能もある。「図形のスタイル」のオプションボタンから「図形の書式設定」を出し，「塗りつぶしと線」の「塗りつぶし」から，「塗りつぶし（パターン）」を選択する（図Ⅴ-8）。

　前景と背景の色をそれぞれに設定できるようになっている。背景が地の色で，前景が被せるパターン模様の色のことである。

演習

図Ⅴ-9のくまとうさぎを「図形」の中にあるものだけで再現してみよう。

図Ⅴ-9　図形の演習

Ⅴ.6　画像を利用する

　写真やすでに作成してあるイラストやイメージなど，コンピュータ内に保存してある画像を挿入するには，「画像」を選んで，保存している場所を開き，ファイルを選択して「挿入」をすればよい。

　アイコン

　Wordには「アイコン」というオブジェクトもあり，「図」グループの「アイコン」で開くウィンドウから，いろいろなアイコンを選んで挿入することもできる（図Ⅴ-10）。

図Ⅴ-10　アイコンの挿入

オンライン画像

　適切なイメージのデータが手元になく，自分で作るのもイメージと異なる……などといった場合には，オンライン画像を用いるという方法もある。これは，Net 上で画像を検索し，それをWord に取り込んで使用するということだ。オンライン画像は，「挿入」タブ「図」グループ「オンライン画像」で出てくる検索ワードの一覧，あるいは上に出てくる検索ウィンドウに入力して画像を検索し，適切な画像を選択してから「挿入」する（図Ⅴ‐11）。

図Ⅴ‐11　オンライン画像の挿入

　Net 上にある画像を利用する時は，その画像の著作権を確認し，場合によっては使用の許可を取ってから利用する必要がある[2]。検索の際，「Creative Commons のみ」にチェックを入れておくと，「一定の範囲で」使用を認められている画像のみを検索することができる[3]。「著作権フリー」であることを確認してから使うようにしよう。また，トリミングなどで画像の編集を行う場合は，その画像の改変が認められているかどうかも確認しておかなければならない。

トリミングと背景の削除

　写真やイラストの中で必要な部分だけを切り出す方法を「トリミング」といい，不要な部分を削除することである。トリミングを行うには，編集したいオブジェクトを選択して「図ツール」の「書式」タブの中から「トリミング」ボタン（◱）を押すと，ハンドルが変わってトリミングが可能になる。このボタンの下部にある下向きの記号ボタンからは，図形に合わせて，丸や三角にトリミングすることや，縦横比に合わせてのトリミングなどもできる。ハンドルの上にポインタを合わせると，ポインタの形がハンドルに合わせて変わり，ドラッグすることができるようになる。ドラッグして必要なところまで範囲を縮め，グレーになった部分を削除する（切り落とす）。必要な部分だけになるよう範囲を決め，［Enter］で確定するとトリミングができる（図Ⅴ‐12）。

---

(2)　詳しくは「Ⅸ. 守る」参照。

(3)　詳しくは，クリエイティブ・コモンズ・ジャパンのサイト（https://creativecommons.jp/ 最終アクセス2020年12月15日）を参照。

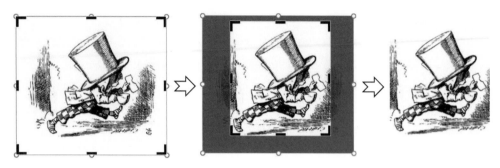

図V - 12　トリミング

　また，背景部分が不要な場合は，背景だけを削除することも可能である。対象のオブジェクト
を選択して「図ツール」の「書式」タブの中の「背景の削除」ボタン（▨）を選ぶと，不要な部
分（消したい部分）がピンク色で表示される（図V - 13）。不要な部分は「削除する領域としてマー
ク」ボタン（▨）を，必要な部分（残したい部分）は，「保持する領域としてマーク」ボタン（▨）
を押し，少しずつクリックして選んでいくとよい。残したい部分が全て選択できたら，［Enter］
で確定する。

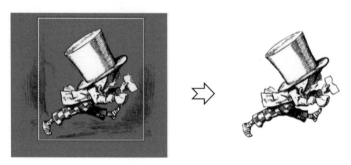

図V - 13　背景の削除

テキストボックス

　テキストボックスとは，中に文字（テキスト）を入れることのできる図形である（図V - 14）。
テキストボックスはオブジェクトとして動かすことができるので，自由な位置に文字を配置する
ことができるものだ。「挿入」タブ「図形」の「基本図形」の，中にＡの入っている四角形（▨）
がそれである。他の図形を描く時と同じように，ドラッグして四角形を作ることで作成できる。
または，「挿入」タブの「テキスト」グループ「テキストボックス」から作成することもできる。

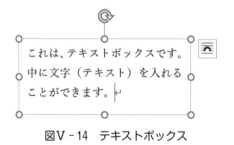

図V - 14　テキストボックス

透明なテキストボックス

テキストボックスについても，他の図形と同様に，塗りつぶしの色や枠線の色・太さ・種類を設定することができる。塗りつぶしと枠線をそれぞれ「なし」にすることで透明なテキストボックスが作成できる。透明なテキストボックスにすることで，他のオブジェクトの上に文字を置いたりすることも可能になる。

演習

オンライン画像やテクスチャを使い，次の図V‒15を再現してみよう。

図V‒15　オブジェクトの演習

V.7　レイアウトを整える

Wordでは，先に述べた透明なテキストボックスを使って画像の上にテキストを配置したり，オブジェクトを組み合わせて一つのイメージを作ったりすることもできる。最後に，オブジェクトの配置の方法を知っておこう。

前後の移動

オブジェクトは新しく挿入したもの，作成したものほど上（手前）に重なっていく。この前後の移動は，「描画ツール」の「書式」タブ，「配置」グループにある「前面へ移動」（🖳），あるいは「背面へ移動」（🖳）で行うことができる。「前面へ移動」は選択したオブジェクトを上（手前）に移動させること，「背面へ移動」は下（後ろ，向こう側）に移動させることである。また，「前面へ移動」／「背面へ移動」の右側の下向きの記号から「最前面へ移動」／「最背面へ移動」を選ぶことで，一番上や一番下にもっていくこともできる。「テキストの前面へ移動」／「テキストの背面へ移動」というものもある。これを使うと，テキスト（文章）の背面にオブジェクト

を配置することができる。

文字列の折り返し

　オブジェクトを選択すると，その右上に「レイアウトオプション」のマーク（📱）が出る。オブジェクトを選択すると出る「図ツール」の「書式」タブ，「配置」グループの中や，右クリックして出てくるメニューにも，同じマークで「文字列の折り返し」（📖）がある。これは，テキスト（文字）とオブジェクトの位置関係を設定するものだ。デフォルト（default：初期設定）の状態では，「行内」になっており，これはオブジェクトを行内の1文字として扱うものである。テキストの位置に影響されないため，オブジェクトを自由に動かすためには，「前面」や「背面」が使いやすい（図V-16）。

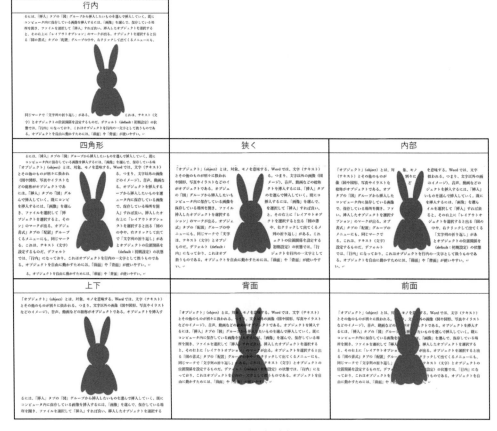

図V-16　文字列の折り返し

アンカー記号

また，オブジェクトには「アンカー記号」（⚓）も表示される。アンカー記号はオブジェクトの挿入されている位置の基準となる段落を示すもので，図形の移動とともにこのアンカー記号も移動する。

V.8　「魅せる」ドキュメントをつくる

以上の手順を組み合わせれば，文章を視覚的に補助するものとして，また文書を魅力的に見せるアクセントとして，オブジェクトを使うことができるだろう。ここまで学べば，Word で紙媒体に載せることのできるテキストとオブジェクトの基本は問題なく扱うことができるようになっているはずだ。これら2つを上手く使ってドキュメントを作成しよう。[4]

---

[4] Word のオブジェクトの機能の中には，「ワードアート」などといったものもあるが，よく見るとフォントの装飾と同様のもので，テキストボックスを使ったものであることがわかるだろう。このように Word は，基本を覚えることができれば，応用が容易にできるようになっている。

　学んだWordの機能を使い，図Ⅴ‐17のサンプル文書の指示に従って，図Ⅴ‐18のサンプル文書（完成形）を作成しよう。

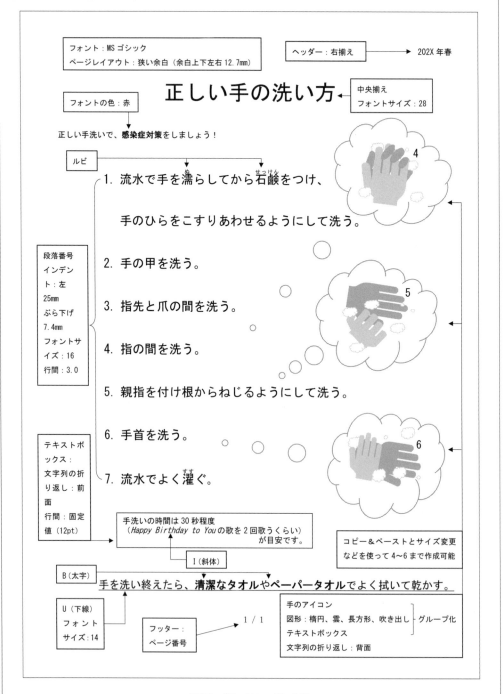

図Ⅴ‐17　サンプル文書

手のオブジェクトは，「アイコン」の「標識とシンボル」の中にある手のアイコン（✋）を，右クリックのメニューから「図形に変換」し描画オブジェクトに変換して使用するとよい。

202X 年春

正しい手の洗い方

正しい手洗いで、感染症対策をしましょう！

1. 流水で手を濡らしてから石鹸をつけ、

   手のひらをこすりあわせるようにして洗う。

2. 手の甲を洗う。

3. 指先と爪の間を洗う。

4. 指の間を洗う。

5. 親指を付け根からねじるようにして洗う。

6. 手首を洗う。

7. 流水でよく灌ぐ。

手洗いの時間は 30 秒程度
（*Happy Birthday to You* の歌を 2 回歌うくらい）
が目安です。

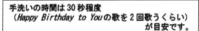

手を洗い終えたら、清潔なタオルやペーパータオルでよく拭いて乾かす。

1 / 1

図Ⅴ‐18 サンプル文書（完成形）

─コ⑦ム─

オブジェクト

Word において，図や絵だけでなく，動画や音声も含めて「オブジェクト」と呼称されることに驚いた人もいるのではないだろうか。オブジェクト（object）とは，物，物体，対象の意味である。主体（subject）に対する客体であり，客観的に知覚することのできる「モノ」のことである。主体が主観的な意識であるとすれば，Word におけるテキストがまさにそれである。その意識から独立して，意識の外部に存在する客体が，オブジェクトなのである。

また，IT（情報技術）の用語では，コンピュータ上で操作や処理の対象となるもののことをオブジェクトという。たとえば，画面の上でのアイコンや，アプリ内で描いた図形などのひとまとまりである。この意味においても，操作する主体に対する操作されるものとしての客体を指していることには変わりがない。

文書において，テキストの内容をよりよく，より効率的に見せるためにオブジェクトが使用される。それとともに，テキストの内容を上手くオブジェクトとして表せるということは，自分の考えを図式化して考えることができるということであり，主体である自分の思考を客観視できているということに他ならない。オーストリア出身の哲学者ウィトゲンシュタインは命題によって構成された独特の著書『論理哲学論考』（1921）において，「主体は世界に属さない」[5]と述べた。視野（世界）の中でそれが眼（主体）によって見られていることを現実に見ることが不可能であるように，本当の意味での客観視は不可能だというのである。しかし，私たちが自分の思考を整理するためには，ある程度主観と切り離して考える必要があり，それを論証する上では，他の主体から見ても納得できるものとして説明できるよう，客観視に堪え得るものでなければならない。Word におけるオブジェクトの活用は，そうした自己の思考の整理の表れであり，それゆえに，他者にとってよりわかりやすいものとして提示されるものとなるのが理想なのではないだろうか。

Word というものは文書作成のアプリケーションであり，その主体はテキストにある。オブジェクトとは，モノの総称としてあるものであり，テキストに対する客体としてあるものなのだ。文書の装飾としてだけでなく，自分が思考する際の手助けとなるものとして，オブジェクトを活用していってほしい。[6]

---

(5)　ウィトゲンシュタイン著，野矢茂樹訳『論理哲学論考』（岩波文庫，2003年）116ページ。

(6)　ここに借りたイラストは，幼い子の描いたものであるが，絵の主体は「木」であるそうだ。それを見上げるお姫様は，第三者として客観視する存在であり，木の高さを表すための「オブジェクト」なのである。

VI. 証 す

数値で示す：Microsoft Excel（1）

Na子 ：こんなのでどう？　かわいくなったでしょ？

優　　：そうね。レポートなんだけど，大丈夫かなぁ。

Na子 ：ビジュアルも大事よ！

優　　：もう少し，資料がほしいな。

Na子 ：資料？

優　　：たとえば，5G の普及率や台数の推移とか，人口に対する高齢者の割合とか，関
　　　　連プロジェクトの数とか。
　　　　Society5.0の浸透を示すような何か数字のようなもの。

Na子 ：確かに数字があると実証的に見えるわよね。

優　　：ちょっと探してみましょう。

Na子 ：これどうかしら？

優　　：いいわね。しかも，Excel ファイルがダウンロードできるじゃない。

Na子 ：どういうこと？

優　　：数字をいちいち打たなくてすむってこと。

Na子 ：いいわね。でも割合とかはどうするの？　書いてないよ。
　　　　もちろん，AI に頼むと，すぐに出してくれるけど。
　　　　この時代では無理なんでしょ。

優　　：自分で計算すればいいのよ。

Na子 ：えっ？　言ってなかったっけ？
　　　　私，計算が大の苦手。AI がやってくれるから。

優　　：それは大変ねぇ。
　　　　でも Excel なら大丈夫。基礎さえ知っていれば結構使える。

Na子 ：基礎もわかんない。

優　　：そりゃそうね，やりながら覚えて。

Na子 ：OJT ね。

優　　：何でもアルファベット 3 文字ね。

Ⅵ.1　パソコンと算数の苦手な人こそ Excel!

　文系の学生の中には，「算数は苦手！」「パソコンも嫌い！」と叫ぶ人は多い。理系の学生の中にも実は結構いる。その人たちにこそ，Excel だけは頑張ってもらいたい。理由は見ていってもらえればわかるが，大きく次の2つ。

（1）Excel は，仕事でとてもよく使われる。

　マンションの駐車場の契約書が Excel で作られていて驚いたことがある（別に計算など全く使っていない）。Excel が使えれば雇ってもらえるかもしれない。

（2）Excel は，助けてくれる。

　ビジネスでとてもよく使われるソフトは，よくできているはず。実際 Excel はよくできている。基本さえきちんと押さえることができれば，助けてくれる。難しい計算も，式だけきちんと入力できれば，しっかりと正しくやってくれる。[(1)]

　たとえ他の人より時間がかかっても，あせらず，基礎を押さえていこう。これもやっていくとわかるが，算数の計算より空間把握や，手順の組み立ての方が大切かもしれない。方向音痴でよく迷子になる人は Excel でも迷子になることが多いが，そんな人も慣れればできるようになる。Excel では北が上になったり下になったりはしない。Excel に慣れれば，迷子を卒業できるかもしれない。

Ⅵ.2　「証す」ロードマップ

　Microsoft Excel を使って表計算を行う場合，以下の手順に従うとスムーズである。

　　課題の把握　→　目標設定　→　入力　→　計算（演算・関数）　→　飾り（表示形式・罫線）　→　保存

これに続き，次の章では計算結果をグラフにすることでビジュアル化する。

　いつもと同じように，

　　何に使えるか　→　考え方　→　ルールの把握（守るべきこと）　→　コツを順番に押さえた上で

　　→　操作の学習

と進めていこう。いつもと同じようだが，実は金銭計算等，正確性，普遍性をもつべき作業に用いられるツールである Excel は，Word などよりもより一貫した考え方と厳格なルールに基づき設計されている。そのため Excel では，その考え方とルールを身につけることが不可欠で，それこそが習得し使いこなすための何よりの近道になる。Excel は Word 以上に，少し考えてから使う方がうまく使える。

---

(1)　有効桁数（使える数字の大きさや小ささの幅）の問題があるので，常に正しい答えが出てくるわけではないが，普通の計算では問題はない。軌道計算などは難しい。たとえば小さい数の方では，1÷3 の答えは，0.33333333333333300000……と途中で0になってしまう。本当は0.3，3がずっと続く。

Ⅵ.3　何に使えるか：仕事では必須，工夫次第で何にでも

　Excel は何に使えるか。最も単純な答えとしては，「工夫次第で何にでも使える」のである⁽²⁾。
会計や家計簿，お小遣い帳の計算やグラフ作成はもちろんのこと，時間割表からスケジュール帳，
アドレス帳，辞書，契約書や領収書などの定型書類，在庫管理にちょっとした科学計算，統計，
心理学の実験の道具にまで使える。Web からのデータの整理や，文字データの整形などにもよ
く使われる。算数や国語の自動採点試験を作成できるだけでなく，マクロ機能を少し使えばゲー
ムさえ作れてしまう⁽³⁾。仕事では必須で，自分の生活のためにも趣味にも使える（図Ⅵ-1）。
　Excel というと，表とグラフと計算だと思い込んでいる人も多いのであるが，応用範囲がとて
つもなく広いことを意識しながら学んでみよう。基本である表とグラフと計算から学びはするが，
それだけで終わってはもったいない。道具は使いようである。

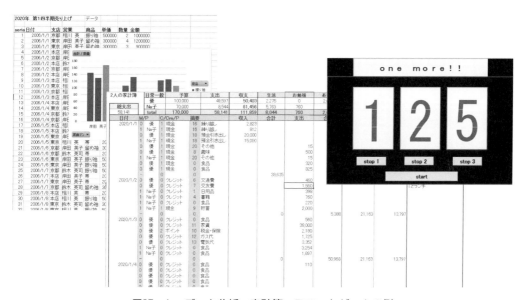

図Ⅵ-1　データ分析・家計簿・スロットゲームの例

Ⅵ.4　考え方の把握：Excel の本当の姿？

　多くの人が知らない Excel の本当の姿，考え方を学んでおくと，理解が早く，上達も早い。さ
っそく見ていこう。

---

(2)　通信に使おうとすることには無理があるだろう。

(3)　関数を駆使すれば，関数だけでパズル系のゲームは実現可能である。

セルを単位に

みなさんは，箱（セルという）がたくさん並んでいる Excel のシート（図Ⅵ‐2）を見てどのような使い方を想像するだろうか？　「この箱に何かを入力して使っていくんだろうなぁ」とか，「データを並べていくんだろうなぁ」などと想像してもらえたと思う。実際，Excel では整理した形でこのセルにデータを入れて，このセルを単位に計算などを行っていく。

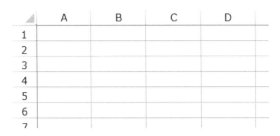

図Ⅵ‐2　Microsoft Excel のシート

式は箱（セル）の関係を決めるもの

それ以外にも気づくことがある。セルが平らに広がっている。3D（立体）ではなく，2D（平面）である。この平面（シートという）に広がったセルに，それぞれのデータを入れて計算をしていくのであれば，その計算式はきっとそれぞれのセルの関係を決めている。Excel は算数の道具ではあるが，数値そのものよりもセルとセルの関係性を意識して使うことが大切である。実際，見た目ばかりを気にすると，Excel では失敗する。

式の成り立ちは位置関係：縦と横

2D（シート）上で箱（セル）の関係を決めるのであるから，計算式で意識すべきは位置関係，つまり縦と横の関係である。図Ⅵ‐3を見てほしい。お目当てのセルが，縦にどれだけ行ったところにあるのか，横にどれだけ行ったところにあるのかが問題である。

図Ⅵ‐3　縦と横の関係

---

(4)　セル（cell）とは細胞を意味する。

(5)　後にふれる表示形式の設定がわかると，この意味もよくわかる。表示形式を使うと中身と表示を変えることができてしまう（「Ⅵ.12　表を整える1」参照）。

アドレスより位置関係（縦と横）：大切なところが違う

図Ⅵ-3からもう一つわかることがある。この図には，AやBやC，1，2，3などセルのアドレス（番地）を示す欄が入っていない。よくExcelの式を作る時にアドレス（B3やH25など）が大切だとされることがあるが，これまで見てきてわかるように，本当に大切なのは箱（セル）同士の位置関係の方である。

納得したい人のために少し詳しく説明しよう。図Ⅵ-4を見てほしい。いつもAやBなどのアルファベットの代わりに，1や2といった番号が入っている。式も「=R[2]C[3]」となっている。これはR1C1形式という指定の仕方を使うものだが，もともとExcelはこの方式から出発している。この例では左側のセルに入れた式が，右側のセルを見にいっているのであるが，どれだけ移動したかがR（row：行=縦），C（column：列=横）を用いて表されている。「=R[2]C[3]」であれば，「下に2つ行って，右に3つ行く」と読める。

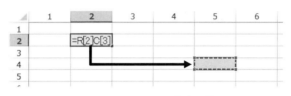

図Ⅵ-4　Excelの本来の姿

基本は相対的な位置関係：だからオートフィルもうまくいく

詳しくはふれないが，図Ⅵ-5は，簡単な式（足し算）をオートフィル（後述）した結果と，それぞれの式をA，B，Cで表した時（A1形式と呼ぶ）とR1C1形式を用いた時にできあがった式を並べたものだ。結果は同じだが，式が全く異なる。不思議に思っていたことがわかった読者もいるだろう。このことからもわかるように，いつもは相対的な位置関係（相対参照）が問題である。なんとR1C1形式では全て同じ式である。だからこそオートフィルがうまくいくのである。絶対参照（$B$3など）がどうなっているかは，自分で調べてみよう。

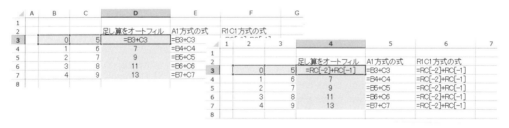

図Ⅵ-5　オートフィル：いつものA1形式と本来のR1C1形式

---

(6)　R1C1形式の使用と解除は，「ファイル」メニューの「オプション」・「数式」の「数式の処理」項目の中の「R1C1参照形式を使用する」のチェックで指定できる。A1，H25などを用いる場合，この項目の中で「R1C1参照形式を使用する」のチェックだけが外れていることからも，もともとはR1C1形式であったことが推測できる。

　どちらで考えてもよいが，本来的には R1C1 形式，つまり「下に 2 つ行って，右に 3 つ行った箱」「隣の隣の箱と隣の箱を足したもの」などと考えていった方が素直で，オートフィルなどを動かしていった時にわかりやすい。この考え方でいこう。

　ある程度考え方のポイントを押さえられたところで，次はその考え方を具体化しているルールを見ていこう。ルールをしっかり押さえておくことが，Excel に助けてもらう「コツ」である。

VI.5　ルールの把握：Excel には明確なルールがある

　数値（かなり多くの場合，お金）を扱う Excel には，正確さを保つためのルールがある。このルールを把握しておくことが大切である。(7) ざっと頭に入れて，実習しながら確実に身につけよう。

数値と文字はしっかりと分ける：基本は英語モード

　計算できる数値と計算できない文字をしっかりと分けることが大切である。Excel では，英語モード（日本語入力 OFF）が基本なので，できる限り英語モードにしておいた方がよい。

　　　数値（1,2,3……）　　　　　：計算できる　　　：必ず英語モードで　　　　：セルの右側
　　　文字（英語：abc……）　　　：計算できない　　　　　　　　　　　　　　　：セルの左側
　　　文字（日本語：あいう……）：計算できない　：必ず英語モードに戻す　：セルの左側

【HINTS】「数値」に見える「文字」

　　　図VI‐6 の123は，「数値」に見えるが，セルの左側にある。

　　　後述の表示形式で「数値」ではなく，「文字」になっており，計算できないと考えた方がよい（章末のコラムも参照のこと）。

|123|

図VI‐6　数値に見える文字

　　　スペースや空のセルにも十分気をつけよう。空のセルは計算上 0（ゼロ）として扱われる。

式の入力：必ず「英語モード」で

　式は，必ず「英語モード」（日本語モードを OFF）で入力すること。これは徹底しよう。日本語モードで入力してもうまく直してくれることもあるが，直してくれないことも多い。もともと Excel は英語モードが基本。式は必ず英語モードで入力しよう。

セルが基本単位

　基本的にはセル（箱）を単位に使っていく。図VI‐7 のように，あふれそうでもひとまとまりのものは 1 つのセルにそのまま入れる。隣に何か入っているとあふれた分が隠れるが，中身が消えたりはしない。

---

(7)　このルールは，便利さのために緩和される方向にある。しかし便利さには落とし穴もあり，Excel の全体像を本当に把握できるまでは原則通りに使うことをお勧めする。章末のコラム参照。

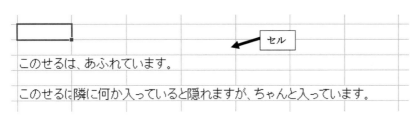

図Ⅵ－7　セル（箱）が基本単位

縦と横の位置関係で考えている

「Ⅵ.4　考え方の把握」でもふれたように，アドレス（A1, D3など）よりも縦と横の相対的な位置関係を意識するとよい（図Ⅵ－8）。

図Ⅵ－8　縦と横の相対的な位置関係

範囲指定された部分しか見えない

Excel は，選ばれたセルあるいは範囲指定されたセルしか見ない。見せてもらえたところだけを分析してオートフィル（【HINTS】オートフィル参照）を完成させたり，グラフを作ったりする。図Ⅵ－9の例でもわかるように，範囲指定をしたところだけが用いられる。「1」だけが選ばれていたら，「1」しかわからないので「1」で埋め尽くす（図Ⅵ－9左）。「1と2」を範囲指定して見せてもらえていたら「1から始まって，1つずつ増える」のがわかるので，連続データにしてくれる（図Ⅵ－9右）。

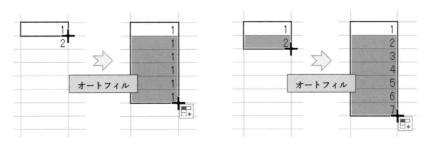

図Ⅵ－9　範囲指定とオートフィル：範囲指定の部分だけ使われる

【HINTS】　オートフィル

　指定されたパターンを繰り返し，セルを自動的に埋めていく便利な機能がオートフィルである（図Ⅵ‐10，図Ⅵ‐11参照）。

　パターンを示す部分を範囲指定し，右下角にマウスをもっていき，細い黒いプラス（＋）の時に，必要なだけドラッグしてボタンを離す。パターンが繰り返され，どんどんセルが埋められていく。大切なのはパターンを Excel に教える範囲指定である。

パターンで考える

　オートフィルをする時，Excel は教えてもらった（見せてもらった）パターン（一定の規則）を用いる。チェック模様の基本を範囲指定してオートフィルをすると，その基本が繰り返される（図Ⅵ‐10）。

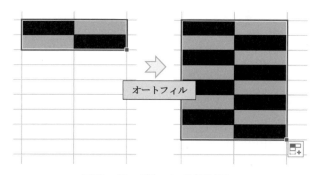

図Ⅵ‐10　パターンの繰り返し

式のオートフィルもパターンの繰り返し

　オートフィルは指定されたパターンを繰り返してくれる。これは式でも同じでオートフィルをどれだけ使えるかが Excel の上手／下手を決める。式は位置関係のパターンだと見ることができるので，図Ⅵ‐11のようにうまくいく。同じ位置関係の式で埋めてくれるのが，式のオートフィルである。

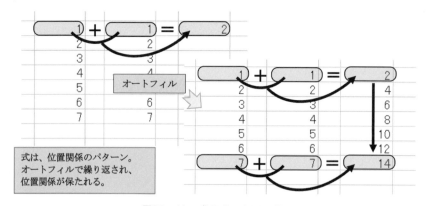

図Ⅵ‐11　式のオートフィル

演習

　いろいろなパターンをオートフィルしてみる。オートフィルは，上下左右の4つの方向でできる。連続データの作成（図Ⅵ-12）や模様の作成（図Ⅵ-13）などを試してみよう。まずはどうなるかを予測しておいて，オートフィルをし，結果を確認しよう。セルを選んでおいて，〔🪣▾〕や右の▼を使えばセルに色もつけられる。

　この他も，「なるほど」と思えるまでいろいろとやってみよう。[8]

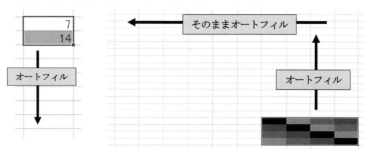

図Ⅵ-12　連続データ　　　図Ⅵ-13　グラデーション模様

Ⅵ.6　しっかりとコツとクセを理解するまで控えるべきこと

「おうちゃく」はしない

　特にExcelでは，便利な新機能などを使う前に，従来からの最も基本的なことをしっかり身につける必要がある。Excelの長い歴史の中で，ユーザーが楽をできるように様々な便利機能が採り入れられているが，それを使うと何が起こるか，そしてその際何に注意すべきかを知っていないと，あり得ないと思うことが起こってしまう。慣れないうちは，「おうちゃく」をせず，一つひとつ基本に忠実に操作をしていくべきである。よく失敗する例を挙げておこう。

（失敗例1）オートフィルをダブル・クリックで行う。

　実際にどこまでオートフィルされるかわからない。途中で空白などがあると，その先には進まない（図Ⅵ-14）。あるいはなぜかとても先まで進んでいることもある。必要なところまできちんとドラッグして行おう。

---

(8)　Excelが賢い，便利だ，という説明によく使われるのが「睦月」や「Monday」などのオートフィルであるが，これらはそのパターンが登録されているものである（ちなみに「月」「月曜」「月曜日」をオートフィルしてみるとよくわかる。Excelをよく知っている人は，表示形式との関連を思いつくだろう）。むしろ7と14を範囲指定してオートフィルした時，7の倍数などがどんどん出てくる方が，Excelの優秀さを表している。ちなみに7と14を範囲指定し，上にオートフィルするとどうなるであろうか？　試してみよう。

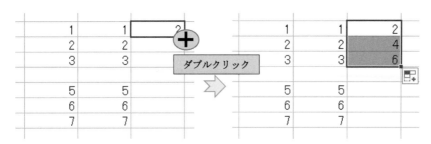

図Ⅵ‐14　失敗例１：ダブルクリックでオートフィル

（失敗例２）範囲指定を確認しない。

　範囲指定は毎回確認をしないと意外な落とし穴がある。図Ⅵ‐15ではオートSUM（合計）で Excel は商品コードまで計算しようとしている。項目が数値の場合よくある失敗である。

売り上げ履歴			
日付／商品コード	100	200	300
2020/7/17		1	1
2020/7/18	2	2	2
2020/7/19		3	3
2020/7/20	4	4	4
2020/7/21		5	
2020/7/22	6	6	6
合計	12	=SUM(E3:E9)	

SUM(数値1, [数値2], ...)

商品コードが数値であるため，
計算に含まれてしまう。
もちろん計算結果は誤り。

図Ⅵ‐15　失敗例２：オートSUMの範囲指定ミス

（失敗例３）関数で引数指定を省略。

　関数では指定を省略できる引数（指定要素）もあるが，省略せずに，必ず入れておく。間違いを防ぐためである（図Ⅵ‐16参照）。

　（例）順位を求める関数：RANK.EQ

54	=rank.eq(I3,$I$3:$I$7,0)
82	RANK.EQ(数値, 参照, [順序])
2	
34	
44	

関数の指定で［ ］の部分は省略できることになっているが，省略しない。RANK.EQ の場合，［順序］の部分は省略できるが，しない。省略したら，大きい方から順位をつけるのか，小さい方から順位がつくのか，覚えていないとわからない。省略しないのが賢明である[9]。

図Ⅵ‐16　関数で引数を省略

---

(9) RANK.EQ の最後の引数は，０（False）で大→小，１（True）で小→大の順位となる。

　　その他よくある失敗は，VLOOKUP（ ， ， ）で，最後の引数を入れないなどである。VLOOKUP では，０（False）で完全一致のみ，１（True）でその値までで一番大きいものが検索され答えとなる。ちなみに「引数」は「ひきすう」と読む。

一度にしようとしない

　複数のステップを一度にしようとせず，１ステップごとに，１つずつセルを変えて順番にやっていく。平均の順位を求めたいが，図Ⅵ－17のように，一気にはできない。図Ⅵ－18のように，平均を求めておいてから順位を求めればすぐできる。落ち着いて，順番にやっていくことが大切である。

図Ⅵ－17　平均の順位：一気にはできない

えいご	こくご	さんすう	平均	順位
15	2	13	10.0	=RANK.EQ(E3,$E$3:$E$5,0)
27	3	52	27.3	**RANK.EQ**(数値, 参照, [順序])
22	72	88	60.7	1

比較的簡単にできる

図Ⅵ－18　平均の順位：順番にすればできる

演習

　範囲指定の意味，パターンとオートフィルの関係が理解できたら図Ⅵ－19を作ってみよう。

　九九の表を作る：数字をいくつか入力しておき，範囲指定し，オートフィルを下と右とそれぞれ行うと，以下のような九九の表を簡単に作ることができる。使える数字は８個までにしておこう。

1	2	3	4	5	6	7	8	9
2	4	6	8	10	12	14	16	18
3	6	9	12	15	18	21	24	27
4	8	12	16	20	24	28	32	36
5	10	15	20	25	30	35	40	45
6	12	18	24	30	36	42	48	54
7	14	21	28	35	42	49	56	63
8	16	24	32	40	48	56	64	72
9	18	27	36	45	54	63	72	81

図Ⅵ－19　九九の表　完成イメージ

Ⅵ.7　目標を見定めて，表を作成する

　Excel を使いづらくしている一つの原因は，目標をイメージできないことにある。Excel を用いて何を示したいのか，何を表したいのかをしっかりと見定め，そのためにどのような計算をす

ればよいかを考えてから作業すべきである。文章を理解し、課題を把握し、目標を設定してから作業に移る。具体的な作業は、「Ⅵ.2　『証す』ロードマップ」で示した手順となる。再掲しておく。

課題の把握 → 目標設定 → 入力 → 計算（演算・関数）→ 飾り（表示形式・罫線）→ 保存

以下、簡単な具体例を用いて、実践的に必要な事柄を身につけていこう。

問題設定

【与えられた課題例】実習用に簡単にしてある

　優たちは、新入生歓迎会で「大学グッズ売り場」を担当し、その概要を報告することになった。優たちが販売したのは、いずれも税込みで、万年筆（2000円）、クリアフォルダー（150円）、レターセット（450円）、CD（800円）、スポーツタオル（1500円）で、それぞれ45本、213枚、145セット、38枚、27枚を販売できた。この報告は、今後のグッズ発注や企画の参考とされる。

文章からの課題の把握・目標設定

【読み解く：ほしい計算結果】

　今後の発注や企画の参考とされることから、単純な売り上げ金額の計算だけでなく、何が一番売り上げが大きいのか、その割合、その順位なども必要であると思われる。

演習

【データの整理と項目立て】まずは手書き

　上記の例から、具体的な表にしてみる。気をつけるべきは「項目立て」である。必要な数値と計算結果がきちんと配置できるよう項目を作成する。手書きで書くならこのような形である（表Ⅵ-1）。

表Ⅵ-1　必要な表（新入生歓迎会　学園グッズ売り上げ報告）

（全て税込み）

グッズ	単　価	数　量	売り上げ	売り上げの割合	順　位
万年筆	2000	45			
クリアフォルダー	150	213			
レターセット	450	145			
CD	800	38			
スポーツタオル	1500	27			
合　計					
平　均					

【入　力】Excel の表にする

　Excel を起動して、入力してみる（図Ⅵ-20）。入力するセルをクリックして、キーボードから入力し、[Enter]（[return]）で確定していく。この時に気をつけるべきは、次の2つ。

⑽　Windows のキーボードでは [Enter]、Mac のキーボードでは [return] と書かれている。

＊「数値」は，必ず「英語モード」で

Excel を起動すると「英語モード」になっていることからも，「英語モード」が基本だとわかる。

＊「ひとまとまり」はあふれても１つのセルに入力

長いデータでもひとまとまりのものは１つのセルの中に入力をする。たとえばスポーツタオルも，右隣に何か入ると見えなくなるがきちんと入っている。

	A	B	C	D	E	F	G
1	新入生歓迎会　学園グッズ売り上げ報告					(全て税込み)	
2							
3		グッズ	単価	数量	売り上げ	売り上げの順位	
4		万年筆	2000	45			
5		クリアフォ	150	213			
6		レターセッ	450	145			
7		CD	800	38			
8		スポーツタ	1500	27			
9			合計				
10			平均				
11							

図Ⅵ‐20　Excel での入力完成例

【修　正】上書きする

修正なども基本的にはセルを単位に行う。修正は，そのセルを選んで，そのまま上から入力して［Enter］（［return］）で置き換えるのが速い。

【削　除】［Del(ete)］キーで

削除もセル単位で行うのがよい。セルを選んでおいて，キーボードの［Del(ete)］（［Fn］・[delete]）で入力データを消す。(11)

【HINTS】　セルに塗られた色や罫線などを消すには

図Ⅵ‐21　書式は［Del(ete)］では消えない

図Ⅵ‐21にあるように，塗りつぶしなどの書式は［Del(ete)］では消えない。よく右クリックから「削除」を選んで消す人を見かけるが，これはセルごと消すことになり，他のセルが移動してしまうのでお勧めできない。では，どうすればよいのか？　これまでに学んだことを応用すればよい。

オートフィルは，連続データや式のフィルに使えた。前に見たようにチェック模様やグラデーションも指定されたパターンを繰り返す。それならば，何も書式の設定されていないセルのパターンで削除したい部分を覆い尽くせばよい。つまり書式のないセルをオートフィルするのが最も楽な方法であるといえる（図Ⅵ‐22）。後述の表示形式もこれで標準に戻せる。

---

(11)　キーボードによっては，［Del］や［Delete］などと表示されている。Mac では［delete］キーは Windows の［BackSpace］の位置にあり，機能も Windows の［BackSpace］とほぼ同じで，他に［Del(ete)］はない。［Fn］キーを押しながら［delete］キーを押せば，Windows の［Del(ete)］キーと同じ機能を果たす。

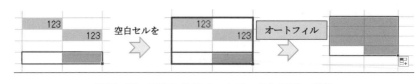

図Ⅵ-22 空白セルをオートフィルしてすっきり

【データの確認】数式バーとダブルクリック

　長いデータが隠れてしまった時は，2つの方法で確認できる。

　①　数式バーでの確認

　確認したいセルをクリックして，上部の数式バーの表示で確認をする（図Ⅵ-23）。数式バーにはそのセルに入っているものが表示される。

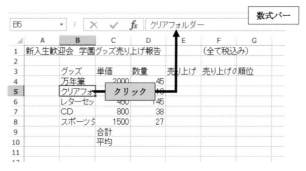

図Ⅵ-23 数式バーでの確認

　②　ダブルクリックでの確認

　確認したいセルをダブルクリックすると，入力状態になる（図Ⅵ-24）。確認できたら〔Enter〕（〔return〕）で確定しておく。後述の式の確認にはこの方法が便利である。

図Ⅵ-24 ダブルクリック
による確認

【保　存】忘れずに

　データが消えてしまわないように保存しておこう。ファイル名は「学園グッズ売り上げ.xlsx」くらいにしておこう。「ファイル」メニューの「名前を付けて保存」や「保存」から行おう。

【忘れ物】日付

　作成日や報告日を表す日付はこのような表には欠かせないが，ここには入力されていない。「（全て税込み）」を移動させて，入力しておこう。場合によっては，報告者名なども入れる。

【移　動】確実なのは「切り取り」と「貼り付け」

　移動には様々なやり方があるが，確実な方法は「切り取り」と「貼り付け」である。移動元を右クリックしメニューから「切り取り」を選び，移動先で右クリックして「貼り付け」を選ぶ。[12]空いたセルに「2021/9/1」くらいを入力しておこう（図Ⅵ - 25）。

図Ⅵ - 25　入力完成

【上書き保存】忘れずに

　データを更新したら，上書き保存を忘れないようにする。「ファイル」メニューの「保存」などで行う。

【セル幅の調整】手動で広めに

　表を見やすくするために，セルの幅を調整する。よくセル番号の境界線（ＡやＢの間）をダブルクリックして自動調整をする人がいるが，注意した方がよい。画面では見えていても印刷した時に切れていることがよくある。「1000000」が「100000」と印刷されていたら大変である。広めに，手動で調整することをお勧めする（図Ⅵ - 27）。境界線にマウスポインタを合わせ，➡◆➡の形になったらドラッグし調整する（図Ⅵ - 26）。セルの高さも同様に調整できるが，こちらは自動で行われ，問題が起こることも少ない。

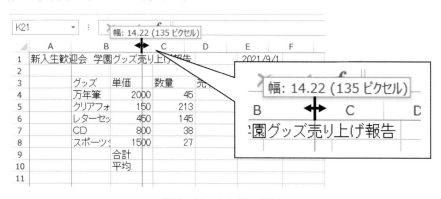

図Ⅵ - 26　セル幅の調整

⑿　実際には，セルが移動するのではなく，中身だけが移動する。また，マウスだけで行う方法もある。マウスポインターの形に注意してみるとよい。

	A	B	C	D	E	F	G
1	新入生歓迎会　学園グッズ売り上げ報告					2021/9/1	
2						（全て税込み）	
3		グッズ	単価	数量	売り上げ	売り上げの割合	順位
4		万年筆	2000	45			
5		クリアフォルダー	150	213			
6		レターセット	450	145			
7		CD	800	38			
8		スポーツタオル	1500	27			
9		合計					
10		平均					
11							

図Ⅵ- 27　セル幅は広めに

【HINTS】「＃＃＃……」は，エラーじゃない

　入力したり，計算したりすると，「＃＃＃……」という表示になってしまうことがある。これはエラーではなく，「表示できない」という意味。セル幅を広げてやれば表示される（図Ⅵ - 28）。

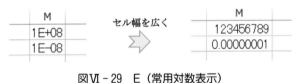

図Ⅵ - 28　「＃＃＃……」

　また，「1E＋08」や「1E-08」などは，桁数を節約するための表示で，ある程度であればセルの幅を広げることにより普通の表示に戻る。これを常用対数表示といい，「1E＋08」であれば，1×10^8に近い数字であるということである[13]。必ずしも厳密な表示ではないので注意が必要である（図Ⅵ - 29）。

M				M	
1E+08		セル幅を広く		123456789	
1E-08				0.00000001	

図Ⅵ - 29　E（常用対数表示）

Ⅵ.8　必要な計算をする１：売り上げ（かけ算）

　表ができあがったら必要な計算を行う。読みながら実習をしてしまうとできたように思えるが，きちんと身についていないことが多い。ここからは，まずは解説を読んで一通り理解し，演習で

---

[13]　10を底とした対数表示。通常 e で表されたりするが，Excel では E と大文字が使われる。$\log_{10} 10^8$ などである。

まとめて実習をしよう。考え方を習得することが大切である。

先にふれたように，計算式はセルの関係で作り上げていく。

演算記号と「関数」

Excel で計算に使われるのは，＋や / といった演算記号と，SUM や AVERAGE といった「関数」と呼ばれるものである。本章で使う基本的なものを先に一覧にしておく（表Ⅵ-2）。「関数」はここに示したもの以外にもたくさんある。

表Ⅵ-2　演算記号と基本の関数

演算記号[14]		関　数	Fx
＋	足し算：プラス	SUM	合計を求める
－	引き算：マイナス	AVERAGE	平均を求める
＊	かけ算：アスタリスク	MAX	最大を求める
/	割り算：スラッシュ	MIN	最小を求める
^	べき乗：ハット	RANK.EQ	順位を求める

必要な計算

Excel で計算式を作って計算をしていく前に，必要な計算をまとめて見ておこう。Ⅵ.7の演習で作った表の空いている欄を，これらの計算によって埋めていくことになる。なお，合計や平均なども普通の足し算や割り算などを用いて計算することは可能だが，より便利な関数を用いる（表Ⅵ-3）。

表Ⅵ-3　必要な計算

必要な項目	計　算	使用するもの
売り上げ	単価　×　数量	かけ算：＊
（売り上げ・数量の）合計	売り上げ・数量を全て足す	SUM 関数：オート SUM が便利
（売り上げ・数量の）平均	売り上げ・数量の合計÷データ数	AVERAGE 関数
売り上げの割合	各売り上げの合計に対する割合	割り算：/
（売り上げの）順位	金額が多い方から1位・2位……	RANK.EQ 関数

【計算1】万年筆の売り上げ

必要な式を作って計算していくが，忘れてはいけないことが2つある。

＊式は，英語モードで

必ず英語モードになっていることを確認して入力する。

＊式は，セルの位置関係：クリックで指定する

式は，それぞれのセルの関係を定めたもの。縦と横の位置関係を意識しながら作っていく。ア

---

(14) かけ算の記号は，X（エックス）と間違えるので＊を，割り算の記号は，÷より一般的な / を用いる。

ドレスよりも位置関係が大切で，そのためにもマウスでセルをクリックしていく。具体的には，

　　答えを入れるセルを選び → 「＝」を入力 → セルをクリック → 演算記号 → ……

と進めていく。このセルは，これらのセルを使ってこういう関係で計算する，というイメージとなる。セルを指定していく時には，アドレスではなく，たとえば「左隣のセルと……」と捉えていく。2000や45という数値ではなく，あくまでセル（箱）で考えていく（図Ⅵ-30）。最後は［Enter］（［return］）。

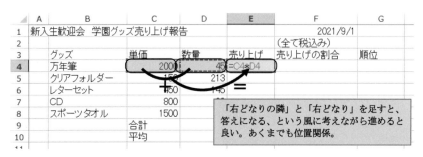

図Ⅵ-30　万年筆の売り上げ

【計算2】クリアフォルダーなどの売り上げ

　同様にすれば，「クリアフォルダー」の売り上げも計算できるだろう。しかし，一つひとつ式を入れていったのでは大変である。この表では商品が少ないが，たとえば商品の種類が10000を超える時はどうするのか。

　「Ⅵ.4　考え方の把握」で見たように，オートフィルを利用してこの問題を解決する，ということになる。ここでのポイントは2つ。

＊式はパターン

　計算式はそれぞれのセルの関係を示している。これは一つのパターンだと考えられる。

＊オートフィルは繰り返し

　オートフィルは，教えられた（範囲指定された）パターンを繰り返してくれる。だから，

➡オートフィルでできる

　「クリアフォルダー」なども「万年筆」と同じパターンで求められる。つまり，「『右どなりの隣』と『右どなり』を足すと，答えになる」。オートフィルを用い同じパターンで埋め尽くせばよい。

　具体的には，

　　元となるセルを指定 → 右下の角にマウスポインタ → 「＋」で必要なだけドラッグ

するだけ（図Ⅵ-31）。

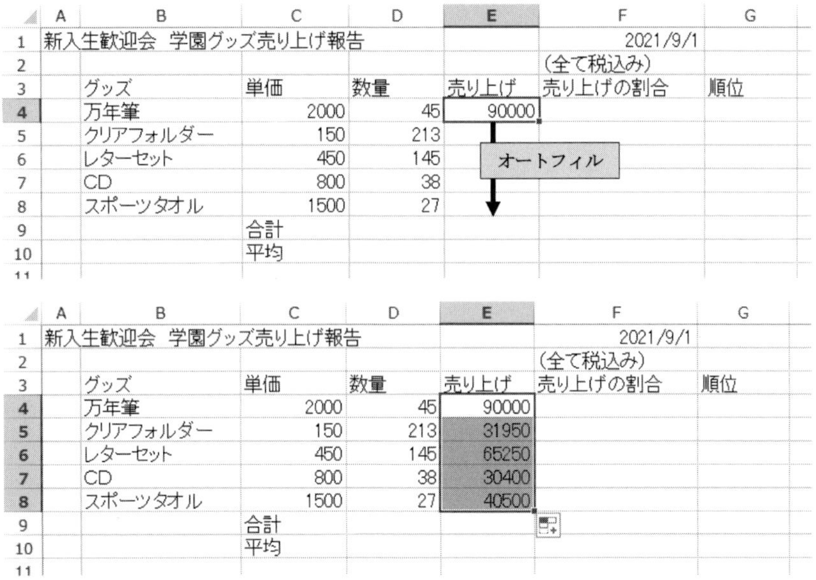

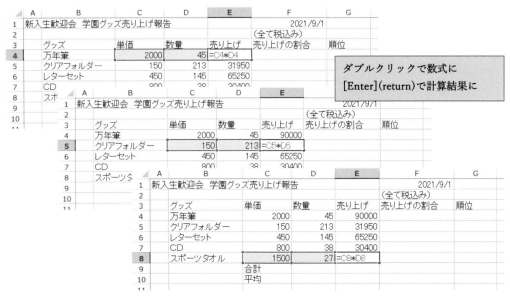

図Ⅵ-31　残りはオートフィルで

【確認1】式の確認

　　数式の入ったセルをダブルクリックすると，計算結果が数式に戻り，式を確認できる。確認ができたら［Enter］（［return］）で計算結果に戻しておく。オートフィルをしたセルもいくつか確認してみる（図Ⅵ-32）。

ダブルクリックで数式に
［Enter］（return）で計算結果に

図Ⅵ-32　式の確認

【確認2】オートフィルの効果

　　こうして並べてみるとわかるが，オートフィルをして埋めたセルには，全て元となったセルと

同じように「『右どなりの隣』と『右どなり』を足すと，答えになる」という関係が式として入っている。つまり同じ位置関係で計算される。オートフィルをすると，参照先を固定しなければ[15]，そのセルが見ているセルも「同じ方向に」「同じだけ」移動する（図Ⅵ‐33）。

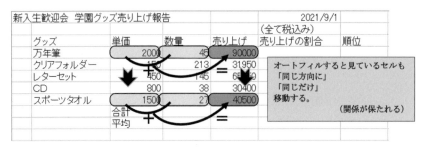

図Ⅵ‐33　オートフィルの効果

【確認3】やはりアドレスは関係がない

　気づいてもらえただろうか？　式を作る時も，その効果を説明する時も「C1は……」などとセルのアドレスを示していない。図Ⅵ‐33では列番号（A・B・C……）や行番号（1・2・3……）も外してしまった。必要がないからである。固定をする時にアドレスのアルファベットか数字か，どちらかを考える必要があるかもしれないが（見分けるには楽である），具体的にここは「C1」だから，などとは考えなくてよい。数式は，あくまでセルの関係を位置を用いて表したものである。

【確認4】中の数値も関係がないから自動で再計算される

　もう一つ気づいてもらえただろうか？　数式は，セルという箱の関係性として作っていく。その箱の中に何が入っているかは計算式を作る時には重要ではない。もちろん，計算式に合わせた形式のデータが入っていることは必要であるが（文字は計算できないことを思い出してほしい。Ⅵ.5「ルールの把握」参照），式自体はセル（箱）でできている。具体的な12や256などでできているわけではない。だから，セルの中身が変われば，計算結果も自動的に更新される[16]。図Ⅵ‐34では「●＋■」の答えを「★」に入れているが，「●」を1から100に変えると，「★」の中身も変わっていることがわかる。

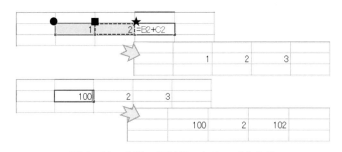

図Ⅵ‐34　自動で再計算：セルで式を作る

---

(15)　「Ⅵ.14　いろいろな参照」で見るように，オートフィルをしても参照が移動しないようにすることもできる。

(16)　膨大な計算式，複雑な計算式がある場合，自動計算にはならない場合があるが，再計算をさせればきちんと更新される。

前回の演習で作った表で売り上げの計算をしてみよう。わからないところは戻って解説を読んで，やり直そう。

Ⅵ.9　必要な計算をする２：合計と平均(SUM 関数と AVERAGE 関数)

次に必要なのは，数量と売り上げ，それぞれの合計と平均である。これも足し算や割り算などを用いて求めることができるが，Excel には関数と呼ばれる便利なものが準備されている。まずは以下の解説を読み，ひと通り理解してから実習をしよう。

【HINTS】　(　)　の使い方

たとえば平均を足し算と割り算で求める時は，「データの合計÷データの個数」となるが，具体的には，$(45 + 213 + 145 + 38 + 27) \div 5$ などで，(　)が必要である。Excel でも同じで，数値の代わりにセル番号(指定はセルをクリックして行えばよい)が入るだけである。

なお，手書きであると，$\{[(\quad)]\}$ などいろいろな括弧を使うが，パソコンでは全て(　)で表す(図Ⅵ‐35)。

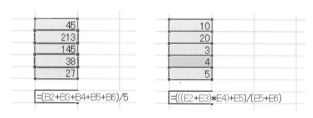

図Ⅵ‐35　(　)の使い方

関数：便利な計算の道具

関数は，あらかじめ計算や処理などが仕組まれた便利なアイテムである。計算や統計だけでなく，文字列操作，データベース検索，エラー処理など多数の関数が用意されており，用途に応じ組み合わせて使うことができる。ここでは，基本的な合計や平均を求める関数を利用しよう。

【計算１】数量の合計：オート SUM

関数の中でも最もよく使われる合計には，独立したボタンが準備されている。数列の総和などを表すΣのボタンである(**Σ**オートSUM ▼)。通常，「ホーム」タブの右上にある。Σだけが表示されることも多い(図Ⅵ‐36)。

図Ⅵ-36　Σオート SUM ボタン

　このボタンの最も確実な使い方は，

　　　　答えを入れるセルを選ぶ　→　Σ クリック　→　範囲指定確認（修正）→　［Enter］（［return］）

となる。[17] まずは，数量の合計を求めてみよう。［Enter］（［return］）を押す前に，必ず範囲指定を確認しよう（図Ⅵ-37）。アドレスではなくどのセルが選ばれているかを箱で確かめる。最初は間違っている場合も多い。その場合，ドラッグして範囲指定を修正してから［Enter］（［return］）を押す。

新入生歓迎会　学園グッズ売り上げ報告				2021/9/1	
				（全て税込み）	
グッズ	単価	数量	売り上げ	売り上げの割合	順位
万年筆	2000	45	90000		
クリアフォルダー	150	213	31950		
レターセット	450	145	65250		
CD	800	38	30400		
スポーツタオル	1500	27	40500		
	合計	=SUM(D4:D8)			
	平均				

図Ⅵ-37　Σボタンを押して，範囲指定を確認

パターンの利用

【計算2】売り上げの合計：オート SUM ？

　売り上げの合計も同様にΣボタンを使って求めることはできる。しかしここでΣボタンを使ってはいけない。Σボタンだと思った人は，これまでの部分が十分に理解できていない。繰り返しになるが，大切なことは，

＊式はパターン

　計算式はそれぞれのセルの関係を示している。これは一つのパターンだと考えられる。

＊オートフィルは繰り返し

　オートフィルは，教えられた（範囲指定された）パターンを繰り返してくれる。だから，

---

(17)　他にもΣボタンをダブルクリックするなどの方法もあるが，紹介した方法が最も確実である。

➡オートフィルでできる

と気づくことである。数量の合計も売り上げの合計も，結局，セルの関係でいえば，同じだという
ことである（上にある5個の数値を合計しなさい）。つまり同じパターンが使えるので，オートフィ
ルをすればよい（図Ⅵ-38）。

新入生歓迎会　学園グッズ売り上げ報告				2021/9/1	
				（全て税込み）	
グッズ	単価	数量	売り上げ	売り上げの割合	順位
万年筆	2000	45	90000		
クリアフォルダー	150	213	31950		
レターセット	450	145	65250		
CD	800	38	30400		
スポーツタオル	1500	27	40500		
	合計	468	258100		
	平均				

新入生歓迎会　学園グッズ売り上げ報告				2021/9/1	
				（全て税込み）	
グッズ	単価	数量	売り上げ	売り上げの割合	順位
万年筆	2000	45	90000		
クリアフォルダー	150	213	31950		
レターセット	450	145			
CD	800	38			
スポーツタオル	1500	27			
	合計	=SUM(D4:D8)			
	平均				

新入生歓迎会　学園グッズ売り上げ報告				2021/9/1	
				（全て税込み）	
グッズ	単価	数量	売り上げ	売り上げの割合	順位
万年筆	2000	45	90000		
クリアフォルダー	150	213	31950		
レターセット	450	145	65250		
CD	800	38	30400		
スポーツタオル	1500	27	40500		
	合計	468	=SUM(E4:E8)		
	平均				

図Ⅵ-38　合計もオートフィルで

fx ボタンの利用

【計算3】数量の平均：AVERAGE 関数

　次は数量の平均を求める。Σオート SUM ▼ボタンの「▼」が最近よく使われるが，古い Excel
の場合これがない。どのバージョンでも使えるように，fx のボタン（*fx*）を使うことにする。こ
のボタンは通常，数式バーの左端にある（図Ⅵ-39）[18]。もちろん，SUM も fx ボタンの中にもある。

図Ⅵ-39　fx ボタン

　fx ボタンの使い方は，

　　**答えを入れるセルをクリック → fx クリック → 関数の分類を選択→ 関数を選択 → ダイ
　　アログボックスで範囲などを指定 → OK クリック**

---

[18] 古いバージョンの場合，右上，Σボタンの隣くらいにある。関数が $F_{(x)}$ で表されるため，Fx で示されている。

となり，これは他の関数でも同じである。数量の平均を求める AVERAGE は，「統計」に分類されている[19]。また，AVERAGE を基本に，よく似た AVERAGEA や AVERAGEIFS などがあるが，対象や求め方が異なる[20]。一番基本の AVERAGE を用いて数量の平均を求めてみよう。答えを入れるセルを選んだ後，関数の分類から「統計」を選び，「AVERAGE」を選択したら OK（図Ⅵ - 40）。

図Ⅵ - 40　統計・AVERAGE を選択

　出てきたダイアログボックスの「数値」欄の範囲指定をし直す。Excel が考えたものが指定されるが，平均に合計は入れない。範囲指定はよく間違えられているので，十分気をつけること。そのままドラッグをすれば変更される（図Ⅵ - 41）。OK をクリックすれば，計算される。なおパネル（ダイアログボックス）は，上部のタイトルバーをドラッグすれば移動できる。

図Ⅵ - 41　範囲指定の変更

---

(19)　よく使われる関数は，統計に分類されていることが多いが，SUM は「数学」に分類されている。

(20)　通常の AVERAGE は数値だけしか認識しないが，AVERAGEA は文字なども認識し，AVERAGEIF や AVERAGEIFS は，IF との合成で，指定した条件に基づいたデータ群の中で平均を求める。

【計算4】売り上げの平均

　売り上げの平均も同様に fx で求めようとした人は，今一度思い出してほしい。数量の平均も売り上げの平均もセルの関係は同じである。同じパターンならオートフィルを使うべきである（図Ⅵ-42）。

図Ⅵ-42　同じパターンならオートフィル

Ⅵ.10　必要な計算をする3：売り上げの割合

　次は，売り上げの割合を求める。関数ではなく，割り算である。算数が苦手という人の中に，割り算になった途端，混乱する人が現れるが，意外に重要な計算である。丁寧に説明するのでマスターしよう。ここでも解説でひと通り理解し，後にまとめて実習する。

【合計に対する割合】別名「シェア」

　まずは割合，特に「合計に対する割合」について説明をしておこう。これは別名「シェア」とも呼ばれる。たとえば就職の面接で，「うちの会社の半導体製造装置，シェア知ってるよね？」などと聞かれる。わからずに多い方がよいだろうと，「はい，256 くらいだったと思います」と答えた瞬間，次に進めなくなる。

　簡単な例で確認しておこう。たとえば携帯電話会社が，A，D，S，R の4社しかないとして，それぞれの契約者数が，250万人，400万人，250万人，100万人だったとすると，S 社のシェアはどれだけであろう。合計がちょうど1000万人，そのうちの250万人が S 社を使っている。「合計に対する割合」という日本語の並び通りに求めると，1000万人÷250万人＝4となり，割合で表すために％にする（100をかける）と，400％と求められる。

　これにちゃんと違和感を感じられるであろうか？　絶対にあり得ない。「シェア」＝「合計に対する割合」は，100％を超えることは絶対にない。これは，割合を表す円グラフにするとよくわかる（図Ⅵ-43）。全部合わせて，1＝100％である[21]。これを超えられない。

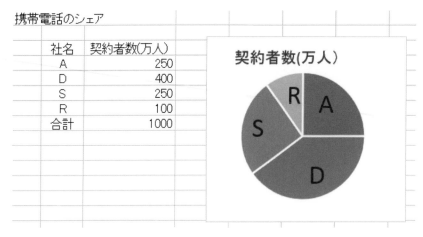

携帯電話のシェア

社名	契約者数(万人)
A	250
D	400
S	250
R	100
合計	1000

図Ⅵ‐43　シェアの例

　正解としては，250万人÷1000万人＝0.25，これを％に直して，25％である。

　ここで，やっぱり難しいと思った人がいると思われる。しかし，Excel で計算させてみて「1」（つまり100％）を超えていたら「おかしい」と気づいてやり直せばよい。[22]「おかしい」と気づけることが大切である。

【計算1】万年筆の売り上げの割合

　学園グッズの売り上げの割合を求めていくことにする。多くの場合そうであるが，お金が問題なので，売り上げ金額についての割合を求めることにしよう。金額ベースのシェアということである。[23]まずは表を見て，どのセルとどのセルを使って，どういう式を作ればよいかを考えてから，操作しよう。まずは万年筆から計算していく。

　図Ⅵ‐44は正解だろうか？　「●（万年筆の売り上げ）÷■（売り上げの合計）」で求めている。

	A	B	C	D	E	F	G
1	新入生歓迎会　学園グッズ売り上げ報告					2021/9/1	
2						(全て税込み)	
3		グッズ	単価	数量	売り上げ	売り上げの割合	順位
4		万年筆	2000	45●	90000	＝E4/E9	★
5		クリアフォルダー	150	213	31950		
6		レターセット	450	145	65250		
7		CD	800	38	30400		
8		スポーツタオル	1500	27	40500		
9			合計	468■	258100		
10			平均	93.6	51620		

図Ⅵ‐44　グッズの売り上げの割合

---

(21)　まだわかりにくい人は，体脂肪率で考えてみよう。ある人が体重50kg，脂肪20kg，骨・筋肉他30kg の時，体脂肪率はいくらだろう。50÷20×100＝250％で合っているだろうか。体重50kg で100％のはずなので，この人の脂肪は体重の250％，つまり2.5倍の125kg あることになってしまう（どうしてもわかりにくい人のための例であって，それぞれの体型があるから，体脂肪率にこだわり過ぎる必要はない）。

(22)　Excel では％などは，100をかけて求めたりせず，後にふれる表示形式の設定により見え方を変えるのが普通である。

(23)　先ほどの携帯電話の例では，契約者数ベースのシェアを扱っていた。

【計算2】クリアフォルダーなどの売り上げの割合

　前の方法で万年筆の売り上げの割合を求めると，「0.348702053」となる[24]。100％，つまり1より小さいから，とりあえずよさそうなので，次にクリアフォルダーなどの売り上げの割合を求める。もちろん，一つずつ入力していったりはしない。最後にもう一度思い出そう。大切なのは，

＊式はパターン

　計算式はそれぞれのセルの関係を示している。これは一つのパターンだと考えられる。

＊オートフィルは繰り返し

　オートフィルは，教えられた（範囲指定された）パターンを繰り返してくれる。だから，

➡️オートフィルでできる

　それでは，オートフィルをしてみよう（図Ⅵ-45）。

新入生歓迎会　学園グッズ売り上げ報告					2021/9/1
				（全て税込み）	
グッズ	単価	数量	売り上げ	売り上げの割合	順位
万年筆	2000	45	90000	0.348702053	
クリアフォルダー	150	213	31950	0.618946145	
レターセット	450	145	65250	#DIV/0!	
CD	800	38	30400	#DIV/0!	
スポーツタオル	1500	27	40500	#DIV/0!	
	合計	468	258100	#DIV/0!	
	平均	93.6	51620	#DIV/0!	

図Ⅵ-45　万年筆の売り上げをオートフィル

【確　認】なぜエラーになったのか

　図Ⅵ-45の通り，エラー（#DIV/0!）になった。エラーが出るといきなり削除する人も多いが，大切なのはなぜエラーになったのかを考えることである。どうしてエラーになったのだろうか？まずは万年筆の売り上げの割合を求める式を確かめ，次にエラーになっているセルの式を確かめよう（図Ⅵ-46）。ダブルクリックして式がどのセルを見ているかを確認する。

	売り上げ	売り上げの割合	順位
45	90000	=E4/E9	
213	31950	0.618946145	
145	65250	#DIV/0!	
38	30400	#DIV/0!	
27	40500	#DIV/0!	
468	258100	#DIV/0!	
93.6	51620	#DIV/0!	

	売り上げ	売り上げの割合	順位
45	90000	0.348702053	
213	31950	0.618946145	
145	65250	#DIV/0!	
38	30400	#DIV/0!	
27	40500	=E8/E13	
468	258100	#DIV/0!	
93.6	51620	#DIV/0!	

図Ⅵ-46　式の確認

---

[24]　おそらく割り切れていないので，途中で省略されている。省略される時は四捨五入される。

わかってもらえただろうか？　もう少しわかりやすく図示してみよう（図Ⅵ‐47）。

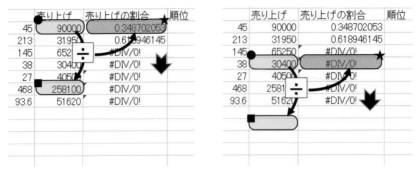

図Ⅵ‐47　オートフィルの効果

　ここで見てもらいたいのは，「どれをどれで割って……」などではなく，できあがった「セルの関係がそのままずれていく」ということである。今までと同じで，オートフィルでは「セル同士の関係が保たれた」まま「同じ方向に」「同じだけ」動いていく。少しずれていくと，「■」が空のセルに移動してしまい，エラーとなっている。

　ちなみに空のセルは Excel では計算上「０」（ゼロ）として扱われるため，「●÷■」が，「●÷０」となってしまった。算数では「０」で割ってはいけないというルールがあるため，「０で割ってしまいましたよ」（devided by 0）というエラーになっている。

【対　処】参照セルを固定する

　割り算などを考えずに，式が参照しているセルの移動だけを考えると，解決法はすぐに見つかる。「■」を「動かなく」してやればよい（図Ⅵ‐48）。

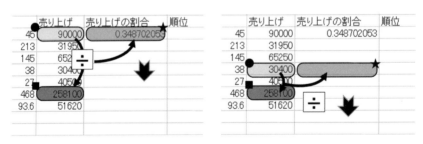

図Ⅵ‐48　セルの固定

　そうすればよいことには気づいたが……，という人も多いだろう。必要な時にセルを固定できれば便利である。Excel にはちゃんとその機能がある。

　やり方は簡単で，

**　固定させたいセルをクリックした時に，続けて［F4］キーを押して「$」マーク**

をつければよい（Mac の場合，［F4］キーの代わりに［command］＋［T］のバージョンもある）。

　実際にやってみよう（図Ⅵ‐49）。

116

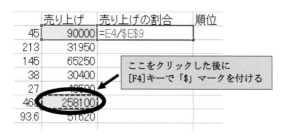

図Ⅵ‑49　セルの固定：[F4] キーで「$」マーク

[Enter]（[return]）で確定しておいて，この式を選びオートフィルもしてみる（図Ⅵ‑50）。

新入生歓迎会　学園グッズ売り上げ報告					2021/9/1
				（全て税込み）	
グッズ	単価	数量	売り上げ	売り上げの割合	順位
万年筆	2000	45	90000	0.348702053	
クリアフォルダー	150	213	31950	0.123789229	
レターセット	450	145	65250	0.252808989	
CD	800	38	30400	0.117783805	
スポーツタオル	1500	27	40500	0.156915924	
	合計	468	258100	1	
	平均	93.6	51620	0.2	

図Ⅵ‑50　オートフィルの結果

　きちんと計算されて，数値が現れた。しかも全て１以下で合っていそうである。ちゃんと合計の売り上げの割合も１＝100％になっている。全てで100％である。式も確認しておこう（図Ⅵ‑51）。

	売り上げ	売り上げの割合	順位
45	90000	=E4/$E$9	
213	31950	0.123789229	
145	65250	0.252808989	
38	30400	0.117783805	
27	40500	0.156915924	
468	258100	1	
93.6	51620	0.2	

	売り上げ	売り上げの割合	順位
45	90000	0.348702053	
213	31950	0.123789229	
145	65250	0.252808989	
38	30400	=E7/$E$9	
27	40500	0.156915924	
468	258100	1	
93.6	51620	0.2	

図Ⅵ‑51　固定の確認

【HINTS】　後のために：４つの参照の仕方

　ここで紹介しているのは，[F4]（[command] + [T]）を一度押して出てくる「$」マークが２つ付く「$E$7」など。このほかにも連続して [F4]（[command] + [T]）キーを押していくと，４種類あることがわかる。何度も押すと繰り返す。

　　$E$7　　E$7　　$E7　　E7

　「$」マークのついている（「$」マークのすぐ後ろ）が固定されるという意味であるが，ここで使った「$」マークが２つ，アルファベットと数字の両方についているパターンは，「横にも縦に

も動かない」という意味である。A1形式なので，それが使われている表を見ると想像がつくだろう（図Ⅵ-52）。後でもう一度，解説する。

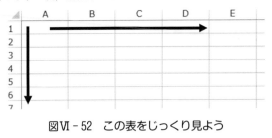

図Ⅵ-52　この表をじっくり見よう

演習

　売り上げの割合を求めてみよう。セルの固定を利用し，オートフィルを必ず使おう。わからないところは戻って解説を読んで，やり直そう。

Ⅵ.11　必要な計算をする4：順位

　計算の最後は，順位である。よくランキングというが，使う関数も RANK という関数である。ここでもまずは解説を理解しよう。

【RANK 関数】順位を求める関数

　fx ボタンをクリックして，「関数の分類」を「統計」にしてスクロールすると，「RANK」関数が現れる。「RANK.AVG」と「RANK.EQ」があるが（図Ⅵ-53），通常使うのは「RANK.EQ」の方である。[25] 答えを入れるセルをクリックしてから見てみよう。「RANK.EQ」を選んでダイアログボックスも見てみよう（図Ⅵ-54）。

図Ⅵ-53　関数の分類「統計」

図Ⅵ - 54　RANK.EQ のダイアログボックス

ダイアログボックスでは次の指定を行う。順序も省略してはいけない（「おうちゃく」はしない）。

表Ⅵ - 4　RANK.EQ の指定項目

項　目	内　　容		備　考
数値	どれを	順位を調べたい対象となる数値	
参照	どの中で	どの範囲で順位を調べるか	「範囲」となっている場合も
順序	どういう順で	降順（0）か昇順（1）か	0：大きい方から，1：小さい方から

【計算1】万年筆の売り上げの順位

　ここでは，金額ベース（売り上げ）での万年筆の順位を求めよう。表Ⅵ - 4 の内容を具体的に指定してから始める（表Ⅵ - 5）。

表Ⅵ - 5　今回の指定

項　目	内　容	指　　定	備　考
数値	どれを	万年筆の売り上げ	
参照	どの中で	万年筆からスポーツタオルの売り上げの中で	
順序	どういう順で	大きい方から：0	金額の大きい方から

　指定してみよう（図Ⅵ - 55）。ここで気をつけるべきは，「参照」の範囲に順位を求める対象自体（万年筆の売り上げ）を入れておくことである。なぜか外す人が多い。

⑵　RANK.AVG は RANK.AVERAGE の略，RANK.EQ は RANK.EQUAL の略と思われる。同順位の扱いが異なる。

（降順：大→小の順）		
	.avg	.eq
5	1	1
3	3.5	3
2	5	5
3	3.5	3
4	2	2
1	6	6

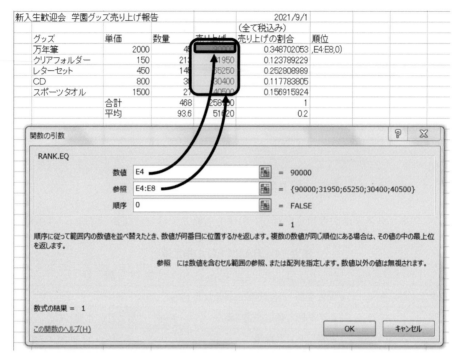

図Ⅵ-55　指　定

【計算2】クリアフォルダーなどの順位

　ここまでくれば，次にすることはわかるだろうか？　「OK」をクリックしてできあがったものをオートフィルする（図Ⅵ-56）。ちなみに順位を求められるのは「スポーツタオルの売り上げ」までである。

新入生歓迎会　学園グッズ売り上げ報告				2021/9/1	
				（全て税込み）	
グッズ	単価	数量	売り上げ	売り上げの割合	順位
万年筆	2000	45	90000	0.348702053	1
クリアフォルダー	150	213	31950	0.123789229	4
レターセット	450	145	65250	0.252808989	2
CD	800	38	30400	0.117783805	4
スポーツタオル	1500	27	40500	0.156915924	3
	合計	468	258100	1	
	平均	93.6	51620	0.2	

図Ⅵ-56　オートフィルの結果

【確　認】順位がおかしい

　エラーが出ずに順位が出たので，安心した人も多いと思うが，順位がおかしい。「クリアフォルダー」と「CD」はいずれも4位になっているが，その売り上げはそれぞれ31950円と30400円で違う。順位は異なるはずである。どうしてだろうか？　それぞれをダブルクリックして，式を調べる（図Ⅵ-57）。

数量	売り上げ	売り上げの割合	順位	
45	90000	0.348702053	=RANK.EQ(E4,E4:E8,0)	
213	31950	0.123789229	**RANK.EQ**(数値, 参照, [順序])	
145	65250	0.252808989	2	
38	30400	0.117783805		
27	40500	0.156915924		
468	258100		1	
93.6	51620		0.2	

数量	売り上げ	売り上げの割合	順位	
45	90000	0.348702053	1	
213	31950	0.123789229	4	
145	65250	0.252808989	2	
38	30400	0.117783805	=RANK.EQ(E7,E7:E11,0)	
27	40500	0.156915924	**RANK.EQ**(数値, 参照, [順序])	
468	258100		1	
93.6	51620		0.2	

図Ⅵ - 57　式の確認

　「参照」の範囲がずれている。オートフィルをすると「同じ方向に」「同じだけ」動くのであるから，当然だった。どうすればよいだろうか？　もちろん，「参照」の部分を固定してしまえばよい。つまり，RANK.EQ のダイアログボックスを埋める時に，「参照」のところで［F4］（［command］＋［T］）を使って「$」マークをつければよい。見にくいので，順位の部分を範囲指定して，［Del(ete)］キーで削除してから改めて指定する。$マークが範囲全てにつくことがわかる（図Ⅵ - 58）。$が４つもついている（$E$7：$E$11）。

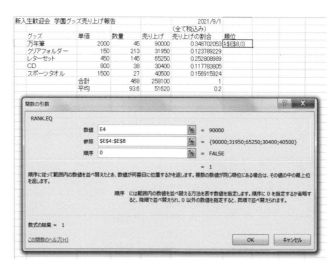

図Ⅵ - 58　「参照」を固定

　「OK」をクリックして求め，オートフィルをしてみる。今度はきちんと求められている（図Ⅵ - 59）。

新入生歓迎会　学園グッズ売り上げ報告					2021/9/1
				（全て税込み）	
グッズ	単価	数量	売り上げ	売り上げの割合	順位
万年筆	2000	45	90000	0.348702053	1
クリアフォルダー	150	213	31950	0.123789229	4
レターセット	450	145	65250	0.252808989	2
CD	800	38	30400	0.117783805	5
スポーツタオル	1500	27	40500	0.156915924	3
	合計	468	258100	1	
	平均	93.6	51620	0.2	

図Ⅵ - 59　計算結果

【確　認】固定がうまく働いている

「CD」の順位をダブルクリックして，式を確認してみよう。「参照」が固定されており，うまく求められている（図Ⅵ - 60）。

新入生歓迎会　学園グッズ売り上げ報告					2021/9/1
				（全て税込み）	
グッズ	単価	数量	売り上げ	売り上げの割合	順位
万年筆	2000	45	90000	0.348702053	1
クリアフォルダー	150	213	31950	0.123789229	4
レターセット	450	145	65250	0.252808989	2
CD	800	38	30400	0.117783805	=RANK.EQ(E7,$E$4:$E$8,0)
スポーツタオル	1500	27	40500	0.156915924	**RANK.EQ**(数値, 参照, [順序])
	合計	468	258100	1	
	平均	93.6	51620	0.2	

図Ⅵ - 60　式の確認

演習

　順位を求めてみよう。セルの固定をうまく利用しよう。わからないところは戻って解説を読んで，やり直そう。

　これで計算が全て終了した。全体を確認しておく（図Ⅵ - 61）。上書き保存を忘れずに。

新入生歓迎会　学園グッズ売り上げ報告					2021/9/1
				（全て税込み）	
グッズ	単価	数量	売り上げ	売り上げの割合	順位
万年筆	2000	45	90000	0.348702053	1
クリアフォルダー	150	213	31950	0.123789229	4
レターセット	450	145	65250	0.252808989	2
CD	800	38	30400	0.117783805	5
スポーツタオル	1500	27	40500	0.156915924	3
	合計	468	258100	1	
	平均	93.6	51620	0.2	

図Ⅵ - 61　計算終了

Ⅵ.12 表を整える1：表示形式

これ以降では，表を見やすくしていこうと思う。しかし忘れないでほしい。見やすい表はもちろん大切だが，計算が正確にできていなければ意味がない。ここまでをしっかりと理解した上で進めてほしい。

【表示形式】数値の見た目を変更する

たとえば万年筆の売り上げの割合は，「0.348702053」であるが少しわかりにくい。％で表示した方がよさそうである。100をかける場合もあるが，Excel では数値はそのまま％表示にすることができる。

ここでのポイントは，表示形式では，

＊中身は変わらない

＊見た目だけを変える

ということである。実際に Excel では見えているものと中身が異なることも多い。[26]

よく使われる表示形式は，「ホーム」タブの「数値」グループにある（図Ⅵ-62）。

図Ⅵ-62　表示形式を設定するボタン

設定をしたい場所を範囲選択しておいて，これらのボタンを使えば，それぞれの見た目になる。少し難しいのは，小数点以下の表示の「桁上げ」（🔼）と「桁下げ」（🔽）くらいであろう。

【HINTS】 計算がおかしい？

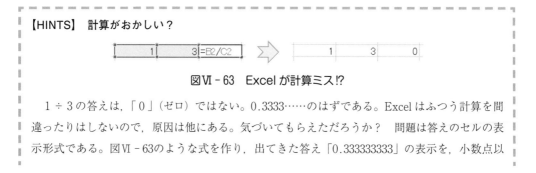

図Ⅵ-63　Excel が計算ミス!?

1÷3の答えは，「0」（ゼロ）ではない。0.3333……のはずである。Excel はふつう計算を間違ったりはしないので，原因は他にある。気づいてもらえただろうか？　問題は答えのセルの表示形式である。図Ⅵ-63のような式を作り，出てきた答え「0.333333333」の表示を，小数点以

---

[26] たとえば，「0.348702053」に見えるセルも中身は数式である。数式が参照しているセルの値が変われば，再計算され，違う数値が表示される。見た目にとらわれ過ぎないようにしなければならない理由の一つである。

下の表示の「桁上げ」（🔼）と「桁下げ」（🔽）を使って変えてみると，どうなっているかが理解できる。よくある現象である。表示形式を使うと，「0」でないものを「0」と表示したり，あるいは全く何も表示しなかったりすることもできる。このような単純な例ではわかりやすいが，たとえば「売り上げの割合」などを求めている時に「0」と表示されると，何度も式を入れ直す人も多い。

最初の状態に戻すには，「標準」を用いるが，もう一つの設定の仕方も見ておく。表示形式を変えたいセルを選んでおき，「右クリック」から「表示形式」を選ぶ方法を覚えておくと，「標準」に戻したり，様々な表示形式を使えるようになる（図Ⅵ‐64）。

図Ⅵ‐64　表示形式のダイアログボックス

【HINTS】　時間と日付には注意

　Excelでは，時間や日付も数値をベースに作り上げられている。自動で行われる処理もあり，注意して使わなければならない。

　今年の4月1日は，「4/1」と入力するが，クリックして数式バーを見てみると，「2021/4/1」などと出てくる。今年であることが追加されている（違う年にする場合，「1900/1/1」のように入力すればよい）。また，その表示形式を「標準」に戻すと，「44287」と表示される（図Ⅵ‐65）。いくつかの数値を入れて表示形式を「標準」に戻すと，そのパターンからExcelのしていること，そしてルールがわかる。「＃＃＃……」が出てきたら，セルの幅を広げよう。

同様に時刻も試してみよう。

なお，よくある質問で「日付に日本語の曜日をつけるにはどうすればよいか」というものがある。図Ⅵ-66をヒントに考えてみよう。ちなみに「y」は「year」であろう。候補がない場合，a，b，cと調べていくしかない。また，「ユーザー定義」の「種類」の下のボックスは編集が可能で，表示形式を作ることができるのがわかる。

図Ⅵ-65　表示形式と日付　　　　図Ⅵ-66　表示形式のルールを探る

演習

【整える】表示形式

以下のように「学園祭グッズ」の表も整え，セル幅も広めに調整しておこう（図Ⅵ-67）。

新入生歓迎会　学園グッズ売り上げ報告				2021年9月1日	
				（全て税込み）	
グッズ	単価	数量	売り上げ	売り上げの割合	順位
万年筆	2,000	45	¥90,000	34.9%	1
クリアフォルダー	150	213	¥31,950	12.4%	4
レターセット	450	145	¥65,250	25.3%	2
CD	800	38	¥30,400	11.8%	5
スポーツタオル	1,500	27	¥40,500	15.7%	3
	合計	468	¥258,100	100.0%	
	平均	94	¥51,620	20.0%	

図Ⅵ-67　表示形式の設定終了

Ⅵ.13　表を整える2：罫線，塗りつぶし，フォントなど

最初から表示されているグレーの線は，画面表示だけで印刷はされない。必要なところに罫線を引く。ただし，企業の決算書などを見てもわかるように，全部につけなければならないわけで

はない。見やすくなる程度でよい。

【整える】罫線

　罫線を引くには，セルを選んでおいて，「ホーム」タブの「フォント」グループにある ⊞ ▾の▼を使うか，右クリックして「セルの書式設定」から「罫線」で表示する（図Ⅵ‐68）。

図Ⅵ‐68　罫線の設定

　ここでは，以下のようにしておこう（図Ⅵ‐69）。「枠なし」を選べば，罫線は消去される。

新入生歓迎会　学園グッズ売り上げ報告				2021年9月1日	
				（全て税込み）	
グッズ	単価	数量	売り上げ	売り上げの割合	順位
万年筆	2,000	45	¥90,000	34.9%	1
クリアフォルダー	150	213	¥31,950	12.4%	4
レターセット	450	145	¥65,250	25.3%	2
CD	800	38	¥30,400	11.8%	5
スポーツタオル	1,500	27	¥40,500	15.7%	3
		合計	468	¥258,100	100.0%
		平均	94	¥51,620	20.0%

図Ⅵ‐69　罫線の設定終了

【整える】塗りつぶし

　セルに色をつけると見やすくなることがある。パターンを学んだ時に少し見たが，「ホーム」タブの「フォント」グループにある ◇ ▾や▼を使えば，セルに色を塗れる。ここではこんなふうにしておこう（図Ⅵ‐70）。

⑵　印刷のオプション設定で，行番号，列番号，枠線などを印刷することはできる。

新入生歓迎会　学園グッズ売り上げ報告				2021年9月1日	
				(全て税込み)	
グッズ	単価	数量	売り上げ	売り上げの割合	順位
万年筆	2,000	45	¥90,000	34.9%	1
クリアフォルダー	150	213	¥31,950	12.4%	4
レターセット	450	145	¥65,250	25.3%	2
CD	800	38	¥30,400	11.8%	5
スポーツタオル	1,500	27	¥40,500	15.7%	3
	合計	468	¥258,100	100.0%	
	平均	94	¥51,620	20.0%	

図Ⅵ-70　セルの色の設定終了

【整える】フォントなど

　フォントなどについては，基本的に Word と同じである。ただ Excel の単位であるセル単位で設定を行うのが普通である。1 文字ずつ変更したりはあまりしない。変更したいセルを選び，フォントなどを変更する。中央揃えなどもセルの中での中央揃えなどになる。

演習

　図Ⅵ-71の完成例のようにしてみよう。

新入生歓迎会　学園グッズ売り上げ報告				*2021年9月1日*	
				(全て税込み)	
グッズ	単価	数量	売り上げ	売り上げの割合	順位
万年筆	2,000	45	¥90,000	34.9%	1
クリアフォルダー	150	213	¥31,950	12.4%	4
レターセット	450	145	¥65,250	25.3%	2
CD	800	38	¥30,400	11.8%	5
スポーツタオル	1,500	27	¥40,500	15.7%	3
	合計	468	¥258,100	100.0%	
	平均	94	¥51,620	20.0%	

図Ⅵ-71　完成例

Ⅵ.14　いろいろな参照

　ここまでで「学園グッズ売り上げ報告」の表部分は完成であるが，より複雑な表や計算を扱うためには，数式で使ういろいろな参照の仕方を理解しておくとよい。「Ⅵ.10　必要な計算をする3」の「【対処】参照セルを固定する」などでも見たが，式が見ているセルをオートフィルをしても移動しないようにする方法である。ここでまとめて理解しておこう。これを理解していると，Excel を使うのもぐんと楽になる。なお，これに慣れたら R1C1 形式でも確かめてみよう。意外な発見がある。

【A1：$マークなし】基本

　固定されていない状態である。オートフィルをすればそれに従い上下左右，「同じ方向に」「同じだけ」移動する（図Ⅵ-72参照)。「A」にも「1」にも「$」マークがついておらず，A も 1 も自由に変わっていくことを意味している。

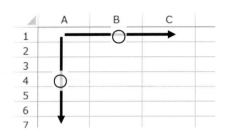

図Ⅵ-72　A1：同じだけ動く

【$A$1：両方に＄マーク】絶対に動かない

　完全に固定されている状態である。オートフィルをしても，上下左右いずれにも動かない（図Ⅵ-73参照）。「A」にも「1」にも「$」マークがついていて，Aも1も変わらないことを意味している。

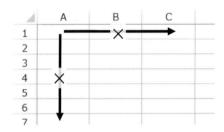

図Ⅵ-73　$A$1：動かない

【A$1：数値にだけ＄マーク】縦には動かない

　縦方向だけ固定されている状態である。縦にオートフィルをしても動かないが，横にオートフィルをすれば動く（図Ⅵ-74参照）。「A」は自由に変わるが，「$」マークがついた「1」は変わらない。1行目固定である。

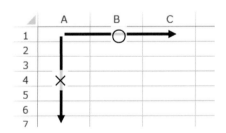

図Ⅵ-74　A$1：縦には動かず，
　　　　　横には動く

【$A1：アルファベットにだけ＄マーク】横には動かない

　横方向だけ固定されている状態である。縦にオートフィルをすれば動くが，横にオートフィルをしても動かない（図Ⅵ-75参照）。「$」マークがついた「A」は変わらず，「1」は自由に変わる。Aの列固定である。

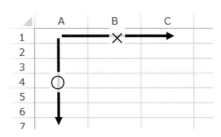

図Ⅵ-75　$A1：縦には動くが，横には
動かない

演習

　前に九九の表を作る演習をしたが，その時は数値のパターンで九九の表を作った。今回は，いろいろな参照を覚えたので，式を使って九九の表を作り上げよう。図Ⅵ-77のような表を作り，入力されている数値を参照する式を1つ左上のグレーのセルに入れて，下と右にそれぞれ1回ずつオートフィルをする。どちらが先でもよい。たとえば下にオートフィルをしておいて，そのまま右にオートフィルをする。そうすると，九九の表ができあがっているはずである。これができれば，いろいろな参照が十分に理解できたといえる。図Ⅵ-78の完成例を参考にトライしてみよう。

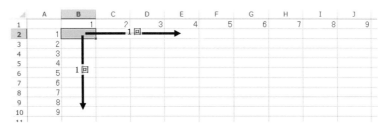

図Ⅵ-77　九九の表の準備

図Ⅵ-78　九九の表の完成例

Ⅵ.15　総合演習とこれから

　ここまでで，具体的な数値を使って説得するために必要な基本的な表作成ができるようになった。応用への足がかりもできている。何かを数字を使って証す（証明する）ことができるのである。人は数値で示されると弱い。「使っていないのはたった2％の人ですよ」は「ほとんどの人が使っているんですよ」より，説得力がある。この数字を割り出すためのスキルをつけることができたといえる。

> **演習**
>
> 　そのスキルを試すためにも，Na子と優の問題，つまり「5Gの普及率，台数の推移や，人口に対する高齢者の割合，関連プロジェクトの数などからSociety5.0の浸透を示す」ことに取り組んでみよう。データの検索（「Ⅰ.　知る」を参照）から始めて，表を組み立て，計算し，見やすくするまでを一通りやってみよう。その際，証明し，だれかを説得することをイメージしておいてほしい。

　次の章ではもっと効果的に表現できるように，データをいかにビジュアルに表せるかを学んでいこう。たくさんの数字の並んだ表を見せるより，その表をもとに作ったグラフで一目瞭然に示すことを目指す。また，データを入れ忘れた時に便利な行や列の挿入，削除，印刷も学ぼう。

┌─ コラム ─

便利さの落とし穴

　便利なことは良いこと。一般にはそう思われている。しかし本章でもふれたように，必ずしも便利さは万能ではないことも確かである。今回のコラムは趣向を変えて，Excel の便利機能を使ったために大変な目に遭う，という話をしよう。

　本章で「数値と式は必ず英語モードで」と主張した。しかしかなり多くの人が，日本語モードでも大丈夫と言う。とあるインストラクターは「ぜひ日本語モードで。便利ですよ」と語っていた。実際に Excel を使っていると，日本語入力で「１２３」と入力しても，ちゃんと「123」に直してくれている場面に出くわす。便利である。きっとこのテキストを書いている人が，うるさいだけ，と無視してきた人も多いだろう。では試してみよう。

図Ⅵ‒79　表示形式を仕組む

| 標準 | 123 | 123 |
| 文字列 | 123 | 123 |

図Ⅵ‒80　123と１２３の入力

　図Ⅵ‒79のような表を準備する。ポイントは「文字列」の下段２つのセルだけは表示形式を「文字列」にしておくことだ。

　そうしておいて図Ⅵ‒80のように４つのセル全てに「１２３」を入力するのだが，「文字列」の下段２つは日本語モードで入力する。

　すると日本語モードで入力した「文字列」の下段は，大きな文字のまま，セルの左側にくっついて，しかも緑の三角で注意が促される。セルをクリックすると出てくる注意マークをクリックしたら，「数値が文字列として保存されています」という警告が出るが，この注意，当てになる時とならない時があるのはみなさん経験で知っている。今は無視をして，さらに右側に足し算，その右側にオート SUM を用いて合計を求めてみよう（図Ⅵ‒81は途中）。どうなったであろうか？　答えはすべて同じ246のはず？　ぜひやってみてほしい。

			足し算	合計(sum)
標準	123	123	246	246
文字列	123	123	246	=SUM(C3:D3)
				SUM(**数値1**, [数値2], ...)

図Ⅵ‒81　足し算と合計

　試しもせずに，「英語モード」と「日本語モード」を行き来するのは面倒だから，最初から表示形式が文字列になっていることなどないし，セルの右側に数値が張りつくのは気になるけれど，どうせ全部246でしょ，賢い Excel なら大丈夫，と思っている人，本当にぜひぜひ確かめてみてほしい。

　実際，あるところで Web テストの成績をダウンロードしたら，点数が「文字列」になっていたことがあった。おそらくシステムの処理上の問題で，「文字列」でないとうまく処理できない理由があるの

だろう。逆に点数を入力する欄が、「文字列」で固定されていたこともある。全て数字でできあがっている学籍番号のデータが、自分の入力したものと合致しない。これも学籍番号のデータが文字列扱いになっているからだ。これは簡単に理解できる。たとえば「0123」という学籍番号は、「文字列」にしておかないと「123」になってしまうからだろう。

　オンラインのシステムは便利であるが、既存の枠組みでいろいろな処理をしようとするので、思い込んでいると落とし穴に落ちてしまう。むしろ手書きの方が向いている処理もあるくらいだ。

　ここで扱ったような少ないデータの単純処理であれば間違っていてもすぐに気づくが、たくさんのデータになったら注意していないと気づきはしない。気づくためには基本を押さえ、基本通りに確実に進めていくクセをつけておくことが重要である。

　実はややこしくなるのでふれていないが、表示形式が「文字列」のセルに「英語モード」で「123」を入れても同じ問題が起こる。「数値と式は必ず英語モードで」も完全ではない。それでも間違いを少しでも減らすことができるからそう訴える。そしてそれがなぜかわかってもらえれば、自然とExcelでの「数値」と「文字」の扱いの違いを気にするようになってもらえるからだ。報酬は100万円と言われても、Excelの金額欄が「文字列」になっていて、それを関数が参照して最終的な手取金額が出る仕組みになっていたら、銀行の口座にはいくら振り込んでもらえるのだろうか。

Ⅶ. 表 す

グラフィカルに示す：Microsoft Excel（2）

優　　：ちょっと時間はかかったけどできたね。

Na子：うん，ありがとう。できた。

　　　　こうやって数値にすればバッチリ！　と言いたいところだけど。

優　　：何？

Na子：数字がたくさんでわかりにくいかも。やっぱりビジュアルも大事よ！

優　　：また？

Na子：グラフとかにするともっとわかりやすくなると思うの。

優　　：そうねぇ。グラフにすると変化や傾向がわかりやすいものね。

Na子：高齢化と5Gの普及率を並べたりして。

優　　：やってみましょうか？

Na子：私にもできる？

優　　：大丈夫。計算は出てこないから。

　　　　それに，これも基礎だけ押さえればOK，後は何とかなる。

Na子：へぇ，そうなの？

優　　：そうなのっ！

Na子：じゃあ，もう少し頑張る。

優　　：当たり前でしょ。ビジュアルを重視してるのは，Na子なんだし。

Na子：BEで頑張る。

優　　：何それ？　また何か未来の技術？

Na子：えっ，知らない？

　　　　ベスト・エフォートよ。

優　　：あぁ，それなら知ってる。情報の授業で聞いたことある。

　　　　最善を尽くすけど，失敗したら許してね，っていう人間っぽいやつ。

　　　　あなたは，Netですか？

Na子：ある意味ではね。

Ⅶ.1 なぜグラフにするのかを知る

数値をグラフとして表す前に，なぜグラフにするのか，つまりグラフにするとどんなメリットがあるのかを考えておこう。これを考えておかないと，何を目的にグラフを作るのかが定まらなくなり，あってもなくてもよいような中途半端なグラフを作ってしまい，時間を無駄にする危険性がある。

メリット1：目を引く

グラフは「見た目がよい」から使う，というのはあながち間違いではない。グラフにするだけでも注意を惹き，詳細がわからなくても，なんとなくいいたいことの雰囲気が伝わるというのは優れた特徴である。たとえば図Ⅶ−1は，実際には存在していない数値やラベルを使ったグラフであるが，一番右のデータを強調したいのだろうという雰囲気が伝わるのではないだろうか。このようにグラフを使えば，見ている人の注意を惹き，推したい部分を強調できる。

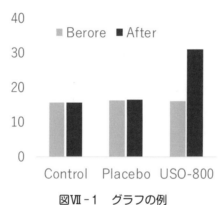

図Ⅶ−1　グラフの例

メリット2：理解する際の敷居が低い

数値が並んだ表は，理解する際の敷居が高く，見ただけで身構える可能性がある。たとえば図Ⅶ−2の表とグラフの内容は同じで，いずれも5つの項目について4期分のデータ（たとえば5人の売り上げ）を示したものであるが，表の方が全体像をつかみにくいのではないだろうか。これは，全体の傾向を把握する場合には「読み込む」こと，つまり数値を総当たり的に比較していく作業が必要となるためである。これは非常に面倒な作業なので，図Ⅶ−2左側の表のような数字の羅列を見ると，理解する気が削がれてしまうかもしれない。

これに対して，グラフなら見ただけである程度の特徴がつかめる。図Ⅶ−2の右側のグラフであれば，Aの数値が全体的に高いことや，Dが急激に伸びていること，Bが下降の一途にあることなどを見て取れる。また，2期に全体の数値が下がっていることから「何かあったのでは？」と推測するかもしれない。

もちろん，表にも，数値を正確に知ることができるというメリットがある。グラフを見て全体

	1期	2期	3期	4期
A	2,792	1,954	3,959	3,751
B	2,321	1,124	989	534
C	1,566	1,389	1,464	1,572
D	921	789	2,332	4,655
E	524	322	624	1,020
合 計	8,124	5,578	9,368	11,532

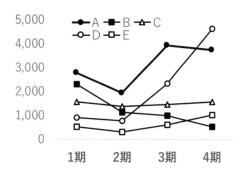

図Ⅶ-2　表とグラフ

の推移などを把握した後は，細かな数値に興味が出ることもあるだろう。そのような時には，やはり数値が必要となる。つまり，表とグラフは用途が異なるのである。

メリット3：理解を誘導する

　グラフにする最大のメリットは，理解を誘導できることである。誘導というと聞こえが悪いなら，自分が伝えたいことを強調できる，と言い換えてもよい。たとえば図Ⅶ-3の(a)～(c)は，図Ⅶ-2と同じデータから作ったものであるが，それぞれ伝えたいことが異なっており，(a)なら1期から4期を並べることで，時期による違いに注意を導き，特に2期に数値が低かったことを強調している。これに対して(b)は時期ごとにA～Eの内訳を示すことで，時期による違い（3期と4期に急成長した）と，その違いが起きた理由（Dが大きく増えた）を同時に示している。また，(c)は横軸をA～Eにすることで，それぞれの違いに注目させ，その上でDが4期に躍進し，BやCを追い抜いたことを強調しようとしている。

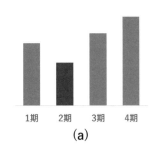

(a)

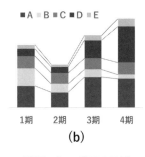

(b)

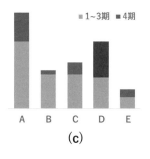

(c)

図Ⅶ-3　グラフの例

　以上を整理すると，グラフは見る人の注意を惹いた上で，データを見る気にさせ，理解を誘導することにある，ということになろう。つまり「なぜグラフにするのか」に対する答えは「自分の主張をスムーズに受け入れてもらうため」となる。このため，自分が何を伝えたいのか，そのためにはどんなグラフに仕立てればよいのかという2点を意識することが，グラフを効果的に使うコツといえるだろう。

Ⅶ.2 「表す」ロードマップ

では早速，グラフを作る手順を確認しよう。グラフは以下の順で作ると効率がよい。

使うグラフを選ぶ → データを表にする → グラフを作る → グラフを整える

なお，これより前の段階として，多くのデータ（データベース）から必要な情報だけを抜き出して整理するという工程が入る場合もあるが，これについては「Ⅹ. 整える」で学ぶことにしよう。

Ⅶ.3 使うグラフを選ぶ

最初に，伝えたいことに合わせてグラフを選ぶ。グラフは様々な種類があるが，ここでは特によく使うグラフに絞って，どんな場合に使うのかを確認していこう。

比較して差を強調する

2つ以上のデータを比較して，その差を強調したい場合には棒グラフを使う。

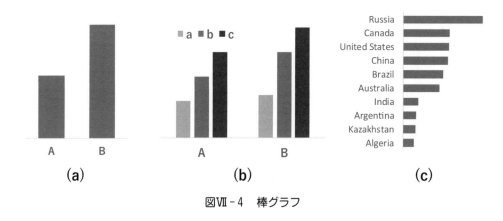

図Ⅶ-4　棒グラフ

たとえば図Ⅶ-4の(a)は2つのデータの比較であり，「サプリ服用前後の身長」や「公立小学校と私立小学校の勉強時間」など，2つの差を強調したい時に使える。

また図Ⅶ-4の(b)は，データを3つずつ2組に分けて示している。このような示し方は「『男女別』の『朝・昼・晩の摂取カロリー』」や「『公立小学校と私立小学校』の『3教科の平均点』」など，2つの視点からデータを見てほしい時に使える。つまり前者であれば「男女で差があるか」と「朝昼晩で差があるか」という2点からデータを比較することを促す。

さて，棒グラフといえば縦向きのもの（縦棒グラフ）が一般的であるが，以下のような場面では，図Ⅶ-4の(c)のような横棒グラフも効果的に使える。[(1)]

・項目名が長い時

---

(1)　他にも「人口ピラミッド」のように，データを2つずつ対比して示すという使い方もできる。

・縦長のスペースしか利用できない時

・項目数が多い時

・順序や順位を示す場合

　この中でも，順序や順位を示す場合には縦棒グラフより横棒グラフが向いている。これは，順位の高いものが上，低いものが下という序列が直感的にわかりやすいからである。横棒グラフを単なる棒グラフのバリエーションと考えていてはもったいない。ぜひ，独特の効果を狙って使うようにしよう。

推移を見せる

　2つ以上のデータを並べ，データが推移していることを強調したい場合には，折れ線グラフを使うとよい。

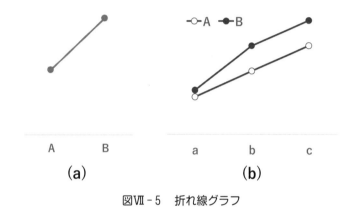

図Ⅶ-5　折れ線グラフ

　たとえば図Ⅶ-5の(a)は図Ⅶ-4の(a)と同じく2つのデータの比較であるが，「サプリ服用前後の身長」や「夏休み前後の睡眠時間」が伸びていること，つまり時系列に沿って左から右にデータが変化していることを強調できる。折れ線グラフと同じことは棒グラフでも表現できるが，「サプリ服用前後の身長」であれば，棒グラフ（図Ⅶ-4(a)）よりも折れ線グラフ（図Ⅶ-5(a)）の方が，身長が伸びていく様子を直感的に伝えられる。[2]

　同様に，図Ⅶ-5の(b)は図Ⅶ-4の(b)と同じデータを折れ線グラフにしたものであるが，やはり横軸の変化に伴う推移が強調されていることがわかるだろう。

　それと同時に，図Ⅶ-5の(b)では，2本の折れ線を比較することで，AよりBの数値が高いことも示すことができる。この図のAとBのように，データを何種類かに区分した時，それぞれの区分に入っている一連のデータは「データ系列」と呼ばれている。複数のデータ系列を1つのグラフの中に示せば，最初に図Ⅶ-2で示した折れ線グラフのように全体的な傾向を伝えやすくなるが，データ系列が多すぎると線の見分けがつかなくなるので注意が必要である。

---

(2) これは，線が「だんだん変化していく様子」を表すからである。したがって，横軸が連続的に変化している場合（2つの項目の中間の値がある：時間，気温，値段，人数など）は棒グラフでも折れ線グラフでも使えるが，そうでない場合（2つの項目の中間の値がない：グループ名，場合分け，品種など）に折れ線グラフを使ってはいけない。

シェアを示す

「Ⅵ．証す」で学んだように，シェアを示す時には円グラフやドーナツグラフも使われる。

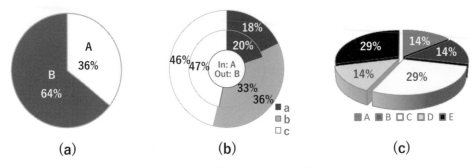

図Ⅶ-6　円グラフとドーナツグラフ

図Ⅶ-6の(a)で示したものは，図Ⅶ-5の(a)と同じデータであるが，円グラフを使うことにより A と B のシェアの差が強調されていることがわかる。なお，円グラフで一度に示せるデータ系列は 1 つに限られるため，それ以上のシェアを示したい場合には別の方法を採ることになる。⁽³⁾

2 系列以上のシェアを同時に示したい場合は，図Ⅶ-6の(b)のようなドーナツグラフが使える。このグラフは図Ⅶ-5の(b)と同じデータを用いているが，a・b・cそれぞれのシェアに焦点を当てることで，A（内側）でもB（外側）でもa・b・cのシェアが同等であることを強調している。

このように，円グラフもドーナツグラフも直感的に理解できる点で優れているが，その直感が実際の数値と合わない場合があるという弱点がある。たとえば図Ⅶ-6の(b)のaに注目してみると，外側（B）のシェアは18%しかないのに，20%ある内側（A）よりも大きく見える。さらに図Ⅶ-6の(c)のように円グラフを立体的に表示すると，同じシェアでも違う大きさに見えてしまうことがわかるだろう。このため最近は円グラフやドーナツグラフが敬遠される傾向があるが，それでも使う必要がある場合には，図Ⅶ-6のようにシェア（あるいはシェアと実数）を数値で併記しよう。

別の方法でシェアを示す

円グラフやドーナツグラフ以外でシェアを示したいなら，積み上げ棒グラフを使う方法がある。

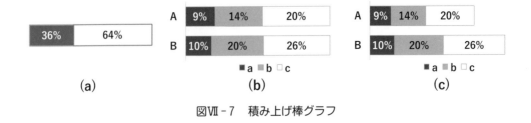

図Ⅶ-7　積み上げ棒グラフ

---

(3) 複数のデータ系列を扱うために，円グラフを複数使ったり，大きな円グラフの周囲に小さな円グラフを並べたりすることはあるが，その場合でも 1 つの円グラフが示せるのは 1 つのデータ系列のシェアである。

　図Ⅶ－7の(a)と(b)は「100%積み上げ棒グラフ」の例であり，図Ⅶ－6と同様にシェアや，その内訳を見て取ることができる。

　積み上げ棒グラフには，図Ⅶ－7の(c)のように最大値を100%に定めないものもあり，こちらであれば，それぞれのデータ系列の全体量も比較できる。なお，積み上げ棒グラフは横棒グラフで示されることが多いが，横軸で推移を表現したい場合は，図Ⅶ－3の(b)のように，縦棒グラフを使うと効果的である。

演習

1．以下の(ア)～(ウ)の目的に合っているグラフはどれか，図Ⅶ－4～図Ⅶ－7の中から選んでみよう。この時，できればそれぞれの説明を見ないようにしよう（解答は脚注を参照）。[4]

　(ア)学習塾に生徒を呼びたいので，入塾前と入塾後の成績（5教科の平均点）を見せて，入塾後に成績が上がることを示したい。

　(イ)ペットについての研究結果を発表するため，犬と猫のどちらが多く飼われているかと，飼い主の男女比を同時に示したい。

　(ウ)書店で，書籍の売り上げ部数ランキングのポスターを作る。多くの書籍を紹介したいので，1～30位までを1つのグラフにまとめたい。

2．ここで示したグラフ以外にも，「散布図」や「レーダーチャート」「ウォーターフォールチャート（滝グラフ）」などがある。これらがそれぞれどのようなグラフか調べるとともに，どんな目的で使えそうか考えてみよう。

Ⅶ.4　データを表にする

　使うグラフが決まったら，それに合わせて表を作る。今回は練習として図Ⅶ－4～図Ⅶ－6のグラフの元となる表を作る。以下の説明はExcelを用いて行うので，Excel，あるいは同様のアプリが利用できる場合には，実際にデータを入力しながら読み進めてほしい。

グラフにするための表を作る

　まず，図Ⅶ－8の(a)のように項目（AとBの部分）とデータ（50と90の部分）を入力しよう。罫線や色は任意であるが，わかりやすく整えておくと，あとで見やすい。なお，「(a)」や「(b)」の文字は入力しなくてよい。データ系列が1つの場合，項目の並べ方に決まりはないが，(a)のように項目を縦に並べると文字数が多くてもコンパクトに収まる（項目を横に並べると，文字数に応じて

⑷　(ア)入塾前後という2つのデータを比較するので図Ⅶ－4の(a)でもよいが，図Ⅶ－5の(a)を使えば，時間の経過に伴って平均点が上昇したこと，つまり「入塾後に伸びた」ことをアピールできる。

　(イ)量の比較とシェア（男女比）を同時に示せるのは，図Ⅶ－7の(c)である。

　(ウ)量を比較したいので棒グラフを使う。特に，項目数が多いことと順位であることを考慮すると図Ⅶ－4の(c)のような横棒グラフの使い勝手がよい。

139

どんどん横長の表になってしまう)。

　同様にして図Ⅶ-8の(b)を参考に，項目とデータの部分を入力し，見た目を整えよう。データ系列が2つの場合，縦に項目を並べ，その細目を横に並べることが多い。今回であれば図Ⅶ-4～図Ⅶ-6の(b)のように，まずデータをAとBに分け，さらにそれをa，b，cに細分して示すので，このように入力している。

　なお，ここでは架空の数値をダイレクトに入力しているが，集計を行っている場合には，その値を参照して表を作ることになる。

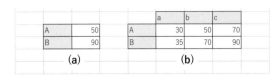

図Ⅶ-8　グラフにするための表を作る

Ⅶ.5　グラフを作る

　表からグラフを作る方法はアプリによって異なるが，大別すると「データを指定したあとグラフを作る」か，「グラフを作ってからデータを指定する」かの2通りがある。Excelではどちらの方法も採れるが，ここでは前者の方法を紹介する。

データを指定する

　まずは図Ⅶ-8の(a)のデータを選んでみよう。この時，データの数値だけでなく項目も含めて選んでおくと，あとでグラフになった時に項目ラベルが反映される（図Ⅶ-9の(a1)）。これに対して，数値だけを選ぶと項目は反映されず，自動的に番号が割り振られる（図Ⅶ-9の(a2)）。

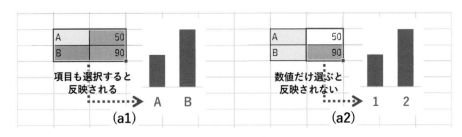

図Ⅶ-9　選択範囲とグラフの関係

グラフを選ぶ

　範囲を選択したら，グラフを挿入しよう。Excelでは「挿入」タブにある縦棒グラフや折れ線グラフなどのアイコンをクリックすると，さらに細かな分類が表示されるので，目的のものを選ぶだけでよい（図Ⅶ-10）。ここでは練習として，棒グラフ，折れ線グラフ，円グラフを作ってみよう（最も基本的なグラフは，左上隅のものである）。なお，不要になったグラフは，クリックで選択してから［Delete］キーを押せば消せる。

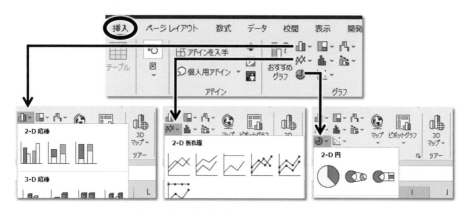

図Ⅶ-10 挿入タブを押してグラフを選ぶ

Ⅶ.6 グラフを整える

　作ったグラフを利用するためには，用途に合わせてグラフを整えておく必要がある。とはいえ，基本となる操作は，調整する，消す，追加するの3つなので，気構える必要はない。基本さえ知ってしまえば，細かいことを覚えておく必要はないし，失敗しても［Ctrl］＋［Z］あるいは［option］＋［Z］で「元に戻す」ことができる。使っていくうちに自然と身につくものなので，いろいろと興味をもってふれてみてほしい。

グラフを作る

　まずは先ほど使わなかった図Ⅶ-8の(b)のデータを使って，図Ⅶ-11のような棒グラフを作っておこう。グラフを作る時には，表の左上隅の空きセルから，項目とデータが全て入るようにデータを選ぶようにする（図Ⅶ-11）。以降では，Excelを使ってこのグラフを整えながら，基本を確認していく。

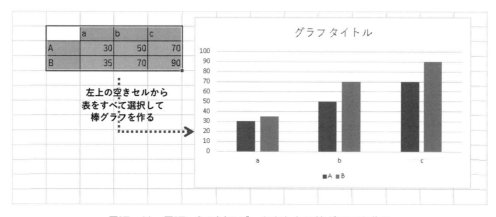

図Ⅶ-11　図Ⅶ-8の(b)のデータをもとに棒グラフを作る

大きさを変える

　グラフを選択すると，Wordの図と同じように（「V．魅せる」参照）グラフの周囲に枠線とハンドルが表示される。ハンドルにマウスポインタを乗せ，マウスポインタが両矢印の形になった状態でドラッグすればグラフの大きさが変わり，それに合わせてグラフ各部が自動的に調整される（図Ⅶ‐12）。また，ハンドル以外の枠線の部分にマウスポインタを乗せればマウスポインタが十字矢印に変わるので，その状態でドラッグすればグラフを移動できる。

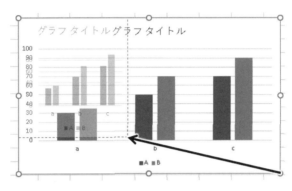

図Ⅶ‐12　ハンドルと大きさの調整

グラフ要素の確認

　図Ⅶ‐13で示したように，グラフはいくつものパーツ（グラフ要素）で構成されていて，それぞれ細かく調整することができる。たとえば，それぞれのグラフ要素をクリックすれば枠線が表示されるので，それをドラッグすればグラフ内での位置を調整できる。また，クリックした時にハンドルが出るもの（グラフタイトル，凡例，プロットエリア）は，ハンドルで大きさを調整できる。

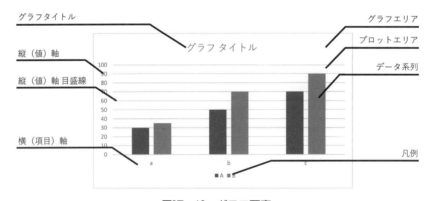

図Ⅶ‐13　グラフ要素

【グラフタイトル】

　名前の通り，グラフのタイトル。テキストボックスと同じように，フォントや色などを設定できる。

【縦（値）軸】

グラフの縦軸。線の色（図Ⅶ‐13では無色）や向きのほか，目盛りの最大値や最小値，単位（目盛りの間隔）を設定できる。

【縦（値）軸目盛線】

グラフの縦軸に対応した目盛り線。図Ⅶ‐13でノートの罫線のようになっている線分全てを指す。線の色や太さなどを設定できる。

【横（項目）軸】

グラフの横軸。線の太さ以外にも，項目の向き（縦・横・斜めなど）を設定できる。

【グラフエリア】

グラフの下地。図Ⅶ‐13のように，最初は白色に設定されているが，他の色や写真なども設定できる。また，線の色を「なし」にすることで，グラフの周囲の枠線を消せる。

【プロットエリア】

データ系列の背景。線の色を「なし」にすることで，グラフエリアとプロットエリアを区切っている枠線を消せる。[5]

【データ系列】

グラフの「本体」で，棒グラフであれば棒の色や枠線の色，棒の重なり具合などを設定できる。また，折れ線グラフなら線の色やマーカーの色などを設定できる。グラフの見た目を左右するので，可能ならば時間をかけて調整したい。

【凡 例】

グラフ内の色や線の違いが何を表しているのかを示す見本。「はんれい」と読む。

グラフ要素の書式設定

以上で示したグラフ要素は，書式設定によって表示内容などを細かく設定できる。それぞれのグラフ要素をダブルクリックするか，右クリックした上で「○○の書式設定」を選ぶと，図Ⅶ‐14のように設定パネルが開く。[6] 図Ⅶ‐14では，縦軸の範囲の数値を変更することで，グラフの見た目を調整しているが，他にも様々な設定が可能なので，実際に数値や色などを変更して，どのような変化があるか確認してみよう。

ここでも，大切なのは「覚えること」ではなく「知ること」である。書式設定ができることさえ知っておけば，細かい内容を覚えていなくても，目的に応じて操作できるようになる。

---

(5) 分野にもよるが，近年では縦（値）軸目盛線，プロットエリアの線，グラフエリアの線などは消される傾向がある。

(6) パネルの表示内容は「グラフタイトルの書式設定」や「凡例の書式設定」のように，選んだグラフ要素の名前に合わせて変わる。また，書式設定のパネルを開いたあとで，別の要素をクリック（注意：右クリックではない）すれば，そのグラフ要素の書式設定パネルになる。これは論より証拠で，実際にやってみればわかる。

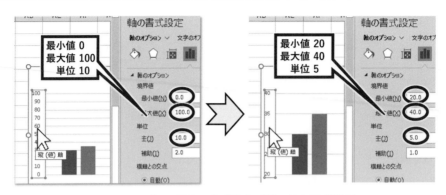

図Ⅶ-14　グラフ要素の書式設定（例：軸の書式設定）

【HINTS】　行列の入れ替え

　図Ⅶ-11～図Ⅶ-14は，図Ⅶ-4の(b)とはデータ系列の表示が異なっていることに気づいただろうか。図Ⅶ-4では，まずAとBでデータを分け，さらにそれをa, b, cに分けている。しかし図Ⅶ-13では，先にデータをa, b, cで分け，それをAとBに分けて示している。こうしたデータ系列の順序（分け方）は，グラフを選択した時に表示される「デザイン」タブ内の「行/列の切り替え」をクリックするたびに切り替えられる（図Ⅶ-15）[7]。

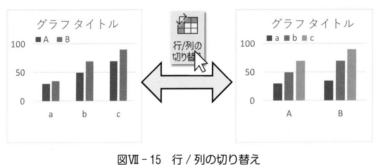

図Ⅶ-15　行／列の切り替え

消　す

　それぞれのグラフ要素は，クリックで選択したあとに［Delete］キーを押すことで削除できる。またグラフタイトルの文字は，テキストボックスと同様に編集することもできるため，グラフタイトル自体を削除するにはグラフタイトルの枠線をクリックしてから［Delete］キーを押す必要がある。

　グラフの元になっている表からデータを消すと，それに応じたデータ系列がグラフ内から削除される。あとで［Ctrl］＋［Z］あるいは［option］＋［Z］とすれば「元に戻す」ことができるので，一度試してみよう。

---

(7)　Excelでは，項目数が多いデータ系列で分けてから，項目数の少ない系列を分ける。このため最初は「a, b, c」で分け，それを「AとB」で分ける。

追加する

　グラフ内に含まれていないグラフ要素は，別途追加できる。追加の仕方はアプリによって様々で，Excel でさえバージョンによって違いがある。Excel の場合，グラフを選択した時だけメニューのタブの上に表示される「グラフツール」という欄に，「デザイン」や「書式」などのタブがあるので，その中から「グラフ要素の追加」のような名前の機能を探してみよう[8]。

　グラフの元になっている表にデータを追加すると，それに応じたデータ系列がグラフ内に現れる。たとえば Excel では，図Ⅶ-16のように列の記号（上端のアルファベット部分）を右クリックするとメニューが表示されるので，その中にある「挿入」を選択すると列が挿入され[9]，それに合わせて表に空欄ができるとともに，グラフにも空間ができる。ここで表の空欄に数値や項目名を入れれば，それがグラフにも反映される。

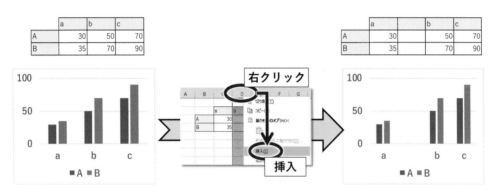

図Ⅶ-16　列の挿入とグラフの変化

範囲を調整する

　グラフを選択した際に表示される「データ範囲」[10]を動かすと，それに伴ってグラフの表示内容が変わる。たとえば図Ⅶ-17の左側は，図Ⅶ-16の左側の表に「d」のデータを加えたものであるが，データ範囲は a ～ c のデータだけなのでグラフは図Ⅶ-16と同じになっている。これに対して，データ範囲の右下の角にある「■」の部分をドラッグすれば，図Ⅶ-17の右側のようにデータ範囲が広がり，それに合わせてグラフの内容が変化する。

---

(8)　Excel に限らず，Word や PowerPoint でも，図や表，グラフなどを選択した時にしか現れないタブがある。それぞれのタブの中には，今，選択されているもの（オブジェクト）に関連した機能が詰まっているので，いろいろ選択して，機能を見つけてみよう。そうしていろいろな機能を探した経験があれば，バージョンが変わっても目的の機能にたどり着くことができる。

(9)　ここでは列を挿入したが，行番号（左端の欄外，数字部分）を右クリックして「挿入」すれば，行を挿入することもできる。列の挿入，行の挿入とも，表やデータを入力した後で空間を確保したい時に便利であるが，それによってグラフの大きさが変わったり，他の表まで空欄ができたりすることがあるので注意して使う必要がある。

(10)　正式名称ではないが，ここではグラフの元になっているデータの範囲のことを，こう呼称する。なお，複雑なグラフの場合にはデータ範囲が表示されないこともある。

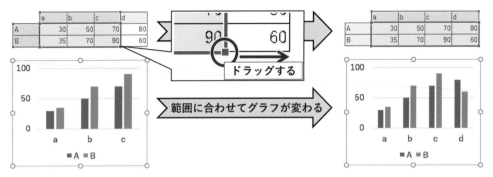

図Ⅶ-17　データ範囲とグラフの変化

演習

1. 図Ⅶ-13のように，ここまで調整してきたグラフには縦軸ラベル（「身長」や「成績」など，縦軸の数値が何を示しているのかを表示するラベル）と横軸ラベル（「男女」や「時間帯」など，横軸が何で区分されているのかを表示するラベル）がない。そこで，縦軸ラベルと横軸ラベルを追加した上で，それぞれの表記内容と，グラフタイトルを編集してほしい。この時，何を書くのかは自由とするので，「男女で身長を比較するグラフ」や「時間帯によるゲームスコアの違い」など，このグラフが表している内容を考え出そう。
2. 図Ⅶ-8の表をもとに，図Ⅶ-7の(a)〜(c)のグラフを作ってみよう。なお，積み上げ棒グラフは円グラフのように数値をシェアに置き換えてくれないので，表の数値からシェアを計算して，別表を作る必要がある。

Ⅶ.7　グラフを印刷する

　完成したグラフは，Word や PowerPoint で利用することが多いと思うが，その解説は「XII. 創る」で行うことにして，ここでは表やグラフを印刷する方法にふれる。

　Excel の印刷は Word と同じで，基本的には「ファイル」タブから「印刷」を選択すればよい。ただし，Excel には Word のような「ページ」がないため，印刷する範囲を適切に指定しないと，想定と異なる範囲が印刷されてしまうことがある。たとえば図Ⅶ-18では，グラフの右の方がページの区切り線から出てしまっているため，このままではグラフの右端が2枚目に印刷されてしまう。

---

(11)　図Ⅶ-18では「1枚目」と「2枚目」という表示の間にある点線が，印刷範囲の境界を示している。この点線は，「印刷」を選択したあとで編集画面に戻ると表示される。

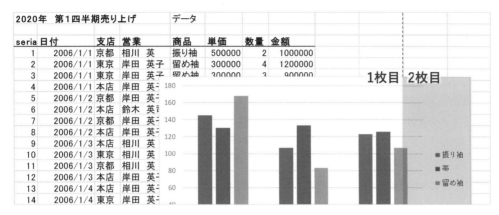

図Ⅶ－18　印刷範囲

　このため範囲を決めて印刷したい場合は，あらかじめ範囲を指定しておくとよい。図Ⅶ－19は
その際の手順である。まず，(1)のように印刷したい範囲を設定しておき，「ファイル」タブの
「印刷」を開く。次に(2)のように２か所の設定を変える。１つめは「選択した部分を印刷」にす
ること，２つめは「シートを１ページに印刷」である。設定を変更すると，設定パネルの右側に
印刷プレビューが表示されるので，(3)のようになっているかどうかを確認する。印刷プレビュー
は，印刷する前に必ず確認しておこう。

　なお，グラフを選択して「印刷」を行うと，選択したグラフだけが印刷される。これは印刷プ
レビューで確認できるので，一度試してみよう。

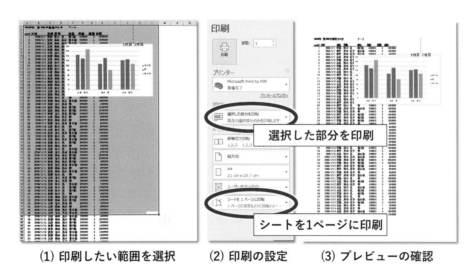

(1) 印刷したい範囲を選択　　(2) 印刷の設定　　(3) プレビューの確認

図Ⅶ－19　範囲を設定して印刷する方法

┌─ コ⃝ラ⃝ム⃝ ─

カラーユニバーサルデザイン

　　よいグラフを作ろうとするとデザインに多くの時間を割くことになるが，その際によく悩むのがグラフの配色ではないだろうか。レポートや配布資料であれば，白黒でコピーされることを想定して，最初から白と黒を基調に色を置いていくか，「Ⅴ．魅せる」の「Ⅴ.5　図形の書式を設定する」で示したように「パターンで塗りつぶす」といった方法で区別できるようにするが，Web サイトやパンフレット，プレゼンテーションなどに載せるのならば，色とりどりに飾り，できれば「美しい」や「センスがある」との評価を獲得したいところである。では，グラフにとってよい色とは何だろう。

　　「自分の主張をスムーズに受け入れてもらうため」グラフを作るのであれば，受け入れやすい色を使うことは必須の条件となる。どれだけ美しい色でも，絵として優れていても，伝わらなければ意味がない。2020年春，ある大手コンビニエンスストアがプライベートブランドのパッケージデザインを一新した時，消費者から戸惑いの声が多く上がったのも，このせいである。統一感を重視したデザインは親しみやすく，画期的であったが，その代償として商品が見分けにくくなってしまったのである。プライベートブランドのようにイメージを重視する場合には見分けやすさを犠牲にすることも戦略の一つだが，短時間に自分の主張を伝えたいグラフでは，それが上策とは限らない。

　　万人が受け入れやすい配色を使うことは「カラーユニバーサルデザイン」と呼ばれる[12]。これは，私たちの色の見え方の多様性を考慮したもので[13]，赤・青・黄色などの色の違い（色相）だけに頼らず，明るさや鮮やかさなども変えることで，色の見え方の個人差にかかわらず誰が見ても情報が伝わるようにするという考え方である。

　　カラーユニバーサルデザインを少々乱暴にまとめれば，「白黒コピーにしても伝わるデザイン」を目指す，ということになる。その上で，色を使う場合には，なるべく多くの人が見分けられるものを選べばよい。たとえば，グレーを基調としながら，強調したい部分だけ青（多くの人が見分けられる色）にしたり，青，やや薄い青，薄い青のように同じ色相で明るさだけを変えたりすれば，カラーで表示した時は美しく，白黒で印刷しても見分けやすくなる。

　　自分がデザインしたグラフがどのように見えるのかをテストしたい場合，様々な手段が用意されているので，それらを活用すればよい。たとえばスマートフォンのアプリや特殊な眼鏡を使えば色覚の多様性をリアルに体験できる[14]。また，白黒コピー時の見えを確認するだけであれば，グラフを図として貼り付けて[15]，「書式」から「色」を「グレースケール」に変換する方法や，白黒印刷に設定した上で印刷プ

---

(12)　詳しくは「特定非営利活動法人カラーユニバーサルデザイン機構（CUDO）」の Web サイト（https://www.cudo.jp/）や，福島県のカラーユニバーサルデザインガイドブック（案内として https://www.pref.fukushima.lg.jp/sec/16005c/ud-cudguide.html ）を見てみよう。

(13)　多くの人は，赤，青，緑の3色の光を識別できるが，そのうちの2色，あるいは1色だけを識別できる人や，もう1種類の赤を加えた4種類を識別できる人もいる。つまり，私たちの色の見え方にも，髪や肌の色と同じように個性がある。

(14)　一例に「色のシミュレータ」（https://asada.website/cvsimulator/j/index.html）や「色のめがね」（https://asada.website/chromaticglass/j/）がある（最終アクセス2020年12月10日）。

(15)　「Ⅻ．創る」参照。

レビューを見る方法がある。

　私たちの想像力は，制限されればされるほど一層自由になる。カラーユニバーサルデザインを「足か
せ」ではなく，発想を豊かにしてくれる「翼」だと思えば，デザインは一層楽しくなる。

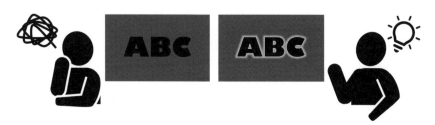

Ⅷ. 導　く

誘導ツール：Microsoft PowerPoint

優　　：やったね。これも協力したおかげ。

Na子：ほめられたね。

　　　　ほんと，優のおかげ。

優　　：内容は，かなり Na子にアドバイスもらったけどね。

Na子：レポート内容は AI に訓練されてるから。

　　　　でも，パソコンは優のおかげよ。

優　　：だけど，おまけがついたねぇ。

Na子：ついたねぇ。ほめられたのはいいんだけど。

優　　：発表しなさいって。

Na子：プレゼンのことよね。

優　　：やっぱり向こうでは7D ホログラムでするの？

Na子：そうね。ぜんぶ VR でもいいけど AR には AR のよさがあるわ。

優　　：VR ってヴァーチャルリアリティのことよね。

Na子：AR は，拡張現実。

優　　：テーマパークみたい。そんなツールなんて。

Na子：この時代じゃ，ないんでしょうね。

優　　：あるのはあるんだけど。

Na子：あるんじゃん。

優　　：でも，写真とアニメーションと音だけよ。

Na子：大丈夫，それだけあればなんとかなる。

優　　：ん？

Na子：プレゼンはパフォーマンス。画像やキーワードで伝えながら，おしゃべりとボディーランゲージと音で引きつけるのよ！

優　　：Na子，踊り出しそうね。

Na子：踊ってもいいわよ。

Ⅷ.1　「導く」ロードマップ

　プレゼンテーション（以下，プレゼン）は，専門の書籍が数多く出版されるほどニーズが高く，また奥深いスキルである。したがって，プレゼンの具体的なテクニックや画面構成などの解説はそれらの書籍に譲り，ここではプレゼンの初歩と，それを実践するのに必要なスキルだけを解説することにする。それらを知っておけば，専門書を読む時のベースとなるだけではなく，少なくともプレゼンを求められた時に途方に暮れることはなくなるはずである。

　プレゼン用のアプリには様々な種類があるが，現在最も多く使われているのは，文字やグラフなどを配置したスライドを，紙芝居のように上映するという方式（スライドショー）である。[1]この方式は TV や Web でも多く使われるため，一度は目にしたことがあるのではないだろうか。

　紙芝居式のプレゼンアプリとして広く使われているのは PowerPoint で，他のツールもこれに準じていることが多いため，ここでは以下の手順に沿って，PowerPoint でプレゼンを作る方法を紹介していく。

目的を定める　→　スライドを構成する　→　スライドを飾る　→　動きをつける　→　発表する

Ⅷ.2　目的を定める

　グラフと同様に，プレゼンも目的を把握しておかないと無駄になる。いや，伝わらなければ読み飛ばされるグラフと違い，プレゼンは聞き手の時間も消費するため，意味のないプレゼンはマイナスにすらなり得る。そこで以下では，プレゼンの目的を3種類に分けて概観していく。

感動を導く

　1つめは，聞き手の感情を揺さぶり，喜怒哀楽を引き出すことを目的としたプレゼンである。たとえばスピーチコンテストで自分の体験を語って感動させたり，視聴覚効果を駆使した怪談で恐怖を煽ったり，コントで笑いを誘ったりするのがこれにあたる。心を動かすことが主な目的であるため，何かを理解させたり具体的な行動を起こさせたりすることは考えない。

理解を導く

　2つめは，聞き手に自分の発見や考えを理解してもらうことを目的としたプレゼンである。たとえば学会で自分の考えや研究成果を発表して納得させたり，調べたことをゼミで発表して他のメンバーに知識を提供したり，保護者会で修学旅行の予定を説明して内容を理解してもらったりするのがこれにあたる。自分と同じ視点や理解に導くことが目的であるため，具体的に何らかの行動を促すわけではない。

---

(1)　そのほかの形式には，1枚の大きなスライドがあり，必要な部分をクローズアップして見せるものや，プロモーションビデオのような動画を作るものなどがある。

行動を導く

3つめは，聞き手に何らかの行動を起こしてもらうことを目的としたプレゼンである。たとえば新商品の魅力を巧みに伝えて購入を促したり，フードロスの悪影響を説いて削減へ協力を求めたり，様々なメリットがあることをアピールして企業を誘致したりするのがこれにあたる。相手に何か具体的なアクションを起こしてもらうことが目的なので，スピーチや説明に終わってはいけない。

大切なのは，目的に沿ってプレゼンを構築することである。たとえば，感動を導きたいのであれば言葉を尽くすよりも写真を1枚見せた方が効果的かもしれないし，理解させたいのであれば聞き手が受け入れやすいグラフを使うよう気を配るべきである。また，相手にアクションを起こしてほしいのであれば，どうやったら動いてくれるのか，言い換えるならば相手が「動く理由」を考え，それを刺激するように全体を組み上げていく必要がある。たとえば商品を買ってほしいのであれば，単に商品の特徴や価格をアピールするのではなく，商品の魅力を共有し，それがある生活を想像してもらうこと，つまり相手がメリットを感じるよう導く方が効果的だろう。

Ⅷ.3　スライドを構成する

プレゼンの目的を確認したら，全体の構成を考えながら，それをスライドに載せていく。話の流れに合わせて，スライドを作ったり，編集したり，順序を入れ替えたりする地道な作業が続くが，実は非常に大事な工程である。ここをしっかりしておけば，装飾する技術が足りなくても「伝わる」プレゼンを作ることができるし，何を伝えればよいのかを自分の中でも整理できるため，自信をもって話すことができる。逆に，ここをおろそかにすると，華やかだが中身のないプレゼンになったり，発表者自身でさえストーリーを見失うようなプレゼンになったりするので，できれば納得がいくまで時間をかけて作ってもらいたい。

PowerPoint の画面構成

では，まず PowerPoint の画面構成を確認しよう。図Ⅷ−1に示した通り，PowerPoint はいくつかのペイン（pane：小窓）で構成されていて，それぞれ以下のような機能がある。

【スライドペイン】

現在編集中のスライドが表示される。ここにタイトルやテキストボックス，グラフ，写真，動画などのオブジェクトを配置する。スライドペインにはプレースホルダがあり，あらかじめ各オブジェクトの大まかな位置が設定されているが，プレースホルダの位置や大きさは自由に調整できるし，不要であれば削除もできる（後述）。

---

(2)　プレースホルダ（place holder）とは「場所とり」という意味で，タイトルや図の位置を仮に確保しておくための目印であるが，名前を覚える必要はない。

【サムネイルペイン】

縮小版のスライド（サムネイル）が表示されている。図Ⅷ-1ではサムネイルが1つしかないが，スライドを増やすと，サムネイルも増えていく。

【ノートペイン】

スライドに関するメモを書き留めておくことができる。「発表者ツール」を使えば発表中の台本として使うこともできる。

【リボン】

PowerPointで使える機能が並んでいる。WordやExcelと共通している機能も多いが，「アニメーション」タブや「スライドショー」タブには，PowerPoint専用の機能が詰まっている。

図Ⅷ-1　PowerPointの画面構成

タイトルを入力する

スライドペインにある「タイトルを入力」と書かれたプレースホルダをクリックすると，タイトルのテキストを編集できる。タイトルのフォントやフォントサイズ，色などは，WordやExcelの場合と同じように変更できる。また，クリックした際に表示されるハンドルを使えば，タイトルが表示されるエリアを拡大・縮小できるし，ハンドル以外の枠線をドラッグすれば，タイトルの表示位置を変更できる。タイトルが未定なら，バランスを見るために仮タイトルを入れておこう。

同様にして，「サブタイトルを入力」と書かれたプレースホルダにはサブタイトルを入れられる。タイトルもサブタイトルも，何も入力しなければスライドショーの上映中に表示されないが，もし必要ないのであれば，ハンドル以外の枠線をクリックして，[Delete]キーで削除しておくとよい。

スライドを追加・削除する

WordやExcelと違い，PowerPointではスライドを手動で追加する必要がある。スライドを追加するには，リボンにある「新しいスライド」を使う（図Ⅷ-2）。「新しいスライド」のアイコンは上下に分かれており，必要に応じて下半分をクリックして形式を選択することもあるが，通常は上半分をクリックすればよい。スライドを追加すると，サムネイルペインに新しいサムネイルが追加されるとともに，スライドペインに新しいスライドが表示される。図Ⅷ-1と図

Ⅷ‒2を比較するとわかるように，最初のスライドはタイトル用だったためタイトルが中央にあったのに対し，追加されたスライドではタイトルが上にあり，その下に箇条書きでテキストを入力できるようになっているなど，2枚目以降のスライドはタイトルスライドとレイアウトが異なる。

　スライドを削除するには，スライドペインにあるサムネイルをクリックして［Delete］を押せばよい。

図Ⅷ‒2　新しいスライド

スライドを編集する

　追加したスライドも，最初のスライドと同じように編集できる。

　各スライドのタイトルは，必要がなければ削除してもよいが，スライドを構成しているうちはスライドのラベルとして活用するという手もある。たとえば「Society5.0とは」や「AIの歴史」のような仮タイトルをつけておけば，サムネイルになっても見やすいので，構成に合わせてスライドを入れ替える際に便利である。

　スライドの内容を決めるのが難しければ，とりあえずタイトルの下にあるプレースホルダに箇条書きで「話すべきこと」を入れておき，あとで整えるようにする。また，動きや効果音などの演出プランを思いついたら，いったんノートペインにメモしておこう。演出にこだわると時間がいくらあっても足りないので，あとで締め切りと相談しながらまとめて仕上げた方がリスクを低減できる。また，全体的な流れに統一感をもたせられるというメリットもある。[3]

サムネイルで構成を整える

　サムネイルペインにあるサムネイルを上下にドラッグ＆ドロップすると，スライドの順序を入れ替えることができるので，ある程度スライドができたら構成を考えよう。

　サムネイルをクリックしたあとでコピー＆ペーストをすると，スライドを複製することもできる。内容が長すぎるためスライドを2つに分割する際や，同じレイアウトを流用したい場合に便利である。別のファイルからコピーすることもできるので，覚えておいて損はない。

---

(3)　もちろん，これは数多くある手法の一つに過ぎない。この手法なら少なくとも「締め切りに間に合わない」という事態を避けることができるが，思いついたらすぐに演出を行う方が性に合っている人もいるだろう。自分に合った方法で構成できるのであれば，それに越したことはない。

VIII.4　スライドを飾る

　構成がある程度決まったら，スライドを飾っていこう。

主役を決める

　スライドを飾る上で最も大事なのは，そのスライドの「主役」を決めることである。たとえば図VIII - 3の(a)のスライドは「学力が『210%』向上した」という結果（文字）を主役にして，グラフを脇役に添えている。こうすると，聞き手はひとまず結果だけを頭に入れ，その上で説明を聞くことができる。これに対して図VIII - 3の(b)のスライドは，写真や価格，会社名，グラフ，売り文句などが混在している上，長々とした説明文まで入っている。こうなると，聞き手は何が大事なのか見分けられない上，文章を読むためにプレゼンを無視するか，プレゼンを聞くために文章を無視するかしかなくなる。

　もし主役が2つ以上存在していて，それらが共存できないのであれば，スライドを分けることも検討しよう。

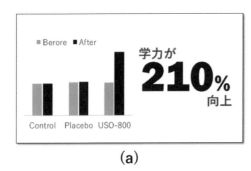

(a)　　　　　　　　　　　　　　　(b)

図VIII - 3　スライドの主役

テーマを選ぶ

　「デザイン」タブにある「テーマ」や「バリエーション」を使うと，スライド全体の雰囲気を統一できる（図VIII - 4）。「テーマ」に並んでいる見本をクリックすると，スライドの背景，プレースホルダの配置などが一括で変更される。また「バリエーション」では，同じテーマでも色やデザインが違うものを選択できる。これは実際に見た方が早いので，ぜひいろいろ試してみよう。なお，テーマもデザインもスクロールすれば様々なものを利用できる。

　1つのスライドだけに別のテーマを指定したい場合には，見本を右クリックして，「選択したスライドに適用」を選ぶ。これは，1枚だけ背景を白紙にしたい場合や，シーンに合わせてバリエーションを変えたい場合などに，様々に応用がきく。

　テーマは様々な種類が用意されており，簡便にスライドを整えることができるが，テーマのデザインがスライドを圧迫したり，目を引き過ぎたりすることがあるので，使用する場合には工夫が必要なことも多い。たとえば，タイトルスライドだけにテーマを設定して2枚目以降は白紙の

スライドを使ったり，文字を「光彩」などで縁取ることでデザインの上に文字があっても読みやすくしたりできるので，テーマをそのまま使うのではなく，必要に応じてカスタマイズすることを心がけよう。

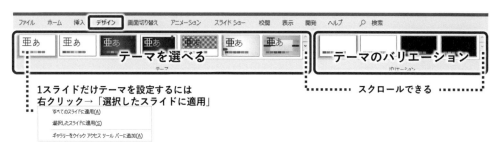

図Ⅷ - 4　テーマとバリエーション

文字を設定する

　文字はスライドの印象を大きく変えるので，こだわりをもつようにしよう。文字の選び方や組み方は，「タイポグラフィ」という分野があるほど奥深いが，それは慣れてからスキルアップしたい時に眺めることにして，まずは以下のことを知っておこう。

【フォント】

　「文字のデザイン」と考えて差し支えない。Word でも登場したが，PowerPoint はビジュアルの比重が高いので，スライドに合ったフォントを適切に選ぶ必要がある。たとえば，図Ⅷ - 5 の(a)は図Ⅷ - 3 の(a)を再掲したものであるが，日本語は元々設定されていた「游ゴシック」を使い，数値の部分には「Franklin Gothic Heavy」を使うことで数値を強調している。

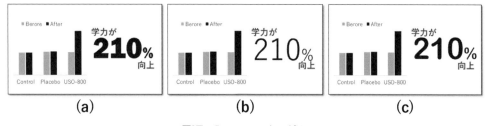

図Ⅷ - 5　フォントの違い

　同じ文字でもフォントによって印象が異なる。図Ⅷ - 5 の(a)〜(c)は，数値の部分だけフォントを変えており，(b)は他の部分と同じ「游ゴシック」を使っているので，統一感が出る。これに対して(a)は，先ほど述べたように，別のフォントを使うことで数値を強調することを狙っているのだが，淡々とデータを示していくスタイルのプレゼンであれば，(a)より(b)が適しているだろう。また，図Ⅷ - 5 の(c)は，「Arial Rounded MT Bold」という丸みのあるフォントを使うことで，若干ではあるが柔和な印象を与えている。幼児向け教室のプレゼンなどでは(c)の方が適しているかもしれないが，その場合には周囲の文字もイメージに合わせて変更した方がよいだろう。

【フォントサイズ】

　文字通りフォントの大きさである。フォントサイズは会場や画面の大きさに合わせて設定する。たとえば会場が体育館のように広いのであれば，後列からも見えるようにフォントを大きくする必要があるし，スマートフォンのような小さな画面での視聴が想定される場合も大きめのフォントを使うべきだろう。

　総じて，プレゼンでは適度に文字を大きくした方がよい結果が得られる[4]。これは，見やすさもあるが，フォントを大きくするとスライドに配置できる文字数が限られ，必然的に内容を絞る必要性に迫られるからである。必要な情報を少ない文字でシンプルに伝えるほど，聞き手は理解しやすくなる。

Ⅷ.5　動きをつける

　アニメーションや画面切り替えの効果を使うと，スライドに「動き」をつけることができる。これはPowerPointの大きな特徴の一つで，効果的に用いれば要点をより強調できる。動きをつけるとスライドが華やかになるため，思わず盛り込み過ぎてしまうことがあるが，動かすのもプレゼンの目的を達成するためであることを忘れてはならない。

画面切り替え

　たとえば「画面切り替え」タブではスライドを切り替える際の動きを設定できるが，過度な動きは蛇足である。実際に画面切り替えの効果を試してみればわかるが，画面が切り替わるたびに「華やか」に分類されている効果を使うと，非常に「くどい」印象を与えてしまう。したがって，話題が連続していることを強調したければプッシュやフェード，話題が切り替わることを印象づけたいならばスプリットやアンカバーなどを使っておき，オープニングや結論の導入など「ここぞ！」という時だけ特別な画面切り替えの効果をつけることを検討しよう。

アニメーション

　「アニメーション」タブ（図Ⅷ-6）には，文字やオブジェクトに動きをつけるための機能が詰まっている。ここでは代表的な機能の使い方を説明していくが，実際の動きはPowerPointを操作した方がわかりやすいので，それぞれで確認してほしい。

【アニメーションウィンドウ】

　選択すると，画面右側にアニメーションウィンドウが開く。アニメーションウィンドウには，スライド内のアニメーションの順番や継続時間（後述）が一覧表示される。また，スライドペインと同じように，アニメーションの順番もドラッグで変更できる。さらに，アニメーションウィンドウに並んでいるアニメーションを1つ選び，「ここから再生」を押せば，選択したアニメー

---

(4) いうまでもないが，大きければいいというものでもない。また場合によっては，どれだけ文字が小さくなっても1枚のスライドに全ての情報を収めるよう求められることもある。たとえば説明会などでは，スライドを全て印刷し，資料として配布した上で，その概略を話すことがある。この場合，主役は資料であり，プレゼンは資料の補助となる。

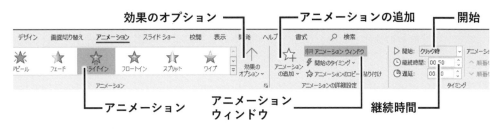

図Ⅷ-6　アニメーションタブ

ションから先の動きを確認できるし，選んだものに効果のオプション（後述）を設定したり，ア
ニメーションを追加（後述）したりもできる。このように役立つ機能が多いため，アニメーショ
ンを使用する場合には必ず表示しておこう。以降【アニメーション】以外は，アニメーションウ
ィンドウでアニメーションを選択した上で，はじめて設定できる。

【アニメーション】

　文字やオブジェクトの動きを設定する。文字であれば，色を変える時のように文字列を選択し
てからアニメーションに並んでいる「フェード」や「スライドイン」などのボタンをクリックす
れば，文字がゆっくり出現したり，滑り込むように登場したりする。図形や写真などのオブジェ
クトも，選択してからアニメーションに並んでいるボタンを押せば動きがつく。

　アニメーションのボタンは，動きのタイプに応じて緑色，黄色，赤色に分けられており，それ
ぞれ以下のような違いがある。

・緑色：スライドに現れる時の動きを設定できる。このボタンでアニメーションをつけられたオ
　ブジェクトは，スライドが表示されても順番がくるまでは画面に表示されず，順番がきた時に
　指定した動きで画面に現れる。

・黄色：スライド上の動きを設定できる。このボタンでアニメーションをつけられたオブジェク
　トは，スライドが表示されると画面に表示され，順番がきた時に指定通りに動く。

・赤色：スライドから消える時の動きを設定できる。このボタンでアニメーションをつけられた
　オブジェクトは，スライドが表示されると画面に表示され，順番がきた時に指定した動きで画
　面から消える。

【効果のオプション】

　設定したアニメーションの動きをアレンジできる。アレンジの内容はアニメーションによって
異なり，たとえば「スライドイン（緑色）」であれば「どの方向から滑り込んでくるか」が選べ
るのに対し，「スプリット（緑色）」であれば中央から両端に向けて現れるのか，その逆なのかを
選べる。また「フェード」のように効果のオプションが選べないものもある。

【アニメーションの追加】

　設定したアニメーションに，動きをプラスできる。たとえば，すでに「スライドイン（緑色）」
を設定したオブジェクトに「スピン（黄色）」を設定しようとしても，最初に設定したアニメー
ションは上書きされるので，スライドインが消えてスピンだけになる。しかし，スピンをつける

時に「アニメーションの追加」を使えば，スライドインしたあとでスピンするようになる。さらに，スピンが「直前の動作と同時」（後述）に開始するよう設定すれば，「スライドインしながらスピンする」という動きにできる。

【開　始】

　スライドショーの上映中にそのアニメーションを開始する時の合図を，以下から選択できる。

・クリック：マウスのクリックや矢印キーの左，スペースキーなどで開始する。スタンダードな合図で，全てのアニメーションが最初はこれを使っている。話の流れに合わせてスライドを進行できるので，通常はクリックから変更する必要はない。

・直前の動作と同時：直前のアニメーションと同時に開始する。これを使うと，複数のオブジェクトを同時に動かせるほか，先ほど例示した「スライドインしながらスピンする」のようなオリジナルの動きを創り出すこともできる。

・直前の動作の後：直前のアニメーションが終了すると同時に開始する。クリックを使った方が話の流れにアニメーションを合わせやすいため使用頻度は少ないが，一定のリズムでアニメーションを繰り返したい場合や，正確にアニメーションを連鎖させたい場合などには活躍する。

【継続時間】

　アニメーションが開始してから終わるまでの秒数を設定できる。同じ動きでも継続時間が違うと印象が変わるので，応用範囲が広い。また，複数のアニメーションを「直前の動作と同時」で組み合わせた時のタイミングを揃えるという使い方もできる。たとえば「スライドイン」と「スピン」では，スライドインの継続時間の方が長いので，「スライドインしながらスピン」させるとスピンが先に終わってしまう。これに対して，両者の継続時間を同じにすれば，スライドインが終わると同時にスピンも終わるように調整できる。

Ⅷ.6　発表する

自分を導く

　いよいよプレゼン本番だが，もし発表に慣れていなくても臆することはない。最初にプレゼンの目的は定めたし，それに合うようスライドの順序も組み立てた。スライドには必要なオブジェクトを効果的にレイアウトしたはずだ。しかも「ここぞ！」という要点にはアニメーションをつけ，タイミングよく動かせるように練習した。ここまで準備できていれば失敗のしようがない。このように書くと，非常にハードルが高いように感じるかもしれないが，感じてほしいのは壁ではない。

　ここで覚えておいてもらいたいのは，しっかり作られたプレゼン資料には，聞き手だけでなく，発表者も導く力があるということである。発表に慣れないうちは，緊張したり不安になったりすることも多い。発表中に頭が真っ白になることだってあるかもしれない。そのような時，時間をかけて向き合ったプレゼン資料があれば，それがきっと道を示してくれる。なぜなら，他者に伝

わるよう工夫された資料は，自分自身にも伝わりやすいからである。たとえば，次に何を言えばいいのかわからなくなった時，図Ⅷ-3の(a)が目の前にあれば，言うべきことはすぐにわかる。しかし，目の前にあるのが図Ⅷ-3の(b)なら，おそらく発表は難航するだろう。

　最初に示したロードマップ（以下に再掲）は，その力がある資料を作る方法を示したものでもあるので，今一度確認してもらいたい。

目的を定める　→　スライドを構成する　→　スライドを飾る　→　動きをつける　→　発表する

　特に重要なのは，目標を定めてスライドを構成するという，最初の2工程である。ここができていれば，動きがなくても，また過度に飾らなくても伝わるし，目的を達成できる。これは，印象に残っているポスターを思い浮かべればわかるだろう。それらには，キャッチコピーと必要な情報だけが配置されていたはずだ。もちろん，そうしたポスターやプレゼン資料を作るには経験がいるが，不慣れであっても，いや不慣れであるからこそ，飾りや動きに頼らず，最初の2工程にこだわるようにしよう。

聞き手を導く

　プレゼンでは，話に抑揚をつけることで，資料のポイントに聞き手を導くことができる。とはいえ，声を張り上げてほしいわけではなく，要点で注意を惹くということである。どれだけ入念に準備した資料であっても，誤解されたり見逃されたりすることがあるが，「ここで言いたいことは……」と解説を入れたり，「こちらに注目してください」と注意を惹いたりすれば，スムーズに情報を共有できる。

　また，ボディーランゲージを併用することも効果的である。たとえば，「ここで一つポイントです」と言いながら指を1本立て，その指を見る。すると，聞き手の注目は立てた指に集まる。そこで，その手でグラフを示すとともに，発表者もグラフに目を移せば，聞き手の注目はグラフに集まる，といった具合である。

　これらを行うためには，基本的に聞き手の方を向いて発表することが大事である。そうすることで，聞き手が理解しているかどうか確認できるし，今何に注目しているか把握できる。また，聞き手が「自分に向かって話している」と感じ，聞く姿勢になるという効果もある。大勢の前に立ち，そちらに向かって話すことに抵抗がある人も多いと思うが，「みんなが自分を見ているのではなく，自分がみんなを観察している」という認識で臨めば，次第に余裕が生まれてくるはずである。[5]

---

(5)　さらに余裕をもつためには，様々なプレゼンを見聞きすることも有用である。たとえば動画投稿サイトでは様々なプレゼンが公開されているし，プレゼンの心得やテクニックについての専門書も数多く存在する。それらを見ればよい経験になるし，「なるほど」と思うものを採り入れることもできる。

1．図Ⅷ－3の(b)は，自社のサプリを飲むと成績が上がること，その価格が月々3000円であることの2点を聞き手に伝え，購入を促すために作られていたが，これではわかりにくい。そこで，スライドを2つに分けることにした。このうち，成績が上がることについては図Ⅷ－3の(a)のように示せる。では，価格が3000円であることをアピールしたければ，どのようなスライドを作ればよいか考えてほしい。

2．調査結果をプレゼンすることを想定し，「知識を共有する場合」と「行動を促す場合」の2通りの構成を考えてほしい。調査対象は自由で，自分の専門領域でもよいし，Society5.0，自然災害，社会問題などから選んでもよい。たとえばSociety5.0について知識を共有するならば，要点や誤解されやすい点を端的にまとめるスライドが必要で，どの順に話せばよいかを考えることになる。一方，行動を促したい，たとえば「AIにふれる」ことを勧めたいのであれば，Sciety5.0の説明は短く済ませ，AIを利用することが聞き手にとってどのようなメリットをもたらすのかを示すスライドを用意することになるだろう。

　考えた構成はノートに書いてもよいが，できればPowerPointで組み立ててみてほしい。この時，装飾や動きなどは必要なく，各スライドのタイトルと，どんな内容にするのかというメモ程度を書き込むだけでよい。

┌─ ⓒⓞⓛⓤⓜ ─

売らない店舗

　近年，「売らない店舗」が増えつつあるのを知っているだろうか。Web が浸透したことにより，実店舗で商品を試し，ネットで購入するというスタイルが一般的になってきたことに合わせたもので，店内に商品は陳列されているものの，レジなどはなく，ほしいものがあればその場でネット注文ができるという仕組みだ。

　予約なども必要なく，いつでもフラッと立ち寄って，売り場にある様々な商品を自由に試すことができる。自分のお目当てのものだけではなく，たまたま横に置いてあったものでも興味を惹かれれば気軽に手に取れる。もちろん，それらを気のすむまで触ったり試したりしたあと，何も買わずにその場を離れても，誰も顔を曇らせないどころか「ありがとうございました」と言われてしまう。売っていないのだから当然なのだが，全く気兼ねしなくていいため，また次も来ようという気になる。

　しかも，家電量販店やアパレルショップのように，商品を眺めているとすぐに店員が寄ってきてセールストークを始めるということもない。もちろん，こちらが求めれば笑顔で説明してくれるが，その場合でも決して買えとは言わないし，聞かなければ値段にもふれない。ちょうど，その商品を実際に使っている人から話を聞くような感覚なので，店員の「圧」が苦手な人には最高の接客といえるだろう。[6]

　さらに，売らない店舗の狙いはこれだけではない。商品のショールームを兼ねていたり，客の動きや年齢，性別などを AI で解析することにより，マーケティングや商品開発に活かしたりといった取り組みも行われている。

　相手を動かすためのプレゼンも，売らない店舗と共通している。商品を売りたいのであれば，その商品の特徴やリーズナブルさを押しつけるのではなく，相手にとってのメリットを挙げて，その商品があれば生活がどんなに豊かになるのかを想像してもらう。相手にとってのメリットを示すためには，相手が何を求めているのかを徹底的にリサーチし，必要があれば商品を改良するか，改良するプランを示せるようにする。そうして万全に準備したプレゼン資料があれば，何を強調すべきか，どうやって話すべきかは自然と決まってくる。また，プレゼンの方針が決まっていれば自信をもって堂々と話せるし，ボディーランゲージを交える余裕も生まれる。せっかく作るならば，フラッと立ち寄りたくなる店舗のように，「この人の話をまた聞きたい」と思わせるプレゼンを目指してみてはどうだろう。

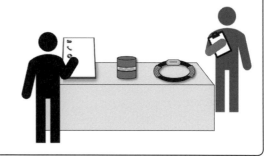

───────────────

(6)　買えと言われたら買いたくなくなる。これはリアクタンスと呼ばれる心理で，「買え」という要求が買わない自由を制限するので，それに反発した結果だと考えられている。このため，逆に「買うな」と言われると買いたくなる。「数量限定」や「あと30分以内に電話した人だけ半額」や「当選者のみ購入可能」は，買う自由を制限する作戦といえる。

【発　展】

IX. 守 る

セキュリティと権利

優 ：やだ，また L*n* から。

Na子：どうしたの，大声だして。

優 ：最近よく来るのよね。請求だの，アカウントの停止だの，寄付だの。

Na子：何の話？

優 ：Na子の時代には，AI いるしこんなのないんでしょうね。
　　　フィッシング詐欺のメール。

Na子：あぁ，詐欺のメッセージね。
　　　あるわよ，少ないけど。

優 ：あるんだ，AI は防いでくれないの？

Na子：BMI が導入される時，かなり厳しい規制ができて，いろいろとセキュリティは
　　　強化されたわ。人の思考を読んだり，脳に直接情報が送られてきたりするんだか
　　　らね。でも規制も AI も完璧じゃないのよ。

優 ：そうなんだ。AI は完璧だと思ってた。

Na子：よくある誤解ね。AI を出し抜こうとする人もいるしね。

優 ：そんなこと可能なの？

Na子：ほら，昔からハッカーっているじゃない。

優 ：でも，AI に勝てるの？

Na子：AI を使うハッカーもいるんだって。

優 ：へぇ，AI 対 AI だね。

Na子：そうなんだけれど，人の要素が入ると違うんだって。

優 ：へぇ。

Na子：あっ！　ちょっとそれクリックしないでね！

優 ：どうして？　単なるアクセサリのバナーよ。

Na子：プライバシーはいらないの？

優 ：いるいる。でもどうして？

Na子：だから，この時代の人は……。

Ⅸ.1 「セキュリティ」と「権利」ロードマップ

　情報リテラシーのテキストで「セキュリティ」や「権利」というと，「パスワード」「ウィルス」「Spam」「フィッシング詐欺」「著作権」「プライバシー」「SNS でのいじめ」「名誉毀損」などを想像するのが普通であろう。もちろんこれらについての知識も大切である。しかし使用するデバイスや環境も変わり，次々と新しい問題が生じ，手口も巧妙になってくる。ある時点の固定的な知識があるだけで将来にわたって「セキュリティ」や「権利」を守れるだろうか？　Na 子の時代の「セキュリティ」は，2020年の「セキュリティ」ときっと違う。こう考えると「セキュリティ」や「権利」を守るためのロードマップは，

　　　今の状況をつかむ → キー（ポイント）を探る → 将来に備える

となるだろう。[(1)]

【HINTS】　常識的な対策の確認

　この章では，みなさんがよく知っているような対策はあまり取り上げていないが，不安な人のために手がかりを示しておこう。

1．ウィルス対策（セキュリティ対策）アプリのチェック

　　Windows10では，追加しないでよいともいわれるが，それはなぜか，本当かどうかは確かめるべきである。

　　Mac では，そもそも必要でないともいわれるが，それはなぜか，本当かどうかは確かめるべきである。

　　Android では，絶対必要といわれるが，それはなぜか，本当かどうかは確かめるべきである。

　　iOS では，そもそも必要でないともいわれるが，それはなぜか，本当かどうかは確かめるべきである。

2．OS のアップデート

　　OS のアップデートは，すぐに行わなければならないといわれるが，それはなぜか，本当かどうかは確かめるべきである。

3．怪しいメールやメッセージは開かない

　　タイトルやアドレスを確認し，正当に送られてきたメールかどうかを必ず確かめてから開くべきである。添付ファイルを開く時には，さらに注意が必要である。アカウント停止，口座閉鎖などあなたを慌てさせるメールは，フィッシングの可能性があるため，十分に気をつける。

---

(1)　本当にしっかりと理解したい場合は，もっと本質的な部分を考えるべきである。そのヒントは「Ⅰ．知る」の〈コラム　0と1の間〉や「Ⅵ．証す」の〈コラム　便利さの落とし穴〉，「Ⅺ．探る」の〈コラム　選択〉などにちりばめてある。「セキュリティ」や「権利」の観点からもう一度読んでみてほしい。

　4．怪しいアプリは入れない

　　口コミも操作されている可能性があるので，十分気をつけるべきである。ストアの信頼性も

　　確かめるべきである。

　5．怪しいサイトには行かない

　　怪しいサイトや Web ページは訪れない。偽物サイトにも気をつける。

Ⅸ.2　今の状況を把握する

「今の状況」はどうであろうか？　例をとって見てみよう。

「今」？

　筆者がこの執筆に悩んでいる「今」，いわゆる「セキュリティ」関係で騒がれているのは，Docomo のキャッシュレスサービス口座を悪用した銀行からの不正な引き出しや，SBI 証券での不正な株売却とその資金の不正な口座からの出金の事件で，2020年9月19日時点ですでに1億円以上が不正に取得されている。PayPay をはじめとしたキャッシュレスサービスの急速な普及によって現れた新手の犯罪であるが，みなさんがこの章を読んでくれる頃には忘れられているだろう。そう，もう古いのである。

古くて新しい問題

　しかしもう古いから終わった話，と済ませるわけにはいかない。なぜか。今時，株取引もオンラインである。証券会社での不正な株売却や資金の不正口座からの出金のためには，もちろんその人の証券口座（証券を売買するための口座）に入り込まなければならない。つまりアカウントを乗っ取らなければならない。そのためには当然パスワードが必要だが，発表によると，この証券会社自体がパスワード情報を盗まれたわけではない。他で入手されたパスワードを使って，証券口座に侵入されている。気づいてもらえただろうか？　昔からあるパスワードの使い回しが問題だったのだ(2)。

アカウント乗っ取り

　少し前，大学で学生たちが騒いでいて，聞いてみると Line のアカウントを乗っ取られたということだった。聞いてみたら，案の定，他のサービスも全て同じパスワードだと言う。「だってわからなくなると困るから……」と悪びれもせずに言う。もちろん危険性を一通り説明し，友人からかなり非難をされたこともあり，次の講義の時にはパスワードを変えていた。みなさんに心当たりのある人がいないことを祈る。

---

(2)　問題は他にも，口座とユーザーを「ひもづける」（つなげる）時の本人確認が不十分であったこと，口座開設時の本人確認が不十分であったことなどがあり，こちらの問題も大きい。

別のアカウント？

　乗っ取られたら別のアカウントを作ればよいじゃないか，と思った人もいるだろう。この騒ぎの中でものんきな学生の一人がそう言って，みんなに睨まれていた。

　ちょっと考えてみよう。アカウントが乗っ取られたことを知らない友人は，そのアカウントからの書き込みは本人からのものだと信じる（乗っ取り犯は普通，すぐにパスワードを変え本人が入れないようにする上，本人の発言を真似て行動する）。そして話を聞いてくれそうな友人を見つけ（SNSの輪の中に入ってしまっているので全てが筒抜け。みんなの会話も全て見られる），こう頼む。「今バイトで抜けられないんだけど，どうしてもほしい限定販売のものがある。売り切れそう；（´｡ω｡｀）；スマホで買うからコンビニで5000円の Apple のギフトカードを買って No. 送ってくれない？明日学校で会った時に必ず返すから。おねがいっ　（ᴗ>ω•)⌒♡」。もともと全てのパスワードを同じにするような人なので，いつも「やらかして」いて，友人も「またぁ〜？」と思うくらいで買って送ってくれたりする。結局5000円はだまし取られるわけだが，誰の責任なのであろうか。アカウントを乗っ取られた学生が「私じゃない」と言えたとしても，「私のせいじゃない」とは言えないだろう。

問題の広がり

　ギフトカード，デジタルキャッシュ系の犯罪は一時横行し，報道などもされて話題になったこともあり，知っているユーザーも多く，そうそう引っかかりはしないだろう。しかし人からの「買って」のお願いにのらず，みんなで拒否をし，金銭的な問題が発生しなければそれでよいのだろうか。

　SNS は，ある程度限られたユーザー向けに発言をしたり，写真をアップしたり，動画をアップしたりもする。つまり発信した情報が広がる範囲が限定されている，と思っている人が多い。本当だろうか？

　先ほどの例では，アカウント乗っ取りに対して，みんながそのアカウントを拒否するまで「仲間」の「フリ」をすることができ，履歴も含め見ることができる。すると友人にだけだから，と思ってアップした恥ずかしい写真などが流出する。恥ずかしいくらいであればまだよいかもしれないが，ものによっては脅迫に使える。SNS には Twitter や Instagram などむしろ広めたいと思って投稿するものもあるが，Line のグループのように一定の範囲だけでおしゃべりするものもよく使われる。後者によそ者が悪意をもって紛れ込むと，グループ全員のプライバシーが暴かれ，場合によってはより深刻な問題へとつながる。

情報は芋づる式

　ある SNS を監視していた者が，自室でバースデーを祝う写真をアップ後すぐに手に入れたとしよう。前後の写真には友人と思われる人物とともにあちこちで写っている自撮り写真が何枚かある。アプリで書いた落書き入りの写真もある。写真を手に入れた者が，祝われている人物に好意をもってしまい，どうしても会いたいと思ったらどうだろう。

　もちろんその SNS に本名で登録などされていたら，特定は簡単だ。本名でなくても，同じア

カウントやハンドルネームのものを探せばかなり出てくるし，写真へのコメントなどから友人に何と呼ばれているか，大学生か，どこの近くに住んでいるかなどはすぐにわかる。

　写真に隠された情報の中に，写真を撮った場所の GPS 情報（ジオタグ）が入っていれば，30cm 以下の誤差で自室を見つけられる[(3)]。これも騒がれたことがあるので，GPS を常に ON にし，写真にジオタグを常に付けている人など少ないと思うが，写真にコメントなどなくても，写っている建物や店舗などから住んでいる地域を探し出すのはたやすい。画像検索や Google Earth を使えば，確認できる。

　SNS や写真を眺めていれば，趣味や好みもすぐにわかる。友人関係や家族関係，ずる休みの理由までも見つけられるかもしれない。

この辺りで……

　「セキュリティ」の話をする時，いつも困るのは「手口」を知ってもらうための説明が，よからぬ目的をもつ人を「助けてしまう」可能性があることだ。講義中に具体的なツールの話がされない理由が実はここにあるかもしれない。たとえば恋に狂って善悪の判断もつかなくなってしまった時に，そういえばといって，講義で聞いたスパイアプリの使い方などを思い出してもらっては困るのである。もっと悪意のある人の犯罪のきっかけや手段の一部としての利用もあり得る。この例もまだまだ続くのであるが，この辺りで終わりにしよう。イメージをもってもらえれば十分である。

毎年のトレンド

　「セキュリティ」関係でもう少したくさんの例や対処の方法を知りたい時は，以下を見よう。Net 検索で「セキュリティ」と引くと必ず上位に現れる（本物かどうかは必ず確認すること。偽サイトへの誘導はよく行われる）。

IPA（情報処理推進機構）「情報セキュリティ」

　https://www.ipa.go.jp/security/

　この中に，「情報セキュリティ10大脅威　20◯年版」があるので，まずはこれから見よう。毎年更新されるので，「今」のトレンドがわかる。新たな手口は，一般に知られるまで広がり続ける傾向がある。重点的に対処しよう。ただ，それでも過去の「まとめ」であることに違いはないので注意が必要である。

　また，同サイトには子どもたちに説明するためのやさしいものもある。

　その他ウィルス情報などは，各種ウィルス対策ソフトを提供している会社のサイトにも最新情報が掲載される。参考にしよう。

バーチャルな体験も

　警視庁の Web ページには，バーチャルでフィッシング詐欺を体験できるページもある。実感

---

(3) 屋外と屋内など環境によって異なるが，様々な補正も行われるため，日々精度が向上していると思ってよい。自動運転に用いられるのであれば，たとえ 5 cm でもずれていたら致命的である。

がわかない人は，一度体験してみよう。

警視庁の「情報セキュリティ広場」

https://www.keishicho.metro.tokyo.jp/kurashi/cyber/index.html

---

演習

　パスワードはどうやって盗まれるかを考えてみよう。ハッキングはほんの一部でしかない。意外な方法がかなり多くを占める。

IX.3　「権利」との関係

　情報関係で問題となる「権利」にも様々あるが，「知的所有権」や「プライバシーの権利」「名誉権」などについて理解しておく必要がある。

知的所有権

　「知的所有権」の代表は，「著作権」「特許権」「商標権」などであろう。いずれも創造的な活動の成果を守ろうとするものである。特許や商標は届け出て認められなければならないが，著作権は届け出の必要もなく，創作によって自動的に権利が発生する。そして通常創作者の死後70年後まで，本人が放棄しない限り存在する。つまり，本人が「いらない」と明示しない限り，ずっと存在する。さらに長い期間，保護される国もある。したがって Net 上で公開されているからといって，本人による自由な提供の表明がない限り，これを無断で借用し，SNS に利用することは原則としてできない。著作権は私たちが最も侵害する可能性の高い権利だといえ，十分に気をつけなければならない。

　もっとも家庭内の利用や，Fair Use，特に学術，学習利用など，著作者の許諾がなくても，ルールに則った形で利用することが許されるが，この場合も引用元と引用箇所の明示がなされなければならない。

　著作権についての詳細は，手始めに以下を見よう。

文化庁「著作権」

https://www.bunka.go.jp/seisaku/chosakuken/

この中の「著作権制度に関する情報」

---

(4)　著作権法第51条〜第58条。2018年「環太平洋パートナーシップに関する包括的及び先進的な協定」発効に伴い，それまで通常死後50年とされていた著作権が延長された。

(5)　メキシコは基本，没後100年。

(6)　「XI．探る」の〈コラム　選択〉を参照のこと。リツイートでも責任を負わなければならない可能性がある。

(7)　もちろん，被害者になる可能性も十分にある。このテキストも例外でない。

(8)　著作権法第30条〜第50条。

https://www.bunka.go.jp/seisaku/chosakuken/seidokaisetsu/index.html
には教材などもある。

プライバシーの権利

　もう一つ侵害されやすい，あるいは侵害しやすい権利として「プライバシーの権利」がある。[9]
このところ解説するのが難しい権利でもある。それはCOVID-19の問題があるから難しいという
ものではない。[10]一つは日本特有の問題で，プライバシーが，今世紀になってようやく施行され
た個人情報保護法の個人情報と混同されるからである。関係を表すと，実際には図IX-1のよう
になる。ところがこれを全く同じと考える者が多い。

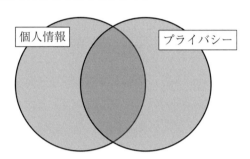

図IX-1　個人情報とプライバシーの関係

　たとえば，自室の引き出しの中に隠してある日記の内容はプライバシーであるが，通常，個人
情報保護法の個人情報には当たらないであろう。小学校の教室内に貼り出された座席指定の氏名
は，通常，プライバシーとは考えられない（周知である）が，個人情報には当たるであろう。[11]極
端に単純化すれば，個人が特定される情報が個人情報で，隠したい個人の秘密はプライバシーで
ある。成績表は個人が特定できる上に，知られたくない算数の成績が載っているのでプライバ
シーでもある。重なるところも多いが，一致はしていない。

　つまり，個人情報保護法でプライバシー全ては保護されていない。後ろに控える日本国憲法や，
それを具体化した民法などの出番である。保護が行われているのであれば，その保護がどの法に
よって行われるかはあまり関係がないように思われるかもしれないが，実際はトラブルになった
時に問題となる。

「プライバシー」は必要？

　もう一つの問題はさらに深刻である。「プライバシーって必要なの？」という人が増えている。
このように問う人たちは，前に述べたように「プライバシー」と「個人情報」を混同して，「プ
ライバシー」の範囲をかなり限定して捉えている傾向にある。たとえば，この質問をする人たち
の「プライバシー」には，入浴中や寝相の悪さや人に聞かせられない寝言は入っていないことが

---

(9)　プライバシーの権利は，日本国憲法第13条の幸福追求権を通して保障されている。

(10)　COVID-19対策アプリCOCOAでもプライバシーへの配慮措置がとられている。接触確認においても個人が特定さ
　れない方法をとる。

(11)　個人情報保護法第2条参照。

多く，秘密の日記や補導歴など，人に見られたり知られたりしたくないことは何か別の特別なもので守られているように考えていたりする。つまり彼らの考える「プライバシー」は，どこに行って，誰に会って，何を買って，何を食べてなどの「ふつう」の行動に関する情報やせいぜいメッセージのやり取りや閲覧履歴くらいしか入っておらず，大切なものは個人情報保護法でだいたい守られていると思っている。自分が使用している無料アプリの会社も信用しきっている。悪い会社なら罰せられたりしてつぶされているはずだと信じて疑わない。もちろん多くの企業がユーザーを守ろうとしているが，そのようなサービスばかりではない。そしてユーザーを守るといってもそのレベルは様々である。期待以上のことも，期待以下のこともある。

思いもかけない分析

また，外出時の行動記録だけでも，生活パターン，好み，クセなどは分析できる。多くの人は通学や通勤で，同じ電車の同じ車両の同じ扉の近くにおり，いつものニュースサイトを見，いつものゲームをし，いつもの音楽を聴いている。そしてコンビニでいつものお気に入りのエナジードリンクやスイーツを買う。好みの乗客と会うために早起きする人もいる。大量の人の大量の行動記録が集まると，いわゆるビッグデータが形成され，AI はその中からこれらのパターンを見つけ出す。それによると，こういうパターンの人は，次に何をほしがるかを予測できてしまう。

マウスの動き一つからでも好みがわかったりする。もちろん Na 子が優に注意しているように，バナーをクリックなどすればそれに興味があることは明らかだが，ある画像や文章が表示されている Web ページの滞留時間（見ている時間），マウスのスクロールの度合いなど分析素材はふんだんにある。そして履歴を含めこれらは意外にもみなさんのデバイスの中に，たとえば Cookie などとして保存され，他の会社からも利用される。同じ商品が全く異なる Web ページで表示されることなどは，この技術の初歩的な利用に過ぎない。知らぬはユーザーだけ，ということになりかねない。また DF（デジタル・フィンガー・プリント）の利用も進んでいる。

それ，本当に必要？

それでもお気に入りの商品が少し安くなったと知らせてくれたりするなど便利で，問題どころか役立っていると言われそうだが，それだけだろうか？　そもそもその商品は，本当に必要？

顔認証システムが組み込まれた監視カメラや，スマートフォン（以下，スマホ）での検索記録などのプライバシーの保護が安心・安全のために少し後退させられるのはまだ許されるとしても，お金儲けに利用されるのは許すことができるだろうか。

ランクづけ

様々なプライバシー情報から AI がみなさんをランクづけ（格づけ）し，そのランクによってサービスや価格，信用度が変更される。ある人は家を新築する時に有利な条件でお金を借りることができるが，ある人は海外旅行もなかなか行かせてもらえない。これはすでにある国では普通のことである。これは，きっとランクづけをする者たちに都合のよい人たちを高く，都合の悪い人たちを低く格づけをしているに違いない。たとえば無駄買いをたくさんしてくれる人，文句を言わない従順な人，自分たちやそのサービス・製品をうまく SNS で宣伝してくれる人は，きっ

とランクが高いのであろう。逆にある行動をする人は，重大犯罪を起こす可能性が他の人より高いといって犯罪者予備軍としてマークされ，何かあるたびに警察が家に押しかける。そうすれば近所でも根拠のない悪い噂が広がり，ますます生活しづらくなる。それを受け入れられるだろうか。[12]

思わぬ犯人

　自分のプライバシーに関して上のような問題があるということは，裏を返せば家族や友人，あるいは SNS のメンバーのプライバシーを自分が傷つけてしまう可能性があるということである。たとえば友人についての SNS への書き込みが，家族の秘密を明かしてしまったり，内定を得ようとしている志望企業の友人に対する悪い評価につながる可能性がある。Instagram に写真 1 枚公開するにしても，そこに写っていてはいけない人が写っているかもしれない。以前はプロ野球のデイゲーム中継でサード側観客席にサボっているゼミ生を見つけたなどの話を聞いたが，最近は Twitter や Instagram で発覚することがかなりあるようだ。あなたが流した情報が，大切な友人のランクを不当に貶（おとし）める可能性まである。

ディープフェイク

　漏洩した動画などは，ディープフェイクにも用いられる。ディープフェイクとは，AI にターゲットの顔やその動き，声を学習させ，フェイク（偽）動画を作らせて，本人が言ってもいないことを喋（しゃべ）らせたり，他の人の動画の顔を変えて，していないことをしているように見せるものである。ネット上で見つけられる素材（写真・動画）が多いほど精度は高くなり，本物らしくなる。自分だけでなく，そこに写った人たちにも危険が及ぶ可能性がある。

削除しても残る

　ヨーロッパでは「忘れられる権利」が主張されている。EU 一般データ保護規則（GDPR）にも「消去の権利」（データを消去してもらう権利：データ保持側がデータを消去する義務を負う）が明記されている。[13] 人はすぐに忘れるのに，なぜ「忘れてほしい」と言わなければいけないのか，「消すべきだ」と言わなければならないのか，と疑問に思った人がいるかもしれない。人は忘れるが，Net 上のデータはずっと残るからである。たとえ発信者が元の書き込みを削除したとしても，すでに広がっている場合，あちこちにコピーができあがっており，完全に消えはせず，検索で見つかることさえある。一生データに脅えながら生きていかなければならず，ことあるごとにそのデータに行く手を阻まれることがある。すでに償った，ほんの小さな過ちが，発言が，行動が，進学や就職，結婚を妨害することがあるのである。すでに過ちを悔い，償いをし，心を改めて，むしろ人の役に立っていようとも，である。

---

(12)　もちろん，昔からお得意様を特別扱いすることはよく行われている。しかしこれが生活全般に影響を及ぼし始めると問題は別次元になる。

(13)　GDPR（General Data Protection Regulation）第17条。

自分の SNS（Line，Instagram，Facebook など）で，危なそうな書き込み，アップがないかどうか探してみよう。見つけたら，「非公開」か「超限定公開」にしよう。広がっていなければ，助かる可能性はまだある。

次にどうしたらプライバシーを守りつつ書き込みをしたり，画像を公開できるかを考えてみよう。

IX.4　日常生活とのリンク

立場の違い

小学生と高校生，大学生と社会人，社会人でも企業人か公務員かなどその人の立場によって重点を置くべき要素も変わる。たとえば大学生の場合，卒論締め切り間際でもない限り，ランサムウェアでデバイスのストレージを暗号化されてしまい，読めなくなったところで，切羽詰まって犯人に10万円振り込むなどということはあまり考えられない。フォーマットしてシステム復旧させてしまう。[14]しかし企業人が，明日の1億円の取引に必要な契約関係資料を暗号化され100万円を要求された場合，意外に支払って暗号を解いてもらおうと思う人が多いのではないだろうか。ばれなければ首にならずに済む，と思ってしまうかもしれない。[15]これもきっかけは，メールに添付されたウィルスであったりする。

日常生活

健康状態は広い意味でのセキュリティとは関係しても，情報セキュリティとは関係がない，と思う人も多い。車の運転上のセキュリティなら健康状態は大いに関係があるが，スマホやパソコンには……と考えてしまうのであろう。

今までに会った中で最もプログラミングに長けた卒業生がそうではないことを証明してくれた。といってもよくある話で，仕事に疲れすぎて帰宅途中の電車で眠り込んでしまい，終点で起きた時にはパソコンの入ったバッグがなくなっていたと言う。中に顧客リストや，重要なシステム仕様書が入っていたら大変なことになったのであろうが，そのようなものは保存しておらず，パソコンはほぼ空だったそうだ。

USB フラッシュメモリの紛失はよく報道されたが，セキュリティの厳しい会社ではデバイスを含め社外に持ち出すことを禁じ，あるいはそもそもデバイスにはストレージがなかったりする

---

(14)　Windows のパソコンを利用していても，システム復旧のための USB メモリなどを作っていないという人も多い。情報機器は故障することもあり，システムや情報が必ず確保できるよう，復旧キーの作成やバックアップの作成を行っておくべきである。

(15)　ランサムウェアの利用とは，データを暗号化し，オーナーが利用できないようにしてしまい，使えるようにしてほしければ bitcoin などを送れと要求する手口。当初はビジネスライクに支払えば戻してもらえたとの話も多かったようであるが，そもそも支払っても戻してもらえる保証などどこにもない。

（入っているのは最低限の OS とブラウザだけ。業務はクラウドのシステム上で行い，作業内容もクラウドに保存する）。

まさかのタイミング

　もう一つ違ったセキュリティも考えよう。学校もオンライン授業で忙しいし，バイトも忙しい。ゲームもしなければいけない（?!）。そんな時に少し参考になる。友人の一人は，もともと「機械もの」と相性がよくないらしく，卒業論文の時にも，修士論文の時にも，締め切り直前に，いつもちゃんと動いていたはずのパソコンが壊れてしまって非常に困っていた。二度ともどうにかデータだけは半分くらい残っていたようだが，卒業や修了（≒大学院の修士課程の卒業）がかかっていたため，ほとんどパニック状態であった。みなさんはなぜこんなことになったのか気づいてもらえただろうか？　答えは負荷であろう。いつもならパソコンもそんなに酷使されないが，卒論や修論の締め切り直前となるとおそらく24時間フル稼働。いつもくらいだったら大丈夫だったパソコンが，とうとう過労で音を上げたに過ぎない。締め切り直前の危うさはこんなところにも出てくる。

鍵と窓

　この章を学校やカフェで読んでくれている人，ちゃんと部屋の鍵は閉めてきただろうか？　窓の鍵は？　夏などは部屋が暑くなるので，窓を空けたまま外出する人が多い。一番上の11階だから大丈夫，と胸を張って言う人もいるのだが，高所恐怖症でない空き巣にとって，一番下と一番上はアクセスしやすい。屋上からひょいとバルコニーに降りればよいからだ。空き巣だけでなく，居る巣（居留守ではない）にも注意が必要だ。寝ている間に，爆音で音楽を聴いている間に，意外に忍び込めるそうだ。鍵も開いているのが普通なので，その手の技術がなくても入れてしまい，数も多い。また，万が一，居る巣に対面してしまったらもっと危険な状況に陥る。居る巣が顔を見られたためにパニックになり，何をするかわからないからだ。ナイフを持って向かってくるかもしれない。

スマホのセキュリティは別？

　横道にそれたが，これでよい。部屋の鍵をかけずに外出したり，上階だから大丈夫だと窓を開けっ放しにしていたりする，つまり日常生活でセキュリティの意識の低い人が，スマホのセキュリティだけ人並み以上に気をつけている，というのは稀だ。パスコードはきっと数字4桁だ。下手をすると0が4つ。一番打ちやすい。人の行動様式は，オンラインでもオフラインでもそうそう変わらない。遅刻をすると言っていつも電車に飛び乗る人が，スマホのパスコードをアルファベットを交えた12文字にするとはあまり考えられない。[16]コンビニでちょっと買い物をする時に自転車に鍵をかけない人も同じだろう。天気予報で降水確率が70％だと言っているのに傘を持たずに出かける人，あるいはよく忘れ物をする人も同じだろう。

---

(16)　顔認証などがあるが，たまにパスコードが求められるし，再起動した時にも求められる。もちろんこれもセキュリティのため。また，パスコードがばれれば，顔認証や指紋認証ができなくても使えてしまうから同じだ。

降水確率

ところで，その降水確率はどこが出しているのだろうか。スマホの待ち受けやウィジェットに表示される降水確率は，気象庁，日本気象協会，民間の天気予報会社のどれが出したものだろうか。TV で出てくるのはどれだろうか。そして，どこのものが一番よく当たるのだろうか。比べてみると同じ時間帯の降水確率でもかなりの違いがあることがわかる。このようなことを気にしない人は，情報の信頼性を考慮しない人で，セキュリティ意識が高いとはいえず，デマに操られやすい（「Ⅰ．知る」でも触れた）。

日常生活と情報セキュリティは密接な関係にある。情報だけでなく広い意味でのセキュリティを意識した日常生活の見直しと改善が大切である。

> **演習**
>
> 　早速，セキュリティを意識した日常生活の見直しの一環として，改善できる点を5つ挙げ，優先順位を付けてその実現を目指そう。

Ⅸ.5　キー（ポイント）は何か

つながりとひろがり：連想

「Ⅸ.2　今の状況を把握する」を読みながら，こんなことを思った人はいないだろうか？　きっかけの話題がどんな事件になろうと，著者は同じようなことを書くのではないか。あるいはこの事件，異なった展開もあるんじゃないか，と。正解である。

実はどんな事件であろうと，影響や原因をよく観察していくと，いくつもの問題を探し出すことができ，つながっていることがわかる。また，一つの問題からの発展で，複数のシナリオができあがる。では何が大切なのだろうか？　それはこのような連想ゲームができることである。こんなこともあるんじゃないか，これも原因の一つだろう，こうすればよかったんじゃないか，というふうにどんどんつなげて広げていくと様々なことがわかる。何に注意すればよいのかがわかるようになる。ぜひ試してみてほしい。

シミュレーション

全体でいえば，そう，シミュレーションだ。いろいろな想定をして，連想をし，シミュレーションをすることで，様々な状況に慌てずに，間違えずに対応できる可能性が出てくる。多様なことを思い浮かべる中で，新たな手口への対策も思いつくかもしれない。

防災訓練に似ている，と思った人がいるかもしれない。確かによく似ている。シミュレーションだ。少し違うのは，多くの防災訓練では想定災害とその規模，被害の範囲があらかじめ定められており，これに対応するにはどうすればよいかも概ねわかっている。これに対し「セキュリティ」についてのシミュレーションは，想定事態や想定被害は設定できない。もちろん対処の仕方

など決まってはいない。その想定自体を考えてシミュレーションしていくことになる。

万全でないことを理解する

　防災訓練も万全ではない。常に「想定外」は起こり得る。常に新しい技術が登場し，日々新しいウィルスが生まれる情報の世界では，新しい問題が常に起こる。ウィルス対策やセキュリティ対策のアプリを導入して，OS も更新しているし，対策アプリも更新しているから100％大丈夫，などということはない。「0day（ゼロデイ）」あるいは「未知のウィルス」という問題がある。OS や対策アプリは，当然ウィルスなどが見つかってから対策をする。ウィルス登場から対策までにはかなりの時間がかかり，その間，そのウィルスには無防備な場合がある[17]。ウィルス情報などに気をつけ，危なそうなサイトへのアクセスを思い留まったり，むやみにアプリをダウンロードしたりしないようにする必要がある。それでも官庁の Web ページが改ざんされることもあることから，いつもは信用のおけるところにアクセスしても，感染することもある。常に万全でないことを意識し，警戒し，備える必要がある。

技術の知識も

　もちろん技術を知ることは，このシミュレーションに大いに役立つ。

　パスワードやクレジットカードの番号，ましてやセキュリティ番号を入力する Web ページで，ブラウザのアドレスの先頭のプロトコルが https ではなく，http になっていたら，その買い物はあきらめなければならない。http は，Web ページを閲覧する時に用いられている規格（プロトコル）であるが，入力されたデータは暗号化されずに送られる。https は入力したデータを受け付けサーバーに届くまでに暗号化がなされ，ブラウザの鍵マーク（🔒）をクリックすると暗号鍵発効組織を確認することができる。パスワードなどの大切な情報を暗号化もせずに送らせようとするサイトは，セキュリティなどありはしない。https になっていたから大丈夫というわけではないが，最低限の目安にはなる（図Ⅸ - 2 参照）。大切な情報を送ろうとする時は，送り先とともに確認をしよう。

Cookie（クッキー）食べる？

　また少しふれたように，もともとパスワード認証を繰り返さなくてよいように導入された Cookie 技術について知れば，調べている間に，Cookie がブラウザによって自分のデバイスに保存され利用されていることがわかり，自分で消すことができること，ブラウザによってはそのセッション（ブラウザが起動され，終了されるまでをいうことが多い）だけ Cookie の保存を許し，ブラウザが終了される時に訪問履歴とともに消去される機能を設定できることがわかるであろう。Cookie は閲覧している Web ページが閲覧者のパソコンやスマホに情報を保存し，後にこれらを利用する技術であるが，使い方によっては閲覧履歴などプライバシーに関する情報が漏洩しかねない。Cookie を安易に受け入れないなどの対処が必要で，ブラウザの「プライベートモード」

---

(17)　対策アプリにおいては，それまでの膨大な分析結果からある程度「未知のウィルス」の可能性を探り出し，対策をとるものが多い。しかしながらこれも万全ではなく，対策アプリの会社も完璧だなどとは全く言っていない。

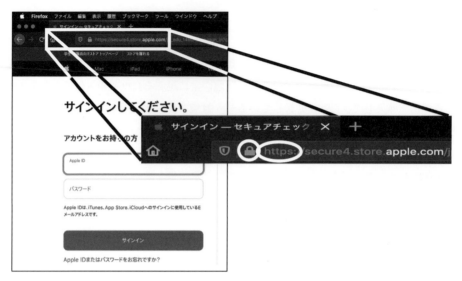

図Ⅸ‑2　httpsの例：Appleのサインイン

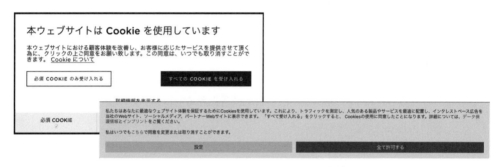

図Ⅸ‑3　オーディオ・メーカーのCookie利用選択の例

あるいは「プライバシーモード」などと呼ばれるモードが一定程度有効である。また，Webサイト（ページ）によっては，アクセス時にCookie利用についての案内が現れ（図Ⅸ‑3），選択を迫られるが，その意味もある程度理解できるようになるだろう。

押しつけも

ただ多くの場合，Cookieを受け入れなければそのサイトを見ることができず，ブラウザの「プライバシーモード」もそのセッション内ではやはりCookieを利用せざるを得ない。完全に排除することは現実的ではない。完全に排除すると，1ページごとにユーザーIDなどとパスワードの入力が求められたり，そもそも見ることができなくなったりする。Webページを利用する以上は万全な方法はない。それでもCookieについて一定の理解と警戒意識があれば，少なくとも何でも受け入れるようなことはせず，最低限しか受け入れないという選択ができるであろう。やはり技術に関する知識は多い方がよい。これは何だろう，と思った時には少し調べてみよう。

⒅　ブラウザには設定があり，細かく設定することが可能になっているものもある。探してみよう。

情報源と信憑性

ところで，降水確率の例でもわかるように，情報は人の行動に大きな影響を与える。その情報と，その情報の発信元は確認しておくべきで，場合によっては，いくつものソース（発信元）を合わせて考慮する必要がある。重大な事柄ほど複数のメディアを用いて複数の情報源を比較し，その信憑性を確認しなければならない。「噂」をうのみにはできない。

視点を変え，多様な意見にふれる

情報の確認においてもう一つ大切なことは，視点を変えて考えてみたり，異なる見方を探し，多様な意見にふれることである。たとえば，「自動運転」と検索し，リストの上位に出てくるものを見れば，同じようなものが多いことがわかる。あえてリストのもっと後ろの方を見てみることも大切であろう。同じ意見ばかりだとそれを信じることしかできないからである。情報を検証するには不十分である。一般に信じられていることが，しばらくするとひっくり返ることがある。そのことからも多様な意見にふれる必要があることがわかる。かつて恐竜は愚かな「でかい」だけのトカゲとされたが，今やチームで狩りをし，子育てを行う恐竜や，羽毛が生えた鳥に近いカラフルであった可能性がある恐竜などが次々に現れている。教科書でさえ書き換えなければならないことが存在する。また，小学校やExcelでは「0（ゼロ）」で割っては「いけない」が（Excelはこの考え方だ。0で割ると「#DIV/0!」というエラーになる），「0（ゼロ）」で割ると「∞（無限大）」とする場合もある。量子コンピュータは「0」と「1」の状態だけでなく「0」と「1」のどちらにもなる状態があるとされたりする。視点のレベルによって「事実」も異なる。

思いとどまる

それでは具体的な行動の中では，どうすればよいのであろうか。わからないことを調べたり，複数の情報源を用いて情報を精査したり，シミュレーションした成果が現れるのは，いつか？おそらく，デバイスを操っていて，ふと「これ，大丈夫？」とか「これ以上は危ないかも」と思ってそれ以上は進まず，思いとどまった時である。つまり危険を察知して，思いとどまることができた時，学習やシミュレーションの成果がようやく現れたといえる。

技術だけ？

情報セキュリティを扱う者にとって一番頭の痛い問題は何であろうか？　最後にふれておこう。ハッカーやウィルス，情報漏洩，産業スパイなど，様々あろうが，避けがたい危険があるとされる。技術が複雑に入り組むとバグが必然的に発生し，セキュリティホール（セキュリティの穴）ができてしまい，致命的な事故が発生し得る，これは経験上わかっているが，それよりも恐れられている危険がある。セキュリティホールは更新で何とかなる。では，何であろうか？　いくら技術的に頑張っても防ぎ得ない問題，それはヒューマンエラーだとされる。

あなたしだい

たとえセキュリティホールがあるとしても，多くの場合，ユーザーが不注意に危険な添付ファイルを開けなければ，ウィルスが侵入することはなかったりする。セキュリティが完璧な会社から，仕事を家でしようとデータをこっそり持ち出さなければ，情報漏洩は起きなかったりする。

そんな事例はたくさんある。セキュリティ屋が攻め切れない歯がゆい要因，それが人である。

　社会や会社，学校に一人でもセキュリティ意識が低い人が存在し，その人がミスをすれば全体が危うくなる。わかってもらえただろうか。そう，つまり最後は，あなたにかかっているのである。将来に備えるキーは，あなた自身である。

演習

　あまり意識されないセキュリティについて考えてみよう。たとえば，夜間に真っ黒な服装はどうだろう？　凶悪犯と対峙する時，ネクタイはどうすればよいだろうか？　自動車のドアについているライトは，乗る時に足元を照らすためか？　下り坂のカーブはブレーキをかけながら曲がってよいのか？　ドイツにオートバーン（アウトバーンとよくいわれる：制限速度がない高速道路）が存在するのはなぜか？　量子コンピュータは何をもたらすか？　トロッコ問題は解決できるのか？　停電がもたらす危険は？　『ジュラシック・パーク』はなぜ崩壊したか？　ジョージ・オーウェルの『1984』だけでなく，オルダス・ハクスリーの『すばらしい新世界』がディストピア小説の代表とされるのはなぜか？　テーマはつきない。ふと気づいた時にちょっと考えてみよう。

コラム

心の自由：あこがれの効能

　何かをほしがったり，あるいは恨んだりする，そんなことは誰にでも少しはある。そんな経験をした時に，少し冷静になって考えてみよう。対象は意外に身近なところにあるのではないだろうか。少し無理をすれば手に入りそうなもの，毎日会うクラスメイトだったりしないだろうか。

　これとは異なり「あこがれ」をもつ対象はずいぶんと遠い存在である。通常，なかなか手に入れたり，なったりすることができないものである。幼稚園や小学校の時の「なりたいもの」は「ケーキ屋さん」「お花屋さん」「バスの運転手」「サッカー選手」など身近なものが多く，まだまだ現実的であって，「あこがれ」より「希望」があるが，「宇宙飛行士」となるとやはり少し夢見がちだといわれ，「あこがれ」に分類されるべきかもしれない。やはり「あこがれ」はなかなか実現することができないものである。

　身近な欲求や憎悪は，身近だからこそ欲求や憎悪が深まり，人はそれを強く現実化しようとする。このことを利用する者たちがいる。

　Web サイトやアプリは，あなたが興味あるものを探し，その嗜好に合わせて商品を提案してくる。何回も，何回も。サイトやアプリを超えて何回も，何回も。駄目だった場合は，少し選択肢を増やして提示する。するといつの間にか欲望が「強化」され，ついつい買ってしまう。憎悪をあおり立てる時も同じで，あなたの考えに沿いそうな「悪口」や「批判」を繰り返し，繰り返しあなたに浴びせる。すると曖昧だった憎悪が「強化」され「具体化」され，絶対に自分が「正しい」という確固たる「確信」が生まれる。「daily me（デイリーミー）」[19]や「cascade」と表現されたりするが，自分の好みに合ったものだけにふれ続けると，たとえ考えが間違っていても正されず，それどころか先鋭化し，やがて分断と

対立が社会にはびこるとされる。一方で検索結果がユーザー好みにカスタマイズされ，まるで泡の中に
ユーザーを包み込むようにして周りを見えなくさせる（フィルター・バブル）。他方では似たもの同士
が集う SNS で，メンバーが異論のない中で，常に同意し合い，共感を強くしていく現象（エコーチェ
ンバー現象）が起こることがある。これらが分断と対立に拍車をかけているともいわれる。

　これらは通常「身近」なものに起こる。対象が身近であるほど具体的で捉えやすく，欲望や憎悪も強
化しやすい。大統領や雲の上のアーティスト，月に対しては具体的な欲望も憎悪も生まれにくい。そう
させるにはより巧妙な手法や特別な理由が必要となる。

　こう考えてみると，「心の自由」を保ち，操られてしまわないよう
にするためには，すぐそこにあるものにこだわり過ぎず，手に届きそ
うにない「あこがれ」をもつ方がよいように思われる。身近なものに
囚われ，あるいは手近なもので満足せずに，少しばかり夢見心地な
「あこがれ」を志向する。すると視点が自然と上昇し，鳥瞰的な視野
が開け，想像の地平も広がるように思われる。雲の上から眺めること
ができれば，混乱する地上では，本当は何が大切で，何が必要かとい
うことがわかるかもしれず，操られることもなく，自由な発想や創造
も生まれやすそうである。

⒆　2016年アメリカ大統領選挙においてこのような手法の一種をケンブリッジ・アナリティカ社は，個人情報を収集・分
　　析しつつ，利用したといわれる。

⒇　キャス・サンスティーン著，石川幸憲訳『インターネットは民主主義の敵か』（毎日新聞社，2003年）。サンスティー
　　ンは Net 上でこのようにしてしばしば起こる主張の先鋭化を「サイバーカスケード」（cyber cascade）と呼ぶ。

183

X. 整える

関数によるデータの加工：Microsoft Excel（3）

優　　：このデータ，どうにか使えないかしら。

　　　　全部入力し直すのは，絶対に無理。

Na子：使いたいわね。でもExcelに貼り付けるとぐっちゃぐちゃ。

優　　：生データをダウンロードさせてくれるといいのに。

Na子：けちよね。

優　　：勉強のために使っているのにね。

Na子：でも，こないだ調べてたら，Excelは何でもできるって書いてあったわ。

　　　　ゲームだって作れるんですって。

優　　：表計算のソフトでゲーム？

Na子：サンプルがあったわよ。ほら。

優　　：ほんとだ。ん？　セキュリティの警告？　ウィルス？

Na子：マクロっていう機能らしいわ。自動化するプログラミングなんだって。

　　　　このゲームは関数とマクロでできていると書いてあったわ。

優　　：じゃあ，ＯＫしてみる？

Na子：このサイトはオフィシャルだし，パソコンもセキュリティ対策してあるからたぶ

　　　　ん大丈夫。ＯＫしてみよ。

優　　：スロットじゃない。回ってる。

Na子：意外に簡単にできるらしいよ。

優　　：へぇ。ところで関数って何？

Na子：やだ，こないだやったじゃない。

優　　：やったっけ？

Na子：合計や平均はどうやって求めたの？

優　　：あぁ，あれね。fxってやつね。

Na子：そう。Excelの上手な人には関数使いとマクロ使いがいるんだって。

優　　：魔法使い？

Na子：ははは。私たちにとってはそうよね，魔法使い。

X.1　2つの発展を知る：関数とマクロ

　Na子と優の会話にあるように，Excelをうまく使うユーザーは関数やマクロに長けている。

マクロ

　マクロに関しては「XII．創る」でも初歩的な機能を説明するが，マクロはExcelに処理を覚えさせ再利用することができるだけでなく，プログラムを組んでExcelのシートや機能を利用しながら複雑な処理をさせることができる機能である。自動化の手はずである。

　「表示」タブの右端くらいに「マクロ」ボタンがあり，これを用いて記憶させたり，「マクロの表示」から実行させたりすることができる。「マクロの記録」を選び，ダイアログボックスで名前などを指定し，「OK」をしてから，セルに入力したり，塗りつぶしで色をつけるなどいくつかしておいて，同じ「マクロ」から「マクロの表示」を選び，実行することができる（図X‐1）。これで仕事の効率が驚くほど上がる。

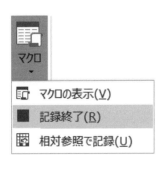

図X‐1　マクロの記録

【HINTS】　斜めに塗りつぶす？

　たとえば，斜め下のセルに塗りつぶしをつけていくことはオートフィルではできず（どうしてか考えてみよう），これを1000回繰り返すのは大変であるが，覚えさせたマクロを利用して自動化すれば，一瞬でできる。しかも，Excelは操作をプログラムの形にしてくれるため，この問題もユーザーがしなければならないのは，「相対参照」で覚えさせ，「編集」で表示されるプログラムにここからここまで1000回繰り返すという部分の追加だけで，たったの2行である（図X‐2）。その2行以外のプログラムは全てがわからなくても，操作が正確に行われていたら合っているはずであるから本当に楽である。

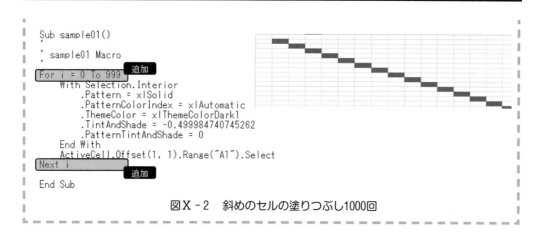

```
Sub sample01()

' sample01 Macro

For i = 0 To 999    追加
    With Selection.Interior
        .Pattern = xlSolid
        .PatternColorIndex = xlAutomatic
        .ThemeColor = xlThemeColorDark1
        .TintAndShade = -0.499984740745262
        .PatternTintAndShade = 0
    End With
    ActiveCell.Offset(1, 1).Range("A1").Select
Next i    追加

End Sub
```

図X‑2　斜めのセルの塗りつぶし1000回

関　数

　SUM や AVERAGE の他，fx ボタンの中には関数がたくさんある。これらを使いこなすことが Excel が上手になるもう一つの方法である。この章では，これらのうち基本的で，応用範囲の広い関数を学ぶことにする。関数もうまく組み合わせて使う場合，プログラミングの要素が加わり，プログラミングを学ぶ下地を作ることにもなる。

X.2　関数学習のロードマップ

　関数を学ぶには，

　　基礎の確認 → ｛簡単な実例 → 実践のための演習｝ の繰り返し → 応用へ

と進むことが必要である。それぞれの関数のクセ（仕様）をつかめるとよい。改めて確認しておくが，文字と数値を正確に分けて入力し，扱い，引数の指定などは省略してはいけない。思わぬ間違いの元である。

　この章では，実例をその計算結果とともに図示しているが，これを眺めるだけで「わかった気」にならず，Excel を用いて同じことをやってみて，「納得」をする必要があるので注意してほしい。使えるようになるためには，実際にやってみて結果を得る経験が必要である。また，本文は読みやすくするために最小限の解説に留めている。詳細は脚注を参照してほしい。

X.3　文字と数値と式を区別する

　まずここで改めて確認しておきたいのは，文字と数値の違いとそれらの扱い，そして式である。

文字と数値

　様々なパターンがあるので，図X‑3で確かめておこう。グレーの部分が最も問題になる。エラーにならないために気づかれないが，十分注意すべきである。

表示形式	入力したもの		★	足し算 =★+★	合計(関数) =SUM(★)	扱い
標準	123		123	246	123	数値
標準	123(左詰め)	123		246	123	数値
標準	'123	123		246	0	文字
文字列	123	123		246	0	文字
文字列	123	123		246	0	文字
標準	abc	abc		#VALUE!	0	文字
標準	あいう	あいう		#VALUE!	0	文字
標準	英語スペース			#VALUE!	0	文字
標準	日本語スペース			#VALUE!	0	文字
標準	空欄			0	0	
標準	="123"	123		246	0	文字
標準	=""			#VALUE!	0	文字

図Ⅹ-3　文字と数値の実例一覧

　数値や式の前に「'」（シングルコーテーション）を入れると文字として認識され，計算はされなくなる。式を式のままにしておきたい場合などにも用いる。また，式や関数の引数の指定の中で「'」や「"」（ダブルコーテーション）で囲むと文字列であると認識される。「=""」（ダブルコーテーションの連続）は，空を意味するが，全く何も入っていないセル（計算上0（ゼロ）として扱われるもの）とは区別されることに注意すること。なお，式の中で「'」は使えない。また，「#VALUE!」は，「計算できない」というエラーメッセージである。

　数値と文字をしっかりと区別し，正確に入力すべきである。「おうちゃく」はせず，数値と式は必ず「英語モード」で入力しなければならない。SUMがこのように文字を排除して合計を計算するということも覚えておこう。

文字と数値の違いによる計算結果の違い

　数値にも見える文字列について，四則演算（+-*/）の計算結果と関数計算結果が異なることは確認したが，関数では文字列と数値をきちんと変換したり[1]，それらを見分けて必要な計算方法を選択できるようになっている。具体的に見てみよう。

①　文字（1Byte文字[2]，2Byte文字），数値の変換：ASC，JIS，VALUE[3]

---

[1]　気づいた人もいると思うが，これはプログラミングでの変数の型（doubleやcharなど）に通ずる問題である。要するにExcelが当該セルを変数として見た時に，どの変数の型を用いるかという問題と考えてもよい。

[2]　1Byte文字は「半角文字」，2Byte文字は「全角文字」などと呼ばれることがあるが，望ましくはない。Byteは情報量の単位で，もともとコンピュータの世界では1Byteで表すことができる英語が標準であり，2Byteが必要な日本語などは，英語2文字分の情報量を用いて表していることを意味する。情報量bitあるいはByteについては「Ⅲ．操る」の〈コラム　情報の表し方〉を参照のこと。1Byteを用いると256種を表すことができる。

[3]　ASC：Asciiの略。コンピュータでは文字も番号で扱われるが，その番号表はAsciiコード表と呼ばれたりする。文字の意味であるが，Excelでは英語モードが基本なので，結局1Byte文字に変換することを意味する。

　　JIS：Japan Industirial Standard（日本工業規格）の略称。JISマークというものがあった。コンピュータを日本に持ち込む時にもJIS規格が決められた。よく使われる日本語のキーボードの多くはJISキーボードである。つまり日本語に変換する。

　　VALUE：エラーでも現れるが，計算できる数値である。Excelでは最も価値が高いといえる。

　文字にも数値にもなる「123」などを変換するための関数である。図X‐4を参考にしながら実際に確かめよう。★→の行で，右から順番に，数値として英語モードで入力した「123」，ASCで1Byte文字に変換したもの，それをさらにJISで2Byte文字に変換したもの，それをASCで1Byte文字に戻したもの，それを最後にVALUEで数値へと変換していっている。●→の行では，上にある★→の変換結果に1をかけ，■→の行では，★→の変換結果を合計し，先ほどの四則演算と関数の結果の違いをもう一度確認している。グレーの部分が四則演算と関数の答えが異なり，注意すべきである。

	もと 数値		ASC 1Byte文字	JIS 2Byte文字	ASC 1Byte文字	VALUE 数値
	★→	123	123	123	123	123
*1	●→	123	123	123	123	123
sum	■→	123	0	0	0	123

図X‐4　データの変換

　2Byte文字をVALUEで直接数値にすることもできるが，お勧めしない。理論通り忠実に1Byte文字に直してからVALUEをかけよう。
②　データの個数：COUNT，COUNTA，[4] COUNTBLANK

　データの個数を数える関数である。図X‐5を参考にしながら実際に確かめよう。上にある「123」などを，数値だけを数えるCOUNT，数値も文字も数えるCOUNTA，空欄だけを数えるCOUNTBLANKを用いて数え，「結果」の行に結果を表示している。COUNTでは，数値であるグレー部分2つだけが数えられ，結果が2となっている。COUNTA，COUNTBLANKもグレー部分だけが数えられている。なお，図X‐5で文字列だけを数える関数がないので工夫しなければならない。「=""」が該当データ内で使われていなければ，比較的簡単である。[5]

　COUNTの仲間には，後述のCOUNTIFもある。
③　平均：AVERAGE，AVERAGEA

　「A」のあるなしについては，平均を求めるAVERAGEも同じである。[6]図X‐6を参考にしながら実際に確かめよう。上にある「123」などを，数値だけが対象のAVERAGE，文字も含むAVERAGEA（Aが最後についている）でそれぞれ平均を求め，「結果」欄に表示している。AVERAGEでは，数値であるグレー部分だけが計算対象となり，計算結果が123となっている。

---

[4]　COUNTAやAVERAGEAなどの末尾の「A」については，「ALL」の頭文字だとの説と，「ASCII」の頭文字だとの説がある。何らかのデータが入っていれば「ALL」（全て）数えると考えるか，「ASCII」（文字列）も含め数えると考えるかであるが，上記の例などを見ても違いはなさそうである。筆者は「ASCII」説を好む。
[5]　「=""」「""」が使われてなければ，COUNTA-COUNT-COUNTBLANKで求められる。近年変数の種類が増えつつあるが，基本を押さえて応用することを勧める。
[6]　もちろん，「A」に気をつけながら，総和（SUM）とデータ数（COUNT）を用いればいずれの平均も求められる。

表示形式	入力したもの	COUNT	COUNTA	COUNTBLANK	扱い
標準	123	123	123	123	数値
標準	123(左詰め)	123	123	123	数値
標準	'123	123	123	123	文字
文字列	123	123	123	123	文字
文字列	123	123	123	123	文字
標準	abc	abc	abc	abc	文字
標準	あいう	あいう	あいう	あいう	文字
標準	英語スペース				文字
標準	日本語スペース				文字
標準	空欄				
標準	="123"	123	123	123	文字
標準	=""				文字
	結果	2	11	ここが問題	

図X‑5　COUNT ファミリー

表示形式	入力したもの	AVERAGE	AVERAGEA	扱い
標準	123	123	123	数値
標準	123(左詰め)	123	123	数値
標準	'123	123	123	文字
文字列	123	123	123	文字
文字列	123	123	123	文字
標準	abc	abc	abc	文字
標準	あいう	あいう	あいう	文字
標準	英語スペース			文字
標準	日本語スペース			文字
標準	空欄			
標準	="123"	123	123	文字
標準	=""			文字
	結果	123	22.36363636	

図X‑6　AVERAGE ファミリー

その他，MAX，MIN なども同様である。数値と文字列の違いに注意して使おう。

式のままにする

　正しい式を入力すると，［ENTER］（［return］）で計算が行われるが，式の先頭に「'」を入れるとやはり文字列の扱いになる。計算はされずにそのまま式が表示される。あるいは「表示形式」を「文字列」にしておくと計算をせずに，その式のまま表示される。もちろんその結果を参照している式に影響するので注意する。

演習

ここまでを実習で確認してから，具体例で使ってみよう。3クラスある共通科目の状況を調べるために成績データを集めたが，データの入力がそれぞれユニークだった（図X-7）。関数を使って最高点，平均点，最低点をはじき出したい。どうすればよいだろうか。3クラスそれぞれで式を変えなければいけないように思う。なお，最高=MAX，最小=MINという関数があり，MAXAなど，それぞれの関数名の最後に「A」がついているものとついていないものがある。ちなみに，Aクラスの最低点は0点，Cクラスの平均点は56点のようだ。[(7)]

出席番号	Aクラス		Bクラス		Cクラス
1	75		67		60
2	32		86		37
3			40		86
4	83		85		85
5	31		76	×××	
6	60		73		90
7	96	欠席			79
8	98		63		70
9	30		58		38
10	78		79		34
11	52		10		
12	63		76		32
13	0点		45		36
14	77		96		71
15	76		87		88
16	38	欠席			36
17	41		36		96
18	58		78		57
19	90		80	×××	
20	0点		61		
21	49		85		64
22	71		92		37
23	46	欠席			54
24	80		95		
25	85		33		82
	空欄＝欠席				空欄＝欠席
					×××＝0点
最高点					
平均					
最低点					

図X-7　3クラスの成績

X.4　データベースを扱う

辞書や住所録，売り上げ記録のような整理されたデータの集まりをデータベースという。検索や集計などをするための素材である。データベースについては「XI．探る」で扱っているが，ここでは大変よく使われるLOOKUP関数について見ていく。この関数は応用範囲が広く，データベースを扱わなくても利用法を習得しておくべきである。

LOOKUPのファミリーには，LOOKUP，VLOOKUP，HLOOKUPなどがあるが，Excelでは横1行で1セットのデータを表すことが多いため，VLOOKUPが最もよく用いられる。

[(7)]

最高点	98	96	96
平均	58.70833333	68.22727273	56
最低点	0	10	0

HLOOKUP はその縦バージョンである。⁽⁸⁾

サンプルデータ

　サンプルデータを用いて解説する。オートフィルを利用して図Ⅹ-8を作ろう。⁽⁹⁾ 基本的にこの
データを使う。必要に応じ，コピーして利用すること。

1	1月	睦月	January	Jan.
2	2月	如月	February	Feb
3	3月	弥生	March	Mar
4	4月	卯月	April	Apr
5	5月	皐月	May	May
6	6月	水無月	June	Jun
7	7月	文月	July	Jul
8	8月	葉月	August	Aug
9	9月	長月	Septembe	Sep
10	10月	神無月	October	Oct
11	11月	霜月	November	Nov
12	12月	師走	December	Dec

図Ⅹ-8　共通サンプルデータ

VLOOKUP の基本

　サンプルデータの「1，1月，睦月，January，Jan」のように，横1行に関連づけが行われ
たワンセットのデータを，順に並べたデータベースから検索を行う場合，VLOOKUP が用いら
れる。fx のボタンから，関数の分類「検索／行列」の中にある。式とダイアログボックスは以
下の通り（図Ⅹ-9）。

　　　=VLOOKUP（①検索値，②範囲，③列番号，④検索方法）

　それぞれの指定を簡単にまとめると　表Ⅹ-1のようになる。

表Ⅹ-1　VLOOKUP の指定

①検索値	どれを　探すか	検索したいキーワードを指定する。
②範囲（参照）	どの中で　探すか	検索するものを必ず一番左にして指定する。
③抽出項目の列	どの項目が　ほしいか	範囲指定の中で左から数えて何番目か。
④検索方法	どうやって　探すか	省略しない。0：完全一致　1：近似（指定までで最大）

　次の図Ⅹ-10の「7」を検索では，サンプルデータとして入力した★の中から，●の欄に入力
された数値（7）を検索し，対応する英語の月名（July）を右隣に求めさせている。●の数値を
入れ替えればもちろん答えも変わる。具体的には，VLOOKUP は矢印のように動いている。つ
まり●に入力された数値（7）を，データベースとして範囲指定された★の左端を上から順に探

---

(8)　LOOKUP が親，VLOOKUP，HLOOKUP が兄弟という関係。なお「V」は「vertical」（垂直）を意味し，「H」は
　　「horizontal」（水平）を意味する。それぞれ「垂直」（縦）に探していく，「水平」（横）に探していくという意味である。

(9)　数値のみ「1，2」をオートフィル，その他は1つだけでオートフィルすればできあがる。月などは1か月ごとだとい
　　う認識がされている。なお「睦月（むつき）」などは登録されている。

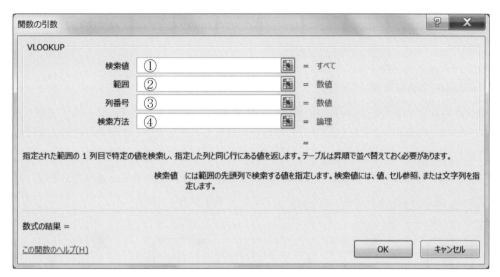

図Ⅹ-9　VLOOKUP ダイアログボックス

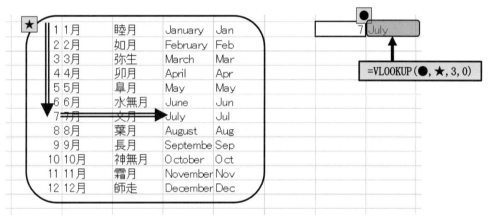

図Ⅹ-10　「7」を検索

していき，見つかった行で止まり，指定された左から 3 番目のデータ（July）を答えとして返している。実際に式を入力して確認してみよう。

演習

まずはサンプルデータを作ろう。その上でここまでを確認し，応用してみよう。

このサンプルデータで「10月」と入れ「神無月」と出すには，どうすればよいだろうか。[10]

---

[10]　範囲指定を「1 月〜 Dec」にし，列番号を「2」にする。

　このサンプルデータで「November」と入れ「11月」と出すには，どうすればよいだろうか。[11]

VLOOKUP の検索方法（0 か 1）

　=VLOOKUP（①検索値，②範囲，③列番号，④検索方法）の④検索方法は，0：完全一致，1：近似（指定までで最大）で指定する。「0」の場合は同じものが見つかった場合だけ答えを得ることができ，「1」の場合は，数値であれば「検索値」の数値までで最大の数が該当するとされる。「1」の場合，正確な答えを得るためには，データを小さい方からきちんと並べておかなければならない。なお「#N/A」は見つからなかったという意味である（図X‐11）。[12]

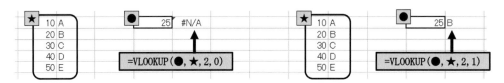

図X‐11　検索方法「0」と「1」の違い

　図X‐12の点数に「A」=80以上，「B」=60以上，「C」=60未満の3段階グレードをつけたい。どのようにすればよいだろうか。[13]

なまえ	てん	ぐれーど
つかさ	63	
しょう	91	
あずさ	88	
ゆう	67	
なみ	56	

図X‐12　点数表

VLOOKUP の列番号

　VLOOKUP で左から何番目の答えが必要かを示す列番号（▲）を指定することができるように変更できる（図X‐13）。図X‐13の例では，列番号を▲で入力することができるようにし，「文月」や「JULY」など●（7）に対応するどのデータを答えとするか，変更できるようにしている。

---

[11]　VLOOKUP は左端だけを検索し，右側の答えを表示するのでこの表のままではできない。「November」より右側に「11月」などの欄を作る必要がある。

[12]　「no answer」。答えがないという意味だが，他のエラーとは少し異なる（後述）。

[13]　後述の「IF」関数でもできるが，「VLOOKUP」の「検索方法＝1」を使うと便利である。ポイントはグレード表をどう作るかである。「検索方法＝1」を使うなら，グレード表は点数の低い方から並べなければならない。

0	C
60	B
80	A

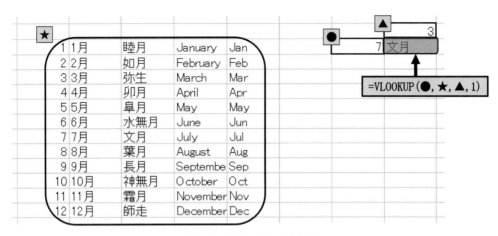

図X‐13　列番号の指定

HLOOKUP

　これまで見てきた VLOOKUP は，データベースの左端を下に向いて検索しているが，HLOOKUP は，一番上を右に向いて検索するものである（図X‐14）。データベースの作り方（横向きか縦向きか）の違いで使い分ける。

1	2	3	4	5	6	7	8	9	10	11	12
1月	2月	3月	4月	5月	6月	7月	8月	9月	10月	11月	12月
睦月	如月	弥生	卯月	皐月	水無月	文月	葉月	長月	神無月	霜月	師走
January	February	March	April	May	June	July	August	September	October	November	December
Jan	Feb	Mar	Apr	May	Jun	Jul	Aug	Sep	Oct	Nov	Dec

図X‐14　HLOOKUP の例

VLOOKUP の答えの利用（繰り返し）

　他の関数でも同じであるが，答えの利用（繰り返し：出てきた答えを次の質問にする）を使うと，複雑なことが可能となる。たとえばサンプルデータがバラバラになっていた場合でも，探り続けることによって答えを求めることができる。難しそうに見えるが，繰り返しているだけである（図X‐15）。具体的に次ページの図X‐15では，まず9を▲を用いて9月に，その9月を★を用いて長月へ……と順番に対応させていき，最終的に Sep を得ている。

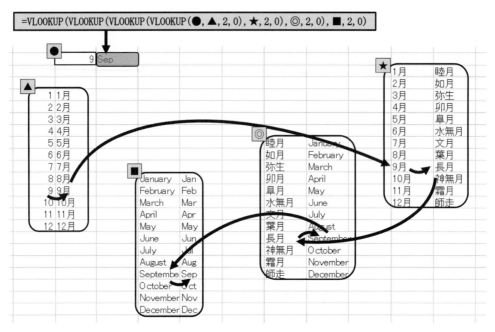

=VLOOKUP(VLOOKUP(VLOOKUP(VLOOKUP(●,▲,2,0),★,2,0),◎,2,0),■,2,0)

図Ⅹ-15　VLOOKUP の答えの利用

演習

　サンプルデータを少し拡張して，図Ⅹ-16のようにしてみよう。どの項目で結果を表示しているかをわかりやすくしている。例では３に対して，古語が表示されるようにしている。[14]

	1	2	3	4	5				
数字	月	古語	英語	略				3	古語
1	1月	睦月	January	Jan			7	文月	
2	2月	如月	February	Feb					
3	3月	弥生	March	Mar					
4	4月	卯月	April	Apr					
5	5月	皐月	May	May					
6	6月	水無月	June	Jun					
7	7月	文月	July	Jul					
8	8月	葉月	August	Aug					
9	9月	長月	Septembe	Sep					
10	10月	神無月	October	Oct					
11	11月	霜月	November	Nov					
12	12月	師走	December	Dec					

図Ⅹ-16　組み合わせ

---

[14]　項目表示には，HLOOKUP を使う。

X.5　条件で場合分けをする（IF 関数）

状況によって処理やその結果を変えたい場合，IF 関数を用いる。IF 関数は大変有用な関数であり，必須である。

IF の基本

IF 関数は，fx ボタンの関数の分類では「論理」にある。基本は図 X－17 の通りで，二者択一となる。二分木と呼ばれる図を書いて整理するとわかりやすい。

=IF（①論理式，②真の場合，③偽の場合）

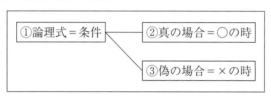

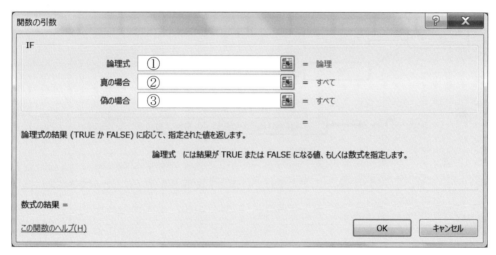

図 X‐17　二分木と IF 関数のダイアログボックス

指定された「①条件」に当てはまった時には「②○の時」を行い，当てはまらなかった時には「③×の時」を行う。

0 から 9 の数字のうち，当たりとして設定された 8 が入力された場合，「当たり！」と表示し，それ以外の時は「ざんねん」と表示させるには，以下のようにする（図 X‐18）。

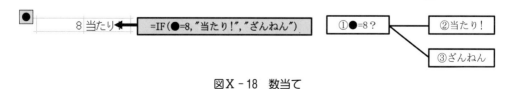

図 X‐18　数当て

論理式の記号

①論理式には様々なものを入れることができるが，代表的な比較に使う記号（比較演算子）は表X‒2の記号となる。

表X‒2　論理式の記号

等しい	=
等しくない	<>

超える	>
以上	>=
以下	<=
未満	<

IF の答えの利用（繰り返し）

当たりが5と8の2つあった場合は，どう表現すればよいだろうか。この場合，IF関数を2段階にする。まずは図に書いて整理してから式を作るとよい（図X‒19）。最後の「）」を忘れないように。もちろん8と5でメッセージを変えることもできる。④を変えたりすればよい。なお，2段階以上にする場合 fx のボタンなどを使わずに，直接式を入力していった方が早く理解も進む。

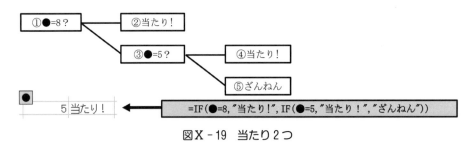

図X‒19　当たり2つ

IFは，〇の方にも×の方にもどんどん重ねていき，7段階まで分けることができる。[15]

演習

「X.4　データベースを扱う」の演習の点数表（図X‒12, 194ページ）では，効率的に VLOOKUP でグレードをつけたが，IF 関数を用いてやってみよう。[16]

X.6　文字列関数で「整える」

Na子と優の会話にあったように，Web などからデータをコピーして Excel にもってくると「ぐちゃぐちゃ」なことが多い。データ同士がくっついていたり，逆に不要なスペースが大量に

---

(15) バージョンによる。7段階まで全て使った場合，2＾7（2の7乗）＝128通りまで分岐させることができる。しかし式が長文になるため，いくつかに分けたり，194ページの演習の点数表（図X‒12）のように別の方法を考える方が間違いが起こりにくい。

入っていたり，と状態も様々である。これらの多くは，文字列を扱う関数で整え，利用可能な形にすることができる。Excel は計算だけでなく，文字を処理することもできるのである。必須あるいは代表的なものを見ていくこととする[17]。これらの関数は fx ボタンの「文字列操作」の分類にある。なお，数値，1Byte 文字，2Byte 文字の変換についてはすでにふれた（「X.3　文字と数値と式を区別する」参照）。

文字数のカウント：LEN

セルの中に入力されたデータの文字数を数えるには LEN 関数を用いる（図X‐20）[18]。1Byte，2Byte 文字など文字種にかかわりなく，１文字として数えられる。

図X‐20　LEN

不要なスペース（空白）の削除：TRIM

紛れ込んだ不要なスペースの削除には TRIM 関数を用いる[19]。この関数は非常によくできており，文字列の前後のスペースは全て削除され，区切りの部分はスペースを１つ残す（図X‐21）。まず，TRIM をかけてから処理を行うとよい。

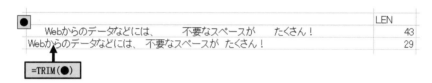

図X‐21 TRIM

文字列の結合：CONCATENATE

文字列を結合するには，CONCATENATE 関数を使う（図X‐22）。

図X‐22　CONCATENATE

---

(16)　=IF（● >=80, "A", IF（● >=60, "B", "C"））

(17)　たとえば文字列を切り取る関数としては，文字列の左端から切り取る LEFT 関数や右端から切り取る RIGHT 関数もあるが，任意の位置から任意の文字数を切り取ることができる MID 関数のみ扱う。文字の切り取りに関しては後述する。MID 関数さえきちんと使えれば他は覚えなくてもよい。

(18)　LENGTH（長さ）の略だと思われる。

演習

　絶対参照をうまく使うと，名前などを変更しながら文章を簡単に作り上げることができる。図
X‐23をオートフィルを利用して作ってみよう。[20]

こんにちは、	つかさ	さん！！		こんにちは、つかささん！！
	しょう			こんにちは、しょうさん！！
	あずさ			こんにちは、あずささん！！
	ゆう			こんにちは、ゆうさん！！
	なみ			こんにちは、なみさん！！

図X‐23　定型文書作成

演習

　文字列結合の答えの利用（繰り返し）を使うと，左端のアルファベット一覧を元に，真ん中や
右のアルファベットをつなげた文字列を作り上げることがオートフィルでできる（図X‐24）。
試してみよう。

ヒント：途中を考えてみるとよい。「5番目は，4番目でできあがっているはずのものに，5番
目のEを加えたもの」「6番目は，5番目でできあがっているはずのものに，6番目のFを加え
たもの」[21]……。

A	A	A
B	AB	BA
C	ABC	CBA
D	ABCD	DCBA
E	ABCDE	EDCBA
F	ABCDEF	FEDCBA
G	ABCDEFG	GFEDCBA
H	ABCDEFGH	HGFEDCBA
I	ABCDEFGHI	IHGFEDCBA
J	ABCDEFGHIJ	JIHGFEDCBA
K	ABCDEFGHIJK	KJIHGFEDCBA
L	ABCDEFGHIJKL	LKJIHGFEDCBA
M	ABCDEFGHIJKLM	MLKJIHGFEDCBA
N	ABCDEFGHIJKLMN	NMLKJIHGFEDCBA
O	ABCDEFGHIJKLMNO	ONMLKJIHGFEDCBA
P	ABCDEFGHIJKLMNOP	PONMLKJIHGFEDCBA
Q	ABCDEFGHIJKLMNOPQ	QPONMLKJIHGFEDCBA
R	ABCDEFGHIJKLMNOPQR	RQPONMLKJIHGFEDCBA
S	ABCDEFGHIJKLMNOPQRS	SRQPONMLKJIHGFEDCBA
T	ABCDEFGHIJKLMNOPQRST	TSRQPONMLKJIHGFEDCBA
U	ABCDEFGHIJKLMNOPQRSTU	UTSRQPONMLKJIHGFEDCBA
V	ABCDEFGHIJKLMNOPQRSTUV	VUTSRQPONMLKJIHGFEDCBA
W	ABCDEFGHIJKLMNOPQRSTUVW	WVUTSRQPONMLKJIHGFEDCBA
X	ABCDEFGHIJKLMNOPQRSTUVWX	XWVUTSRQPONMLKJIHGFEDCBA
Y	ABCDEFGHIJKLMNOPQRSTUVWXY	YXWVUTSRQPONMLKJIHGFEDCBA
Z	ABCDEFGHIJKLMNOPQRSTUVWXYZ	ZYXWVUTSRQPONMLKJIHGFEDCBA

図X‐24　答えの利用による文字列の結合

---

(19)　TRIMMING の略だと思われる。写真などの不要な部分を切り落とすことをトリミングという。

(20)　=CONCATENATE（$?$?，●，$?$?）

文字列の分割：MID

文字列から特定の長さの文字列を切り抜くには，MID 関数[22]を使う（図Ｘ‐25）。なお，文字数が足りない場合は，あるだけの文字列が切り取られ，後ろには何もつかない。

=MID（元の文字列，開始位置，文字数）

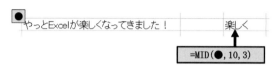

やっとExcelが楽しくなってきました！ 　　楽しく

=MID(●, 10, 3)

図Ｘ‐25　MID

演習

MID を使えば CONCATENATE とは逆のことができるはずである。

Ａから Ｚ までの文字列を順に切り取って，図Ｘ‐26を作ってみよう。

ABCDEFGHIJKLMNOPQRSTUVWXYZ	ABCDEFGHIJKLMNOPQRSTUVWXYZ
BCDEFGHIJKLMNOPQRSTUVWXYZ	ABCDEFGHIJKLMNOPQRSTUVWXY
CDEFGHIJKLMNOPQRSTUVWXYZ	ABCDEFGHIJKLMNOPQRSTUVWX
DEFGHIJKLMNOPQRSTUVWXYZ	ABCDEFGHIJKLMNOPQRSTUVW
EFGHIJKLMNOPQRSTUVWXYZ	ABCDEFGHIJKLMNOPQRSTUV
FGHIJKLMNOPQRSTUVWXYZ	ABCDEFGHIJKLMNOPQRSTU
GHIJKLMNOPQRSTUVWXYZ	ABCDEFGHIJKLMNOPQRST
HIJKLMNOPQRSTUVWXYZ	ABCDEFGHIJKLMNOPQRS
IJKLMNOPQRSTUVWXYZ	ABCDEFGHIJKLMNOPQR
JKLMNOPQRSTUVWXYZ	ABCDEFGHIJKLMNOPQ
KLMNOPQRSTUVWXYZ	ABCDEFGHIJKLMNOP
LMNOPQRSTUVWXYZ	ABCDEFGHIJKLMNO
MNOPQRSTUVWXYZ	ABCDEFGHIJKLMN
NOPQRSTUVWXYZ	ABCDEFGHIJKLM
OPQRSTUVWXYZ	ABCDEFGHIJKL
PQRSTUVWXYZ	ABCDEFGHIJK
QRSTUVWXYZ	ABCDEFGHIJ
RSTUVWXYZ	ABCDEFGHI
STUVWXYZ	ABCDEFGH
TUVWXYZ	ABCDEFG
UVWXYZ	ABCDEF
VWXYZ	ABCDE
WXYZ	ABCD
XYZ	ABC
YZ	AB
Z	A

図Ｘ‐26　答えの利用による切り取り

文字列内での文字の検索：FIND

１つのセルの中に入っている文字列の中に，指定された文字列が含まれているかどうかを調べるのが FIND 関数[23]である。見つかった場合はその先頭の文字の位置（何文字目に見つかったか）が答えとして表示され，見つからなかった場合は「#VALUE!」というエラーとなる（図Ｘ‐27）。開始位置は省略しないこと。大文字・小文字なども見分ける[24]。

---

(21) 漸化式や「拡大再生産」「雪だるま式」を思い出すとよい。

(22) 真ん中という意味である。

(23) 見つけるという意味である。セルを分けて並べられたデータベースから何かを探すには，VLOOKUP などを使った（「Ｘ.4　データベースを扱う」参照）。

(24) 大文字への変換には UPPER 関数が，小文字への変換には LOWER 関数がある。

=FIND（検索する文字列，対象，開始位置）

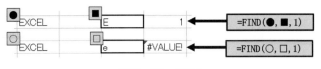

図X-27　FIND

答えの利用による２番目，３番目の位置

「EXCEL」には，「E」が２文字含まれている。このように同じ文字全ての位置を知りたい時には，やはり順番に答えを利用していく。１番目に見つかった次の位置から探し始めれば，２番目を見つけてくれるはずである。絶対参照を使いながら１番目の答えを求める式を入力し（=FIND（$B$4,$A$2,B5+1）のような形になる），以下はオートフィルを利用する（図X-28）。「★+1」がポイントである。空欄である★は計算上０として扱われる。[25]

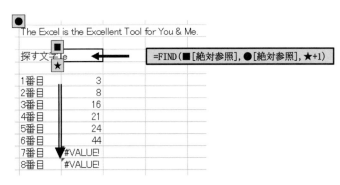

図X-28　２番目，３番目

演習

「The Excel is the Excellent Tool for You & Me.」で１番目のスペースの次の文字から２番目のスペースの次の文字までを取り出すことができる。「Excel」と出てくるはずである。もちろん，この文章を他の文章に置き換えてもできなければいけない。どうすればよいだろうか。

ヒント：FINDで１番目と２番目のスペースの位置を割り出しておいて，MIDで切り抜く。

X.7　エラーを利用して万能にする

「エラー」が出るとふつう困惑する。Excelでもそうであるが，エラーはうまく利用すると，とてつもない威力を発揮する。エラーを恐れず，利用することができるように基本を学ぼう。

---

[25]　最初の★は空のセルを見ているが，空のセルは「０」として扱われるから，これでよい。

エラーの種類と注目すべきエラー

エラーにはたくさんの種類がある。このテキストでも「#DIV/0!」や「#N/A」「#VALUE!」などがすでに出ている。

この中で「#N/A」だけは「no answer」の略だとすると，あるいは最後に「!」がついていないことからすると，他のエラーとは異なる性質をもっていることがわかる。少し気をつけながらエラーを見ていこう。

エラーを確認する関数とその見分け方

エラーを確認する関数がある。fx のボタンの中で「情報」という分類の中にある。よく使われる関数だけをまとめて見ておく[26]（図X‐29）。

	ISNA	ISERR	ISERROR
#DIV/0!	FALSE	TRUE	TRUE	← =ISERROR(●) など
#REF!	FALSE	TRUE	TRUE
#VALUE!	FALSE	TRUE	TRUE
#N/A	TRUE	FALSE	TRUE

図X‐29　エラー

それぞれ =ISNA（●）などの答えを示しているが，やはり「#N/A」だけが特別扱いされている。全くの誤り（構文上のミス，定義違反など）ではなく，「見つからない」として区別されている。

また，これらの関数は「IS」+「NA」など疑問文になっている。「NA ですか？」などと訊いている。したがってその答えも，「TRUE」=「はい」あるいは「FALSE」=「いいえ」となっている。この「TRUE」と「FALSE」は IF 関数で出てきた「真」と「偽」に対応し，要するに「○」と「×」で，IF 関数の条件として使うことができる。

VLOOKUP で，エラーメッセージを日本語化する試みを見てみよう。VLOOKUP では，「見つからない」という「#N/A」と，列番号の誤りで「#REF!」の2種類のエラーが現れる。答えの後ろにメッセージを表示した。メッセージを表示するために用いた式は，全て同様である（図X‐30）。一番上では，答えが見つかったためエラーとはならず，「が見つかりました」が表示され，真ん中では「#REF!」という参照指定が間違っている（指定された列番号が大き過ぎて使えない）ため，「指定が違います」が表示され，一番下では2.5に対応する答えがないために「#N/A」となっており，これに対応させて「見つかりません」と表示されるようにしている。

---

[26]　よく「#NAME?」というエラーが出る。これは入力した関数名などが間違っていることを意味している。スペルミスなどである。

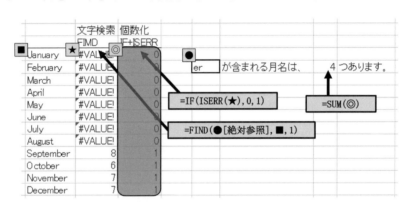

表内データ：

1	1月	睦月	January	Jan		3
2	2月	如月	February	Feb	2 如月	が見つかりました
3	3月	弥生	March	Mar		
4	4月	卯月	April	Apr		
5	5月	皐月	May	May		7
6	6月	水無月	June	Jun	2 #REF!	指定が違います
7	7月	文月	July	Jul		
8	8月	葉月	August	Aug		
9	9月	長月	September	Sep	● 3	
10	10月	神無月	October	Oct	25 #N/A	見つかりません
11	11月	霜月	November	Nov		
12	12月	師走	December	Dec		

=IF(ISNA(●),"見つかりません",IF(ISERR(●),"指定が違います","が見つかりました"))

図X‑30　エラーメッセージの日本語化例

応用例

アルファベットで表した月の名前の一覧から，たとえば「er」を含む月を数えてみる（図X‑31）。もちろん「er」は「r」などにも変更できるようにしておかなければならない。

図X‑31　er が含まれる月

X.8 ""（空白）で美しく，パズル的思考でよりパワフルに

Excel をこのあたりまで学んでくると，Excel がパズルの一種のように思えてくることがある。与えられた関数などのピースを，ルールに従いながら，埋め合わせていく，そんな印象である。

Excel の苦手な人の中には，Excel を何か特別なもの，あるいは新しいものだと思い込み，Excel だけの特別なことを覚えて，特別な勉強をしなければならないと思っている人がいるようだ。ここまでのまなびでその誤解がすっかり解けているならば嬉しいが，もう少しだけ続けて誤解を解く試みをしていこう。その前に，まずはもう一つ，便利だが気をつけなければならないものを注意も含めて紹介しておこう。

""：ダブルコーテーションの連続＝空

「""」あるいは「=""」は，「X.3　文字と数値と式を区別する」ですでに見ている。「空」とい

う意味である。たとえば成績をつける時のように，「0」が入っていない方が見やすい場合がある（図X‐32）。あるいはそうやって欠席を見分ける必要もあるかもしれない。しかし合計などをしてしまうと，どうしても「0」が入る。これを防ぐために「""」を使う。

小テスト	第1問	第2問	第3問	第4問	第5問	合計	備考
つかさ	15	15	7	17	17	71	
しょう						0	欠席
あずさ	19	14	12	0	5	50	
ゆう	8	15	7	4	2	36	
なみ	15	12	19	19	9	74	

図X‐32　合計に「0」

IF 関数と "" を組み合わせて使う（図X‐33）。

=IF(●="","",SUM(■))

小テスト	第1問	第2問	第3問	第4問	第5問	合計	備考
つかさ	15	15	7	17	17	71	
しょう							欠席
あずさ	19	14	12	0	5	50	
ゆう	8	15	7	4	2	36	
なみ	15	12	19	19	9	74	

図X‐33　"" の使用

　注意すべきは，「""」とされたセルは，文字列扱いだが空でもあるということである。COUNTA，COUNTBLANK や AVERAGEA を使う時には注意しなければならない（「X.3　文字と数値と式を区別する」参照）。

　もう一つ例を挙げておく。VLOOKUP で検索を行った答えが存在しない場合，「#N/A」が表示されてしまうが，表示したくない。そのような場合も「""」を利用することができる。IF 関数，ISNA 関数とともに使う。

　= IF（ISNA（VLOOKUP（……）），"",VLOOKUP（……）） とすればよい。

　「VLOOKUP（……）」には実際には検索の式が入り，2か所とも同じである。

パズル

一つ実践演習をして，Excel がパズルであることを体験しよう。

演習

　英語で表された月名で，たとえば「a」と「u」の両方が入っている月の数，あるいはどちらかが含まれている月の数をどう出せばよいだろう。それには図X‐34のような表を作ればよい。問題はグレーの「両方」の部分の「1」や「0」はどう計算された結果なのかである。グレーの部分の謎が解ければ，「a」か「u」かのどちらかが含まれている月の数も求められるはずである。グ

レーの部分の計算方法がきっと違う。[27]

	a 文字検索 FIMD	個数化 IF+ISERR	u 文字検索 FIMD	個数化 IF+ISERR	両方
January	2	1	4	1	1
February	6	1	5	1	1
March	2	1	#VALUE!	0	0
April	#VALUE!	0	#VALUE!	0	0
May	2	1	#VALUE!	0	0
June	#VALUE!	0	2	1	0
July	#VALUE!	0	2	1	0
August	#VALUE!	0	2	1	0
September	#VALUE!	0	#VALUE!	0	0
October	#VALUE!	0	#VALUE!	0	0
November	#VALUE!	0	#VALUE!	0	0
December	#VALUE!	0	#VALUE!	0	0

a と u が含まれた月は 2 つあります。

図X‐34　両方含まれる月の数

X.9　データを整える

　ようやくデータを整える準備ができた。Excel に必要な関数は一通り学んだが，パズルのように解決することが必要であることも学んだ。その時には意外に初歩的な事柄が役立つこともある（ベン図など）。柔軟に解いていこう。

演習

　Web からデータをコピーしたら，「January, February, March, April, May, June, July, August, September, October, November, December,」（最後にも「,」がある）のように「,」で区切られてはいるが，1つのセルの中に入ってしまった。このままでは使えない。一つひとつ切り離し，セルに入れていかなければならない。どうすればよいだろう。完成イメージを挙げておくので（図X‐35），考えてみよう。

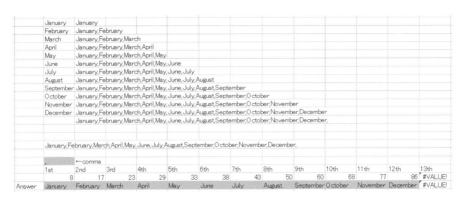

図X‐35　解答例

---

(27)　集合の問題である。和集合と積集合という言葉を思い出せれば解ける。ベン図も思い出そう。

今回は文字の揃ったデータだったが，場合によっては TRIM，ASC などを使ってからこのような作業を行う必要があるので，気をつけよう。

演習

先ほどの英語で表された月名で，たとえば「er」が含まれている月名の数だけではなく，該当する月名を列挙するにはどうすればよいだろうか。やはり解答例を挙げておくので，トライしてみよう。解答例ではわかりやすいように「e」が含まれている月にしてある（図X‐36）。

ヒント：VLOOKUP を使っている。では VLOOKUP では，何を検索しているだろうか。

		文字検索	個数化			
		FIMD	IF+ISERR			
0	January	#VALUE!	0			
1	February	2	1	e	が含まれる月名は、	6 つあります。
1	March	#VALUE!	0			
1	April	#VALUE!	0	その月は、		
1	May	#VALUE!	0	1	February	
2	June	4	1	2	June	
2	July	#VALUE!	0	3	September	
2	August	#VALUE!	0	4	October	
3	September	2	1	5	November	
4	October	6	1	6	December	
5	November	4	1	7		
6	December	2	1	8		

図X‐36　該当月名の列挙の解答例

これらの例からもわかったように，関数の知識を身につけるだけでなく，様々なものに応用して，可能性を広げられるようにすることが大切である。柔軟に考えてパズルを解いていこう。今，解けなくても，いろいろな考え方や使い方を学べば，あるいは慣れてくれば，いずれ解けるようになるだろう。いろいろな問題を解いてみよう。

ここまでしっかりと学んでもらえれば，みなさんが，計算だけでなく文字に関しても，様々な問題を Excel で解いていける条件が整ったといえる。

---

(28) このデータ自体は，「abc……xyz」を作る時と同じ手法で作ることができるが，最初の「,」と最後の「,」は難しければ手動でもよいだろう。

(29) なお，この例は出席カードを集めて，それを並び替えなくても，集まった順で入力すれば，名簿へ反映されるようにできることを示している。

┌─◯ラ◯─────────────────────────────

エラーとバグ

　エラーやバグは基本的に嫌われ者だ。これらが現れると大変な目に遭わされる。そう思っている人は多い。しかしこの章で見てきたように，エラーはそれがどうして起こるのかを知ることができれば逆に利用することができる。わざとエラーを起こさせて，もっとひどい状態を回避する，という手法も存在する。これに対し，バグはプログラム自体のミスなどを指すのが一般的だ。しかもどこに隠れているかはなかなかわからず，誰かが原因を見つけて，バグフィックス（プログラムを修正）してくれるまで，いつそのバグにやられるかわからない。しかも最近のシステム，特にOSなどはあまりにも複雑すぎて，バグが全くないなど考えられない。常に何らかのバグが潜んでいる。原因を探ることのできるエラーより，なかなか修正し切れないバグの方が厄介である。しかもある種のバグはセキュリティホール（セキュリティ上の欠陥）を作り，不正な攻撃を可能にしてしまう。システム更新が毎月のように行われる理由だ。自動運転の自動車のシステムにバグがあるというのは考えたくはないが，あるかもしれない。

　このバグは誰が発見するのか？　一見問題なく動いているように見えるシステムのバグを発見できる人とは？　もちろんこの困難な作業をする強い動機をもつ者たちである。このように書くときっとハッカーだ，と思う人が多いだろう。お金儲けのために，と。ハッカーの話は，「Ⅸ．守る」で少しふれているが，よいハッカーもいたり，インターネットが普及するくらいまでのハッカーは，金銭というより名誉を重視していた者がかなり多く，インターネットの発達に大きな貢献をした者もいることを忘れない方がよいであろう。インターネットはバグとハッカーが育てた，といえるほどだ。それらを利用する私たちは，エラーやバグが必ずあることを意識してシステムやデバイスを使う必要があることを覚えておこう。

　ここでわかることがある。Excelで計算した結果，エラーが出たとしても，諦めたり，それこそバグだと言ってやめてしまったりしてはいけないということだ。エラーにも理由があり，それがわかればエラーを防いだり，あるいは回避できたり，場合によっては利用ができる。少し前までいくらか腕に覚えのある人はよくエラーやバグを利用した。

　前に興味深い経験をした。白黒印刷をしたいのに，カラーのインクがないからと印刷をさせてくれないある有名メーカーのプリンタ。カラーのインクがないからエラーが出ているのだが，ちょっと調べている中で解決方法を見つけた。ちゃんとインク切れのエラーをキャンセルして「無理矢理に」印刷させる方法がある。通常はインク切れの状態は不完全な状態なので，みんな諦めてカラーのインクを買うが，回避方法がNetやマニュアルの隅っこに載っていたりする。見つけた時にはこのメーカーの開発者はさすがにしっかりしている，と再認識した。プリンタを安く作り，どんどんインクカートリッジを売るのであれば，このような回避方法は組み込んではいない。インク切れなどで困った時，ちょっと調べてみよう。

　エラーが現れて投げ出すのではなく，少なくともエラーやバグを知り，それをコントロールしようとすることは，それまでの受け身的なアプリ（アプリケーション）ユーザーから，アクティブユーザーへとステップアップすることを意味する。この章で見たように，エラーを扱えるようになると，できることが飛躍的に増え，かつ，理論的な思考の世界が広大なことを垣間見ることもできる。よい開発者のい

るメーカーと，儲け第一主義のメーカーを見分けることもできるかもしれない。

　エラーも別の観点から見れば，高い利用価値を有している場合がある。ある視点ではエラーにしか見えないが，別の視点から見るとエラーなんかではなく，むしろ貴重な場合もある。逆に素晴らしい発明とされていたものが，地球環境破壊の原因とされることもある。これもエラーかもしれない。エラーやバグと付き合っていかなければならないのであるから，次の世界へと飛躍させるきっかけとなる，金の卵となるエラーやバグ探しを始めてみてはどうだろうか。

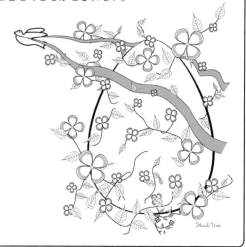

XI. 探 る

データベース，より深く・広く：Microsoft Excel（4）

Na 子：たくさんある〜。

優　　：えっ？　何を見つけたの。

Na 子：ビッグデータを探ってたら，オープンデータでこんなの見つけた。

優　　：なにこれ？　いろいろあるんだね。だいたい www.data.go.jp だもんね。
　　　　Excel のものも結構あるわね。
　　　　都道府県別タンクローリー数集計表だって。

Na 子：タンクローリーって？

優　　：ガソリンとか運ぶ車。でもこの「X」（エックス）って何？

Na 子：ないんじゃないの？　「0」（ゼロ）って書けばよいのに。
　　　　Excel で使う時，困らないのかなぁ。

優　　：さっきやった関数でどうにかなるんじゃない？

Na 子：なるほど。

優　　：でもよくある売り上げのデータとかはこんな感じじゃないよね。

Na 子：そうそう，項目が作ってあって，時間だとか商品名だとか数量とか，なんやかん
　　　　やとずら〜っと，すごい数ならんでる。

優　　：私もバイト先で POS の履歴見たことある。

Na 子：あれもデータベースなんだよね。

優　　：あれで，在庫管理と発注管理と，それに顧客情報なども管理しているはずよ。ち
　　　　ょっと前まで，レジうちの時に性別と年齢層入れていたわ。でも今はないわ，ど
　　　　うしてかしら。

Na 子：キャッシュレスだからじゃない？　誰がいつ，何を，どこで，何と一緒に買った
　　　　か，わかるもん。

優　　：なるほど。でもちょっと怖いね。

Na 子：でも，どうやって分析してるんだろうね。

優　　：Excel でもできるみたいよ。

Na 子：えっ，そうなの？

XI.1 データベースと学習ロードマップ

　整理されたデータの集まりをデータベースという。スマートフォンに入っているアドレス帳から，顧客データ，気象観測データ，株式などの金融市場データ，辞書，ほしいものリストまで，項目ごとにきちんと整理されていればデータベースといえる（図XI - 1）。いわゆるビッグデータは，データベースであったり，それを構成するデータである。世の中にはデータがあふれている。このデータを解析することにより，様々なことを数値の根拠をもって知ることができる。またAIはそのようなデータを学習することで，シェフが思いもつかなかったような新しい味のレシピなど，新たなパターンを見つけ出す。分析こそ金鉱探しであり，データアナリストの仕事である。この章ではそのほんの入り口を覗いてみよう。ロードマップは以下の通り。

　　　設計 → （サンプルデータ作り） → データ整理 → 簡単な析出等

　統計については専門書があるので，そちらに譲り，ここではデータベース構築の基本と Excel の便利なツールなどの利用を主に扱う。[1]

図XI - 1　様々なもののデータベース

XI.2 設計こそ命であることを理解する

　データベースを扱う中で，最も大切なのはデータの分析ではなく，設計である。どのような項目を立て，どのようなデータ形式でデータを並べるか，これらを決めるのがデータベースの設計である。この設計を誤ると，ほしいデータは得られない。そしてこの設計をすることにより，有

---

(1)　より本格的なデータベースツールとして Microsoft Accesss などがある。

効利用法がわかってくる。

項目立て：仕様の設定

項目立てから見ていくことにする。たとえばアドレス帳を作るとしよう。みんなから集めた表Ⅺ－1のようなアドレスがある場合，どういう項目を立てて整理をすればよいだろうか。これでも十分解読し，利用できるが，コンピュータ上で効率的に用いるデータとしては向いていない。

表Ⅺ－1　アドレスの例

- 相葉　相馬　あいば　そうま horses@horses.??.com 098-0000-0000 103－0001東京都中央区日本橋小伝馬町0000 ＡＩＢＡマンション日本橋2701 2016 2020
- 春日井　春日　かずがい　はるひ spring-has-come@haru.??.jp 088-1122-3344 803－0180福岡県北九州市小倉南区平尾台000　2010 2015部長
- 桜林　桜子　おうばやし　さくらこ cherry-2021-@???.com 078-5566-7788 010－1101秋田県秋田市太平八田0000　2019
- 司　祥司つかさ　しょうじ master-peace@gim.?.gim.com 098-0110-0000 220－0012神奈川県横浜市西区みなとみらい０－00－000エルザ・ミエル1720 2020　副部長
- 根来　根子ねごろ　ねこ estate12082@oosaka.co.?? 068-0202-02020 551－0012大阪府大阪市大正区平尾0000－0000大正プラザ・エステート1282 2003 2007

このデータを整理する時に，以下のように整理することも可能である。１人分を１つのセルに押し込めた（図Ⅺ－2）。

アドレス
相葉　相馬あいば　そうまhorses@horses.??.com098-0000-0000103-0001東京都中央区日本橋小伝馬町0000AIBAマンション日本橋270120162020
春日井　春日かずがい　はるひspring-has-come@haru.??.jp088-1122-3344803-0180福岡県北九州市小倉南区平尾台00020102015部長
桜林　桜子おうばやし　さくらこcherry-2021-@???.com078-5566-7788010-1101秋田県秋田市太平八田00002019
司　祥司つかさ　しょうじmaster-peace@gim.?.gim.com098-0110-0000220-0012神奈川県横浜市西区みなとみらい0-00-000エルザ・ミエル17202020副部長
根来　根子ねごろ　ねこestate12082@oosaka.co.??068-0202-02020551-0012大阪府大阪市大正区平尾0000-0000大正プラザ・エステート128220032007

図Ⅺ－2　１つのセルに押し込めた

一般的な項目で分けると，図Ⅺ－3のようになるだろう。かなりわかりやすくなった。

氏名（ふりがな）	住所	連絡先	在学期間	その他
相葉　相馬(あいば　そうま)	〒103-0001 東京都中央区日本橋小伝馬町0000 AIBAマンション日本橋2701	horses@horses.??.com 098-0000-0000	2016-2020	
春日井　春日(かずがい　はるひ)	〒803-0180 福岡県北九州市小倉南区平尾台000	spring-has-come@haru.??.jp 088-1122-3344	2010-2015	部長
桜林　桜子(おうばやし　さくらこ)	〒010-1101 秋田県秋田市太平八田0000	cherry-2021-@???.com 078-5566-7788	2019-	
司　祥司(つかさ　しょうじ)	〒220-0012 神奈川県横浜市西区みなとみらい0-00-000 エルザ・ミエル1720	master-peace@gim.?.gim.com 098-0110-0000	2020-	副部長
根来　根子(ねごろ　ねこ)	〒551-0012 大阪府大阪市大正区平尾0000-0000 大正プラザ・エステート1282	estate12082@oosaka.co.?? 068-0202-02020	2003-2007	

図Ⅺ－3　一般的な項目分け

よくある図Ⅺ－2は論外として，Excelではセルを単位に扱うのが一般的だから，図Ⅺ－3では郵便番号と住所がひとまとまりになっていて，たとえば住所から人を簡単には抽出・一覧できない。[(2)] また図Ⅺ－3では，連絡先の１つの欄に，携帯電話番号とメールアドレスが整理されずに並んでいるので，たとえば一覧や関数での抽出が難しくなる。もう少し細分化すべきである。

---

(2)「Ｘ．整える」で学んだ関数を使った加工をしてから，抽出を行ったり，関数を組み合わせることになる。できることと，簡単に確実にできることは異なる。

氏名	ふりがな	郵便番号	住所	メール	電話番号	入学	卒業	その他
相葉 相馬	あいば そうま	103-0001	東京都中央区日本橋小伝馬町0000AIBAマンション日本橋2701	horses@horses??.com	098-0000-0000	2016	2020	
春日井 春日	かすがい はるひ	803-0180	福岡県北九州市小倉南区平尾台000	spring-has-come@haru??.jp	088-1122-3344	2010	2015	部長
桜林 桜子	おうばやし さくらこ	010-1101	秋田県秋田市太平八田0000	cherry-2021-@???.com	078-5566-7788	2019		
司 祥司	つかさ しょうじ	220-0012	神奈川県横浜市西区みなとみらい0-00-000エルザ・ミエル1720	master-peace@gim?.gim.com	098-0110-0000		2020	副部長
根来 根子	ねごろ ねこ	551-0012	大阪府大阪市大正区平尾0000-0000大正プラザ・エステート1282	estate12082@oosaka.co.??	068-0202-02020	2003	2007	

図Ⅺ-4　細分化

　図Ⅺ-4では，項目を細かく立て直したことで，郵便番号からの検索も，電話番号だけを取り出すことも容易である。しかし，たとえば，「神奈川県」に住んでいる人だけを抽出するのは難しい。都道府県別で抽出したい場合は，合わせて項目立てを変更する必要がある（図Ⅺ-5）。

氏名	ふりがな	郵便番号	住所	建物	メール	電話番号	入学	卒業	その他
相葉 相馬	あいば そうま	103-0001	東京都 中央区日本橋小伝馬町0000	AIBAマンション日本橋2701	horses@horses??.com	098-0000-0000	2016	2020	
春日井 春日	かすがい はるひ	803-0180	福岡県 北九州市小倉南区平尾台000		spring-has-come@haru??.jp	088-1122-3344	2010	2015	部長
桜林 桜子	おうばやし さくらこ	010-1101	秋田県 秋田市太平八田0000		cherry-2021-@???.com	078-5566-7788	2019		
司 祥司	つかさ しょうじ	220-0012	神奈川県 横浜市西区みなとみらい0-00-000	エルザ・ミエル1720	master-peace@gim?.gim.com	098-0110-0000		2020	副部長
根来 根子	ねごろ ねこ	551-0012	大阪府 大阪市大正区平尾0000-0000	大正プラザ・エステート1282	estate12082@oosaka.co.??	068-0202-02020	2003	2007	

図Ⅺ-5　都道府県などさらに細分化

　データベースとして使用する場合，並び替えたりする。元の順番に戻すためには最初の順番が示されていなければならない。「no.」の欄を作ろう。また「その他」という項目名よりは「備考」の方がわかりやすい（図Ⅺ-6）。通常であればこの辺りまでとなるが，宛名印刷などのデータでは綺麗に配置するために「氏名」を「姓」と「名」に分ける必要がある場合もある。[3]

no.	氏名	ふりがな	郵便番号	住所(都道府県)	住所(市町村以下)	マンション名等)	メール	電話番号	入学	卒業	備考
1	相葉 相馬	あいば そうま	103-0001	東京都	中央区日本橋小伝馬町0000	AIBAマンション日本橋2701	horses@horses??.com	098-0000-0000	2016	2020	
2	春日井 春日	かすがい はるひ	803-0180	福岡県	北九州市小倉南区平尾台000		spring-has-come@haru??.jp	088-1122-3344	2010	2015	部長
3	桜林 桜子	おうばやし さくらこ	010-1101	秋田県	秋田市太平八田0000		cherry-2021-@???.com	078-5566-7788	2019		
4	司 祥司	つかさ しょうじ	220-0012	神奈川県	横浜市西区みなとみらい0-00-000	エルザ・ミエル1720	master-peace@gim?.gim.com	098-0110-0000		2020	副部長
5	根来 根子	ねごろ ねこ	551-0012	大阪府	大阪市大正区平尾0000-0000	大正プラザ・エステート1282	estate12082@oosaka.co.??	068-0202-02020	2003	2007	

図Ⅺ-6　no.と「備考」を

　こう考えてくると，データベースの項目立ては，

（1）利用法の想定

　どのような利用のされ方をするのかをあらかじめ想定し，これに合わせてデータの項目立てを行う。

（2）具体的な検証

　その上で，さらに具体的な抽出項目を想定し，検証する。都道府県だけでよいのか，市町村まで絞り込みたいのかなど，必要な具体的抽出等ができるかを手順も含めて検証する。あるいは必要な計算ができるかを検証する。[4]　手順はフローチャートに収めておくとよい。[5]

念を入れた想定

　しっかりと想定され検証が行われていないと，いったん作成しても目的を達成できなかったり，使い勝手が悪かったりして，作り直すことになる。直せばよいのでは，と思った人も多いかもしれないが，個人的にあるいは小規模に使用するデータベースのシステムならよいが，多人数が利

---

(3)　Excelのデータベースを利用して，宛名などが印刷できる「差し込み印刷」機能がWordにある。

(4)　本来データの型（「数値」「文字」「小数点付き数値」）なども考慮に入れるべきであるが省く。Excelの場合，「Ⅵ.12　表を整える1」で解説したようにさらに「表示形式」が問題となる。

(5)　フローチャートとは，流れ図とも呼ばれ，手順を図示したもの。プログラミングでよく使われる。

用したり，あるいは複数のシステムや複数のデータベースと連携している場合，途中での仕様変更は困難であることが多く，システム稼働後，しかもシステム稼働中に修正をすることは不可能である。特に企業活動等に関わっている場合，システム更新のためにシステムを長期間停止することは多大な損失を出してしまう。したがって，設計段階においてできる限りの想定と検証を行わなければならない。その際，紙に手書きする方法が役立つことも多い。[6] これら全てが，仕様の設定作業となる。決定したものはきちんとリストにしておく。

【HINTS】 「フリガナ」と「ふりがな」

　気づいているだろうか？　「あいば　そうま」。フリガナを「ひらがな」で振っている。「フリガナ」はふつう「カタカナ」では？　と思った人も多いだろう。実は，「カタカナ」にするとユーザーの操作によっては「半角カナ文字」が入力される。これを防いでいるのである。ひらがなには「半角」はない。どうしてかは，「Ⅲ. 操る」でもふれているが，「半角カナ文字」は非常にローカルなもので，特殊なものであるため，Net 上を飛び交うデータとしてふさわしくない。「半角カナ文字」が交じると，「半角カナ文字」を知らないデバイスがデータを読み間違え，次に送ってしまう。送られたデータは意味不明の文字化けとなってしまう。またたとえ無事にデータが届いたとしても，「ワタナベ　ユウ」と「ﾜﾀﾅﾍﾞ ﾕｳ」は別人になる。これらを防ぐための一つの手が「ひらがな」といえる。なお，「半角」との表現は好ましくなく「1Byte 文字」とすべきである（188ページ脚注(2)も参照のこと）。

サンプルデータベースを設計する

　サンプルデータを作って，具体的な練習をしよう。チョコレートの売り上げデータを作ってみる。

　あなたのお店はチョコレートを5種作って Net 販売をしている。セット販売もある。利用しているカートシステム[7]からは，表XI-2のようなデータが送られてくる。このデータから売り上げの計算，売り上げの動向調査（何が売れたか）をしたい。どのような項目立てで整理すればよいだろうか。なお，チョコレートの種類コードは，表XI-3のように決まっている。「000」から始まっていることに注意する。[8] また，表XI-2のデータの中の「220-0012」は郵便番号，「神奈川県横浜市西区みなとみらい」で，最後の数字「0」は同時に頼んだものはなく，「1」はあることを示している。

---

(6) 白紙にフリーハンドで描くフローチャート（手順）や関係図は，スクリーン上で束縛されたものより広がりをもち，有効である。

(7) 「カート」，つまり「買い物かご」システムは提供されているものを組み込むのが普通である。この例では省いているが，実際には顧客の情報（性別や年齢，その前に買ったもの，その前に見ていたページ URL，OS やブラウザの種類など）が提供されることもある。顧客分析に使われる。

(8) 「はじめの一歩」という言葉が示すように，最初の数字は「1」と思われがちだが，コンピュータの世界は突き詰めれば「0」と「1」しかないデジタルな世界。「1」ではなく「0」から番号が振られることが多い。実際には2進数で01 10 11 100 101……で内部処理されている。「Ⅲ. 操る」の〈コラム　情報の表し方〉参照。

表XI-2　カートシステムのデータ

2021/04/01 13:45:07 003 2司　祥司　ツカサ　ショウジ　220-0012 813 Maison 港2303 000-1234-5678 tsukasa@????.co.du 0

表XI-3　商品コード

ミルク	ビター	ホワイト	ストロベリー	ピスタチオ	セット
000	001	002	003	004	005

項目立て

　データを読み解き全ての項目立てを行うと，図XI-7のようになるだろう。必要な no. と「備考」，処理を終えたかどうかを示す処理日付と時間の項目もつけた。

no	日付	時刻	商品	個数	氏名	シ	メイ	郵便番号	住所1	住所2	電話	メアド		他注文	処理日付	処理時間	備考
1	2021/04/01	13:45:07	003	2	司	祥司	ツカサ	ショウジ	220-0012	813	Maison港2303	000-1234-5678	tsukasa@????.co.du		0			

図XI-7　全項目立て

　実際の注文処理にはここにある全てのデータが必要であると思われるが，売り上げの計算と売り上げの動向調査だけが目的の場合，これほどたくさんのデータは必要がない。逆に，売り上げ計算のためには「単価」と「売り上げ」の項目が新たに必要であろう。時刻と税金は考えないことにしよう。また，今回は特記事項はなしとして「備考」は省く。整理すると，図XI-8のようになるだろう。

no	日付	商品	個数	他注文	単価	売り上げ
1	2021/04/01	003	2	0		

図XI-8　必要項目

演習

〈サンプルデータの作成〉

①　データ表の作成

　サンプルデータを作成する。もちろん手入力で全て入力することも可能だが，「X. 整える」[9]で関数を学んだので，関数で作成してみよう[10]。項目を入力しておいて，表XI-4にしたがって各欄に式などを入力しオートフィルで作る。「RAND()」の「()」は，「(」と「)」なので気をつけること。20件のデータを作っておこう。

---

(9)　手打ちがよい人は，図XI-11（218ページ）を見て入力をすること。なお「商品」の入力欄は，あらかじめ「表示形式」を「文字列」にしておいてから入力する。

(10)　INT：数値を整数化する（小数点以下切り捨て）。RAND：0から1までの乱数を発生させる。何かするたびに改めて発生。CONCATENATE：文字列を結合する。IF：条件による処理の分岐。

(11)　数値が変化しても，後の作業はできるが，毎回異なる結果が現れることになる。

(12)　Excel はデータが並んでいるとひとまとまりのデータ群とみなし，その全体を一つのデータベースとみなしてしまう。並び替えなども一緒に行われてしまうことになり，表が崩れてしまう。

表XI-4　入　力

欄	入力等
no.	1と2を範囲指定してオートフィルで
日　付	2021/4/1を最初のセルに，その下に =INT(■ +RAND()＊1.5) を入力し(■は，2021/4/1が入っているセルを指定)式だけをオートフィル
商　品	=CONCATENATE("00",INT(RAND()＊6)) を入力しオートフィル
個　数	=INT(RAND()＊10)＋1 を入力しオートフィル
他注文	=IF(■ ＝▲,INT(RAND()＊2),0) を入力し(■は，2021/4/1が入っているセル，▲はその下のセルを指定)オートフィル
単　価	(後に別表から)
売り上げ	(後に計算)

②　データの固定

　このままでは何かするごとに数値がどんどん変化するので，固定しておく[11]。次に表全体を選び，右クリック，「コピー」をし，そのまま右クリックして，「形式を選択して貼り付け」から「値」を選んで同じところに貼り付ける。できあがると，図XI-9のようになる。何かするとランダムな数を発生させるRAND()関数を用いているので，図XI-9と同じにはならない。それぞれのデータで考えながら実習しよう。

no	日付	商品	個数	他注文	単価	売り上げ
1	2021/4/1	004	3	0		
2	2021/4/2	003	9	0		
3	2021/4/3	001	5	0		
4	2021/4/4	004	10	0		
5	2021/4/4	000	3	1		
6	2021/4/4	003	5	0		

図XI-9　データ表完成：サンプルはそれぞれで異なる

③　単価表の作成

　次にもう一つ別なところに単価表を作る。表XI-5に従い先ほどの表の右側，少し離れたところに作っておこう（絶対にくっつけてはいけない[12]）。完成すると，図XI-10になる。

コード	商品名	単価
000	ミルク	300
001	ビター	400
002	ホワイト	500
003	ストロベリー	450
004	ピスタチオ	550
005	セット	2000

図XI-10　単価表完成

表Ⅺ-5　入　力

欄	入力等
コード	入力するセルの「表示形式」を「文字列」に変更しておいてから，「000」と入力し，オートフィル
商品名	入力する
単　価	ミルク　　　　：300 ビター　　　　：400 ホワイト　　　：500 ストロベリー　：450 ピスタチオ　　：550 セット　　　　：2000

④　単価の埋め込み

データ表の単価を，単価表のデータから抽出し，埋める。最初の単価の欄に，=VLOOKUP（●，★，3，0）を入力し（●は商品のコードの入ったセル，★は単価表全体を絶対参照で指定），オートフィルする。

⑤　売り上げの計算

売り上げの計算は簡単である。「注文数」と「単価」をかければよい。

サンプルデータが完成した（図Ⅺ-11）。数値はそれぞれで異なる。

no	日付	商品	個数	他注文	単価	売り上げ
1	2021/4/1	004	3	0	550	1650
2	2021/4/2	003	9	0	450	4050
3	2021/4/3	001	5	0	400	2000
4	2021/4/4	004	10	0	550	5500
5	2021/4/4	000	3	1	300	900
6	2021/4/4	003	5	0	450	2250
7	2021/4/4	005	6	0	2000	12000
8	2021/4/5	002	7	1	500	3500
9	2021/4/5	000	10	0	300	3000
10	2021/4/6	004	1	0	550	550
11	2021/4/7	003	8	0	450	3600
12	2021/4/8	002	8	1	500	4000
13	2021/4/8	003	6	0	450	2700
14	2021/4/8	000	6	0	300	1800
15	2021/4/8	004	10	0	550	5500
16	2021/4/8	001	6	0	400	2400
17	2021/4/8	003	10	0	450	4500
18	2021/4/8	001	8	1	400	3200
19	2021/4/8	005	8	1	2000	16000
20	2021/4/8	004	9	0	550	4950

図Ⅺ-11　サンプルデータの完成

XI.3　分析する１：便利な並び替え

たとえば，どの注文が最も売り上げに貢献しているか見たい場合，「売り上げ」を「大きい方から」並び替えればすぐにわかる（他注文との関係は，ふれないでおく）[13]。

「ホーム」タブの右の方にも「並び替えとフィルター」などがあるが，データ分析用のタブ「データ」の中のツールを使っていこう。

並び替えたい項目のデータの一つをクリックして選んでおいて，並び替えボタン（🔼・🔽）を使う。より複雑な並び替えを行う時は，「並べ替え」（🔼🔽）を使う。クリックしたデータの項目が並び替えの「キー」（基準）となり「昇順」（🔼）は「小さい方から大きい方へ」，「降順」（🔽）は「大きい方から小さい方へ」と並び替える。

どの注文が一番売り上げが多かったか見てみよう（例：図XI-12）。結果は元データにより異なる。

no	日付	商品	個数	他注文	単価	売り上げ
19	2021/4/8	005	8	1	2000	16000
7	2021/4/4	005	6	0	2000	12000
4	2021/4/4	004	10	0	550	5500
15	2021/4/8	004	10	0	550	5500
20	2021/4/8	004	9	0	550	4950
17	2021/4/8	003	10	0	450	4500

図XI-12　「売り上げ」をキーにした「降順」並び替えの例

この結果からもわかるように，Excelは横１行の連続したデータをワンセット（ひとまとまり）のデータとして扱う。

元に戻すには「元に戻す」ボタンなどを使うのも一つの方法であるが，保存などをすると戻らない。「no」を入れておくのはこのためである。「no」をキーに「昇順」で並び替えれば元に戻せる。

【HINTS】　複数条件による並び替え

　同順位があるような場合（たとえば図XI-12では5500円），それらはもともと並んでいた順で表示されるが，他のキー（基準）を使って並び替えることもできる。データのどれか一つを選んでおいて「並べ替え」（🔼🔽）を使う。レベルを増やし，様々なカスタマイズができる（図XI-13）。

---

[13]　他の注文も考慮に入れる場合は，「他注文」の「０」と「１」を参考に，注文をまとめたデータベースを作って分析する方がよい。

図XI‐13　「並べ替え」のダイアログボックスと結果[14]

　売り上げの並び替えを確認し，さらに個数，日付などでも並び替えてみよう。

XI.4　分析する２：パワフルなフィルター

抽　出

「データ」タブの「フィルター」は，とても強力なツールである[15]。いずれかのデータを選び「フィルター」（▼）をクリックすると，項目に「▼」が現れ，その「▼」を開いて様々なフィルターをかけることによって，ほしいデータを抽出したりする（たとえば，図XI‐14は，商品「003」だけのデータがほしい場合の指定である）。

---

(14)　この例では「商品」コードが「文字列」扱いとなっているため，警告が出るが，「文字列」も並び替えられないわけではない。ただし，特に漢字では，必ずしも50音順にはならないので注意が必要である（そもそも漢字の読みはたくさんある）。フリガナをひらがなでふったり，ローマ字でふったりする所以でもある。

(15)　古いバージョンでは「オートフィルター」と呼ばれていた。

図XI-14　商品「003」だけの抽出

　複数の条件をそれぞれの「▼」で指定することもできる。たとえば，商品「000」を抽出した上で，さらに他注文が1という条件を加え，両方の条件を満たすデータを抽出することができる。上の例では1件しかなかった（図XI-15）。

no ▼	日付 ▼	商品 ▼	個数 ▼	他注文 ▼	単価 ▼	売り上(▼
5	2021/4/4	000	3	1	300	900

図XI-15　「000」でかつ「他注文」あり

　解除はもう一度「フィルター」（▼）をクリックすればよい。データも全て表示される。

　また，「▼」のメニュー内に出てくる「テキストフィルター」や「日付フィルター」はとても便利である（図XI-16）。

図Ⅺ‐16　日付フィルター

抽出後の計算

　フィルターで商品「003」だけに絞っておき，その売り上げの下で「オートSUM」（Σ）をクリックすると，「SUM」ではなく「SUBTOTAL」が使われ，抽出されたデータだけの合計などを求められる（図Ⅺ‐17）。これは，フィルターを変更しながらも可能で，どんどん集計を見ていくことができる。フィルターを変更したら，それに合わせて「SUBTOTAL」の値も再計算される。

no	日付	商品	個数	他注文	単価	売り上げ
2	2021/4/2	003	9	0	450	4050
6	2021/4/4	003	5	0	450	2250
11	2021/4/7	003	8	0	450	3600
13	2021/4/8	003	6	0	450	2700
17	2021/4/8	003	10	0	450	4500
						=SUBTOTAL(9,H3:H22)
						SUBTOTAL(集計方法, 参照1, [参照2], ...)

図Ⅺ‐17　抽出後の「Σ」：SUBTOTAL

　ここまでで基本のツール解説は終わりである。

演習

　ここまでの内容をふまえ，様々なフィルターをかけ，結果を確認しよう。

Ⅺ.5　とっておきのツールを使う：ピボットテーブルとピボットグラフ

　Excel には販売データのようなデータを集計する時に大変役に立つとっておきのツールが用意されている。しかもフィルターよりもはるかに強力である。しかし情報リテラシーのテキストではほとんどふれられない。バージョンにより操作がかなり違うなど理由はいくつかあるが，これを知ると Excel で地道な計算の方法を学ぶ必要がないと思われてしまいそうだからであろう。チョコレート屋さんの売り上げデータは単純であるが，日々の売り上げを商品ごとに集計すると，図Ⅺ‐18のようになりグラフもできる。

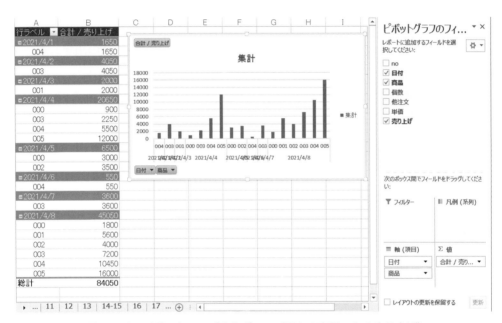

図Ⅺ‐18　ピボットテーブルとグラフ（日々の商品ごとの売り上げ）

　使い方はバージョンによりクセがあり，それぞれにうまく合わせて使う必要があるが，以下の通りである。まず，データの一つを選んでおく。[16]「挿入」タブで，ピボットテーブルだけであれば，「ピボットテーブル」（🗒）を，グラフも必要な場合は「ピボットグラフ」（📊）を選んで作成する。バージョンにより，チェックを入れたり，ドラッグをして移動したりする。いずれにせよ，驚くほどの自動認識機能と計算機能である。試してみてほしい。試すだけでなく，そのクセを読み取り，うまく使いこなした上で，どうなっているかを考えてみよう。

　ただ，気づいてもらっているかどうかわからないが，ピボットテーブルやグラフもきちんと

---

[16]　これまで何度か「データの一つ」を選ぶ，ということが出てきたが，これは Excel にどのデータベース（表）を用いるかを指している。

データベースとして成り立ったデータでないとうまく働かない。つまり「XI.2　設計こそ命であることを理解する」でふれたようにデータがきちんと整理整頓され，必要な項目が立てられていなければ使うことはできない。やはりデータベースは設計が大切である。

演習

　サンプルデータを保存しておいてから，ピボットテーブルとピボットグラフをどんどん試してみよう。

XI.6　リレーショナルデータベースへ発展させる

　データベースの設計に関わり，最後にリレーショナルデータベースについてふれておく。販売記録において，通常，営業社員の氏名や，商品名などあらかじめ定まっているものは，間違いや手間を減らすため直接入力したりはしない。コードを利用して，別に作成したコード表などと対応させるのが普通である。

　実は，この方法は本章ですでに使っている。チョコレート屋さんのサンプルデータを作成する時に，単価データを VLOOKUP で呼び出して埋めた。リレーション（関係性）をもたせているのである。このように複数のデータベースの関連づけを行ったものをリレーショナルデータベースという[17]。ここではリレーショナルデータベースを設計する時に気をつけるべきことを見ておこう。

コードの利用：設定と一意性

　チョコレート屋さんのサンプルデータの【HINTS】「『フリガナ』と『ふりがな』」でもわかったように，データが化けてしまっていたり入力に「ばらつき」があると同じものと認識されない。たとえば営業社員の氏名も「渡辺優」「渡邊優」「渡邉優」「渡辺 優」「渡辺　優」はデータとして全て異なる[18]。ましてや「Sarah Oconner」と「サラ　オコナー」「ｻﾗ ｵｺﾅｰ」「サラ　オコーナー」「ｻﾗ ｵｺｰﾅｰ」はもちろん異なる。逆に同姓同名はデータ上，見分けがつかない。これらの混乱を防ぐには，社員コードや商品コードなどを導入し，コード（数値）による指定によって当該社員氏名等が入力されるようにすればよい。もっとも人にとっては氏名など具体名がわかりやすいが，情報ツール上の処理はそのコードで行うのが間違いも少なく確実で効率的である[19]。チョコレート屋さんの売り上げ分析でもコードを用いた。

　また，当然であるが，社員と社員コード，商品と商品コードなどは一意の関係（1対1の関係）でなければならない。これに対し「支店コード」と「社員コード」は，「社員」から見ると1対

1の関係だが，「支店」から見ると「社員」はたくさんおり，1対1の関係ではない。1対多である（図XI‑19）。

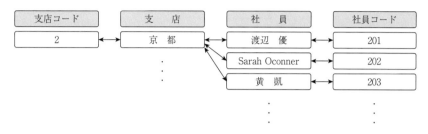

図XI‑19 対応関係

これをExcelのツールで利用するデータベースとして表すなら，図XI‑20のようになる。[20]

支店コード	支店	社員コード	社員
0	本社		・・・
1	東京	172	佐々木 義隆
2	京都	173	遠藤 ありさ
3	福岡	201	渡辺 優
4	NY	202	Sarah Oconner

図XI‑20 支店・社員コード表

小規模なデータベースの場合，支店コードや社員コード，商品コードなど全て同じコードを使う簡易的な方法もあるが（図XI‑21），大規模な場合，それぞれ固有のコードを用いることもある（図XI‑20）。それぞれを固有のコードとすると，参照するデータベースが増えるが，入力ミスなどを減らすことが可能である。[21]

コード	支店	社員
0	本社	佐々木 義隆
1	東京	遠藤 ありさ
2	京都	渡辺 優
3	福岡	Sarah Oconner
4	NY	黄 凱
5		Elza Na子
6		勅使河原 嘉春

図XI‑21 共通コードによる表現

データベースのリレーションの意味

上の例でも見て取れるように，組織では様々なデータベースがあり，これらが関連づけて使わ

---

[20] 検索ツールとして，VLOOKUPなどを用いる場合は，項目の並び順に注意をしなければならない。たとえば，支店に属する社員氏名をVLOOKUPで一覧しようとする場合，社員氏名より左側の列に支店コード（支店名）などがなければならない（「X.4 データベースを扱う」参照）。

[21] アルファベット等を用いた差別化もあるが，桁数を用いた差別化もあり得る。

れている。たとえば，納品書一つをとっても，かなりの要素が関係する（図Ⅺ－22）。

No.　54982208

納品書（控）

阿塞拜疆　様

源氏光＆カンパニー（株）
〒603-1234
京都府京都市北区紫野源氏3丁目54番地2号
TEL:0120-123-4567 FAX:0120-123-4568
E-mail:hikaru@genji.co.jp

下記のとおり納品いたします。

	品名	数量	単価	金額（税率・税込）	摘要
1	クッキー	300	50	16,500	
2	グミ	130	50	7,150	
3	ガム	2,000	10	22,000	
4	和三盆落雁	800	500	440,000	
5					
6					
7					
	合計		610	485,650	

税率		消費税額		税込合計金額	
	10%		44,150		485,650

本社	名古屋	京都	福岡
○			
担当者	二条 昇		

図Ⅺ－22　納品書の例

ここには顧客名簿，商品データベース，在庫管理データベース，社員データベース，財務諸表などの要素がある。そしてこの納品書自体もデータとしてデータベース化されていき，決算で使われ，営業成績は社員の評価に直結する。ある社員が，特定の部類の商品を他よりもたくさん売っているならば，その社員はその商品に特化している。つまりその商品を売るのが得意である。あるいは毎年８月だけ特定の社員の売り上げが落ちているならば，毎年８月に何かの理由がある。社員と全社の発注履歴から見えてくるものは意外に多い。探れるものがたくさんある。

Ⅺ.7　探るためにはまずデータ，そしてデータベースにする

ほんのわずかなデータであるが，チョコレート屋さんのデータからは何が読み取れるであろうか。図Ⅺ－11のデータからは，簡単なところでいくと，９個以上同じ商品を買う人は他のものは買わないことがわかる。それも商品「003」と「004」を買う人がほとんどだ（図Ⅺ－23：「フィルター」で「個数」を「10」と「９」のみに絞っている）。「003」は「ストロベリー」，「004」は「ピスタチオ」だ。ここからはこれらのフレーバーには他に見向きもしない熱心なファンがいることがわかる。これらのファンは９個以上でおよそ5000円くらいまでが１回の予算らしい。おそらくまたリピートしてくれるであろうから，この値段設定で継続販売をしよう，などと考えたりする。

no	日付	商品	個数	他注文	単価	売り上(
2	2021/4/2	003	9	0	450	4050
4	2021/4/4	004	10	0	550	5500
9	2021/4/5	000	10	0	300	3000
15	2021/4/8	004	10	0	550	5500
17	2021/4/8	003	10	0	450	4500
20	2021/4/8	004	9	0	550	4950

コード	商品名	単価
001	ビター	400
003	ストロベリー	450

図Ⅺ－23　同じ商品を９個以上

まだまだたくさん見えてくる

　フレーバーに特色のある店だともいえるかもしれない。実際セットを除いて「ミルク」「ビター」「ホワイト」のこの期間の売り上げは，20800円であるのに対し（図XI‐24），「ストロベリー」と「ピスタチオ」だけで35250円も売り上げている（図XI‐25）。やはりフレーバーの方が人気であることが確認できる。

no ▼	日付 ▼	商品 ▼	個数 ▼	他注文 ▼	単価 ▼	売り上(▼
3	2021/4/3	001	5	0	400	2000
5	2021/4/4	000	3	1	300	900
8	2021/4/5	002	7	1	500	3500
9	2021/4/5	000	10	0	300	3000
12	2021/4/8	002	8	1	500	4000
14	2021/4/8	000	6	0	300	1800
16	2021/4/8	001	6	0	400	2400
18	2021/4/8	001	8	1	400	3200
						20800

図XI‐24　「ミルク」「ビター」「ホワイト」

no ▼	日付 ▼	商品 ▼	個数 ▼	他注文 ▼	単価 ▼	売り上(▼
1	2021/4/1	004	3	0	550	1650
2	2021/4/2	003	9	0	450	4050
4	2021/4/4	004	10	0	550	5500
6	2021/4/4	003	5	0	450	2250
10	2021/4/6	004	1	0	550	550
11	2021/4/7	003	8	0	450	3600
13	2021/4/8	003	6	0	450	2700
15	2021/4/8	004	10	0	550	5500
17	2021/4/8	003	10	0	450	4500
20	2021/4/8	004	9	0	550	4950
						35250

図XI‐25　「ストロベリー」「ピスタチオ」

　このように見てくると，整ったデータがあれば，そこから分析をし，たくさんのことを探ることができる。店の運命も変えかねない。必要なデータを必要な形で蓄積するためにも，データベースの設計は大切である。

AI の食事

　また自ら学習するという AI も，その成長のために膨大なデータを流し込んでやらなければならない。データが少ないと，AI といえどもパターンを探しきれず，ましてや AI の認識できる形でデータを流し込んでやらなければ，そもそも動きもしない。そのためにはうまくデータを整理し蓄積することが大切である。何事もデータで表されるこれからの社会においては，それらのデータを整った形でデータベース化しておき，そこから様々な有益な情報を探り出すことが求められている。[22]

演習

Na子と優は，コンビニのPOS（Point of Sales）システムについて話していた。コンビニはたくさんの商品を扱いながら少人数で運営できるように，自動化が早くから進んだ業種の一つである。POSレジはその代表格であった。レジでお客さんの入りと購買の全てを一括管理することで，在庫確認から仕入れ手配，売り上げ計算，バイトの必要時間の割り出しまで，全てを自動化することが目指されていた。たとえば仕入れを考えても，毎日同じだけ同じ商品を仕入れていてはきっと足りなくなったり，余ってしまったりするだろう。店が違えばきっと来店するお客さんの好みも違う。これらを全てPOSレジから得られるデータで傾向をつかみ，自動化しようとしたのである。優の言っていた「性別」と「年齢」はその判断の材料となるデータ集めであった。

それでは，POSシステムの開発者になったつもりで，どのようなデータをどのようなデータベースとして溜め込めばよいかを考えてみよう。夏に季節外れのおでんが店先に並ぶのは，POSのお陰かもしれない。

⑵　もちろん，いつも整ったデータが得られるわけではない。その場合，たとえば「Ⅹ．整える」で学んだようなデータ整形の処理の力も必要となる。

┌─ コラム ─

選　択

　車の自動運転は，そろそろレベル4へと開発が進んでいる。自動運転はドライバーの負担を軽減し，人が犯す過ちを避けることができ，より安全になる，と歓迎されているようだ。

　車の自動運転に先駆けて運転の自動化が進んでいた分野は，航空分野である。人や車や自転車が多く行き交い，場合によってはいきなり子どもが飛び出してくるような道路での自動運転より，文字通り大空を飛ぶ飛行機の方がオートパイロットに任せやすいということであるのかもしれない。飛行機は翼で空気に乗って飛んでいる，と思っている人にとっては大空の自動運転はしごく簡単に見えるだろう。遠くを見渡すことができ，多少ずれても構わない道なき道を飛ぶのだから，と。

　揚力の難しい話は筆者にもわからないが，それでも一定程度のスピードで飛ばなければ飛び続けられないことは容易に想像がつく。オートパイロットの中にも，あるいは安全装置の中に失速を避けるプログラムが入っていることは当然と思われる。たくさんの乗客の命を乗せた飛行機のメーカーがこの部分に力を入れるのはもっともな話で，好ましいと考えられている。だが，とても残念なことに，それでも事故が起きてしまう。事故が起きると，安全装置のプログラムミスなどが疑われ，実際にそういう場合もある一方で，意外な報告もある。パイロットが自動操縦や安全装置に逆らって，システムの指示とは逆の操縦をしたから起きた事故がいくつもあるようだ。また自動運転の研究では，システムへの過度な信頼，慣れなども事故につながるとされている。

　車の自動運転のレベルは，0から5まであるが，そのうちレベル3は，特定の状況でシステムが運転し，緊急時などはドライバーが対処する，というものである。重大な局面で突然人が関わることになるレベル3は，飛行機と同じ問題なども起こる可能性があるため，大きな懸念があり，レベル2の次は，レベル4しか市販できないと主張する開発者もいる。確かに，運転を任せっきりにしてくつろいでいる最中，システムでも対処できない緊急事態に対処せよと迫られたところで，自動運転に慣れて日頃はほとんど運転をしないドライバーが対処できるとも思えない。レベル3を飛ばして，少なくとも特定の状況では，人はもう関わらないレベル4が望まれる理由の一つでもある。

　レベル4に到達しても，いやレベル4以上だからこそ起こる問題もある。よく「トロッコ問題」[23]として取り上げられる問題である。ブレーキの故障で止まることができないトロッコが暴走している。前方の線路上には子どもが1人おり，そのまま進むとひいてしまうことになるが，その前にポイントがあり，このポイントを動かして支線に入ることができる。しかし，不運なことに支線には老人5人がおり，支線に入ればこの5人の老人たちをひいてしまう。ポイントを任されたあなたはどちらを選択するか？そのまま進ませて子ども1人を犠牲にすべきか，支線に入らせて老人5人を犠牲にすべきか？

　自動運転を司るAIもレベル4になれば同様の判断をしなければならないが，AIはプログラムである。AIは運転を繰り返す中で学習をしていくが，最初の運転で道路を走り出した途端，「トロッコ問題」に遭遇するかもしれない。売り出される前に「トロッコ問題」ではどう判断するか，AIにプログラムし

─────────────

[23]　「トロッコ問題」：1967年イギリスの哲学者フィリップ・ルース・フットが提唱。自動運転の実現が近づき，改めて脚光を浴びる。

ておかなければならない。ところが，人にさえこの問題は解けない，あるいは人によって判断が異なる。さらに「トロッコ問題」の状況で出た犠牲者に対する責任は開発者がとるべきか，メーカーがとるべきか，あるいはドライバーがとるべきか，あるいはそんな車が走ることを許した国がとるべきか，難しい問題は続く。法律家は，あらかじめ責任の分担を法律で定めておくべきだと言ったりもするが，法律は国民の代表である国会議員が国会で審議して作られる。意見の対立が国会で解消されるとも思われない。また，仮に法律で責任の分担が決まっていたからといって，実際にひいてしまった車に乗っていたドライバーや同乗者，ましてや犠牲者やその家族は納得がいくのであろうか？

　先日リツイートによって著作者人格権の一つである氏名表示権を侵害されたとして，発信者情報の開示が求められた裁判があった。[24]タイムラインに掲示された写真の氏名が書かれた部分が隠れて表示されていなかったためであるが，これはリツイートの仕様である。あらかじめそう決まっている。みなさんは「トロッコ問題」だけでなく，リツイート仕様の問題をどう考えるであろうか？　ツイッター社が悪い，と責任を押し付けてそれで済むだろうか？　リツイートしたのはユーザーで，氏名が隠れてしまっているのも知っていそうである。

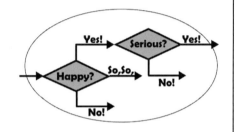

　自動運転車へのプログラミング，AI分析，リツイートでもわかるように，それぞれの選択が私たちの未来を作り，取り返しがつかないことが多い。それぞれの選択を真剣に見つめ直さなければならないだろう。

⑷　「リツイート事件」：2020年 7 月21日最高裁判所第 3 小法廷判決。

XII. 創 る

組み合わせて無限に

優　　：もう，このテキストも最終章ね。

Na子：えっ？　これ本だったの？

優　　：私もあなたも想像の中。

Na子：やっぱりね。でも誰の？

優　　：さぁ，AIかしら。

Na子：またぁ。

　　　　AIが想像するのは，私の時代より後。

優　　：そうね，強いAIが生まれるのはもう少し先。

　　　　シンギュラリティももう少し先？

Na子：私はSociety5.0からきた歴史を学ぶ学生。

　　　　未来のことはわからないわ。

優　　：そういう設定だったわね。

Na子：そう。

　　　　でも，もう少しよいキャラにしてほしかったな。

優　　：万能だとか，かわいいとか？

Na子：そう。特にかわいく。

優　　：セリフだけで？

Na子：セリフだけでも，きっとみんなイメージしてるもの。

優　　：そうねぇ。想像してるわよね。きっと。

XII.1　「創る」ロードマップ

　ここまでの章では，パソコンを使って情報を得る方法や，それを加工する方法を学んできた。その中で，漠然と「コンピュータを使ってできること」のイメージがつかめてきたのではないだろうか。そのイメージは非常に大切で，それさえもっておけば，たとえアプリがアップデートされても，今後コンピュータが大きく進歩しても，それに対応し，リードすることができる。

　そこでこの章では，コンピュータの応用の方法を知ることで，「コンピュータを使ってできること」のイメージをさらに膨らませよう。具体的には，以下のロードマップに沿って知識やスキルを積み重ねていくことにする。

　　スキルを応用する　→　作業を自動化する　→　アプリを開発する　→　未来を「創る」

XII.2　スキルを応用する

　まずは，習得したスキルが様々に応用できることを知ろう。PC では様々な用途に向いたアプリがあるが，それらを単独で使うだけでなく，組み合わせて使うことができれば，できることが何倍にも増える上，作業効率やクオリティも上げられる。

　たとえば，Word, Excel, PowerPoint は，文書作成，表計算，プレゼンに使えるだけでなく，応用的な使い方もできる。応用といっても高度な機能を使うのではなく，それぞれの特徴を活かして，作業ごとに使い分けるということである。

　また，これまで作ってきた図形や表，グラフなどのオブジェクトは，他のアプリでも使えるため，作りたいオブジェクトに合わせてアプリを選び，できたものを文書や資料，スライドなどに挿入すると効率がよく，見た目にも整ったものができる。

　実際に，以下では Word, Excel, PowerPoint を目的ごとに使い分けながら，それぞれの機能を再確認していくので，それらを応用すれば何ができそうか予想してみてほしい。

書類を創る

　基本的には Word の出番であるが，出勤簿や見積書などは Excel を用いた方がよい場合が多い。これは，すでに学んだように，データベースと連携させることで記録や分析，データの再利用が容易になるからである。

　データベースを視野に入れるなら，どのように利用するかを考えて入力欄を構成する必要がある。たとえば図XII - 1 の(a)と(b)は双方とも氏名や住所などの記入を求める書類の例だが，(a)のようにセルの結合を多用して作ってしまうとデータベースとして使いにくい。これに対して(b)はセルの区切りと記入欄が一致しているため，そのままデータベースと連携できる。では(a)の書類は悪い例なのかというと，そうとも限らない。

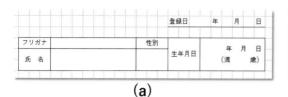

(a)   **(b)**

図XII - 1　Excel を用いた書類

　図XII - 1 のうち，相手に筆記での回答を求める場合には，(a)のようにすることもある。たとえば問診票や窓口での記入用紙などでは，患者や顧客が記入したものを担当者が代理入力するため，「見た目」を重視して(a)を選ぶこともあるだろう。大切なのは，書類の目的を定めることと，それに応じた構成にすることである。

【HINTS】　データベース用アプリ

　もし，見た目を重視しながらデータベースとしても活用したいのであれば図XII - 1 の(b)に沿って工夫することになるが，思い通りにいかない時は専用のアプリを利用することも視野に入れよう。たとえば Word や Excel と同じ Microsoft 社の製品である「Access」というアプリはデータベースの構築と管理に特化していて，入力するための「フォーム」もデザインできる（図XII - 2）。また，Web 上で入力を求める場合には，HTML というプログラミング言語（後述）を用いたり，Web フォームを設計するアプリを用いたりもできる。

図XII - 2　Access でデザインした入力フォーム

　もちろん，今すぐにこれらを理解して応用することを求めてはいない。ここでは「書類なら Word」のような絶対的な決まりはなく，場面や目的に応じて選択すべきであることを知り，そのためには様々なアプリやサービスが利用できることを心に留めておくことで，応用したくなった時のための潜在的な選択肢を増やしておいてほしい。

表を創る

　文中やスライドなどで表を使いたい場合，Excel を用いると都合がよい。これは，Word が表の作成にあまり向いていないことと，Word の表の「下書き」として Excel を使えることによる。これは，実際に経験した方が早いので，まずは Excel と Word を起動しよう。

　まず，Excel で簡単な表を作り，これをそのまま Word にコピー＆ペーストしてみる。表は図XII - 3 の上段のように簡単なものでよいので，表全体を範囲選択してコピーする（[Ctrl] + [C]， [option]＋[C]，または任意の方法）。次に Word を選択し，貼り付けたい位置を選択してからペーストする（[Ctrl]＋[V]，[option]＋[V]，または任意の方法）。すると，図XII‐3の(a)のように表が作成される。この表は，Word の「挿入」タブにある「表」で作ったものと同じく，内容を編集したり罫線を調整したりできる。詳細は割愛するが，Word で作る表は少々取り扱いが面倒なので，もし作る必要に迫られたら，Excel で「下書き」ができることを思い出そう。

　次に，コピーした Excel の表を，Word に図として貼り付けてみる。手順としては，まず Excel で表をコピーして，次に図XII‐4のように，ホームタブの「貼り付け」の下三角（▼）から，「形式を選択して貼り付け」を選ぶ。すると図XII‐4の右側のようなウィンドウが表示されるので，任意の形式を選択して「OK」を押す。なお，詳細は後述する HINTS を参照するとして，ここでは「図（拡張メタファイル）」を選ぶようにしよう。(1)

　このように図として貼り付けると，後から内容を編集したり罫線を調整したりといった調整ができない代わりに，図XII‐3の(b)のように元の見た目が保持され，文字列の折り返しやトリミングなど，画像と同じように様々な効果を適用できる。このため，レポートや資料などで利用する場合は，そのままで貼り付ける「以外」の形式を選んだ方が使い勝手がよいだろう。

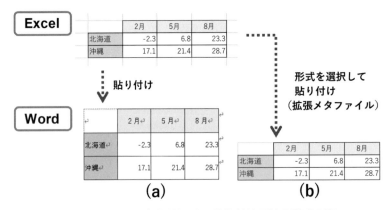

図XII‐3　Excel の表を Word に貼り付ける時の形式の違い

図XII‐4　形式を選択して貼り付け

---

(1)　Office のバージョンが違ったり，Macintosh を使っていたりすると表示や用語が異なるかもしれないが，心配しないでほしい。必要なのは用語を覚えることではなく，何を目的としているかである。この場合，そのまま貼り付ける「以外の」形式があり，目的に応じて使い分けられることを知るだけで十分である。

(2)　範囲選択を間違えてしまった時は，[Shift] キーを押しながら選択することで，選択されているオブジェクトを追加したり除外したりできる。

図を創る

　図形の描画機能は Word，Excel，PowerPoint 全てに搭載されているが，図の選択方法や描画できる範囲などが相互に異なっている。そのため，Word で書類を作成していても図だけは PowerPoint で描くという人もいれば，Excel が最も「お絵描き」に向いているという人もいる。そこで以下では，どのような違いがあるかを一緒に確認していくので，自分に合った方法を探す一助としてほしい。

【範囲選択】

　複数のオブジェクトをまとめて編集したりグループ化したりするためには，まずオブジェクトを同時に選択する必要があり，やや手間がかかるが，PowerPoint はオブジェクトを多用するため，Word や Excel よりもその作業を容易に行える。

　このことを確認するため，手始めに PowerPoint で小さな円を3つほど描いてみよう（図XI-5の左）。これらを選択するには，「V. 魅せる」で行ったように［Shift］キーを押しながらオブジェクトを順次選択していくという方法があるが，PowerPoint ではオブジェクトの外側を囲むように範囲選択することで，範囲内のオブジェクトを複数同時に選択できる[2]（図XI-5の中央と右）。

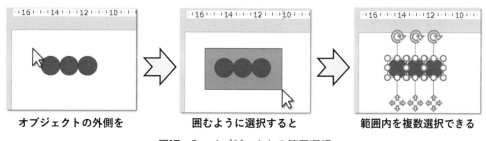

オブジェクトの外側を　　　**囲むように選択すると**　　　**範囲内を複数選択できる**

図XI-5　オブジェクトの範囲選択

【HINTS】　オブジェクトの選択

　実は Word や Excel でも，ひと手間加えれば範囲選択を行える。Word や Excel で上記と同様の範囲選択を行うには，「ホーム」タブの「編集」グループにある「選択」から，「オブジェクトの選択」を選べばよい（図XI-6）。すると，マウスポインタが矢印状になるので，図XI-5と同じようにオブジェクトの外側を囲むように範囲を指定すれば，範囲内のオブジェクトを選択できる。したがって，範囲選択を重視するのであれば PowerPoint が一歩リードするが，手間を惜しまないのであれば Word や Excel でも問題ないだろう。

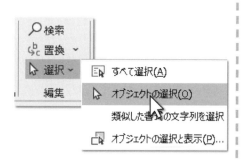

図XI-6　Word と Excel で範囲選択を行う方法

【コピー & ペースト】

　オブジェクトをコピーする場合にはアプリによる差はないが，ペーストする時には PowerPoint だけ挙動が若干異なる。このことを確認するため，まず図XII-5で描いたオブジェクトを3つとも選択し，コピーした上で Word に「貼り付け」してみよう。すると，オブジェクトの形はもちろん，大きさや配置までそのままの状態で貼り付けられることがわかる[3]。これは，何も形式を指定せずに，つまり普通に貼り付けた場合には「Microsoft Office グラフィックオブジェクト」という形式で，貼り付けられるためであり，これを使うと Word や Excel，PowerPoint で相互に同じオブジェクトが複製される。したがって，そのまま Excel にペースト（貼り付け）しても，PowerPoint で描いたものと同じオブジェクトが複製される。これに対して，Word あるいは Excel から PowerPoint にオブジェクトをコピーした場合，PowerPoint に設定されているテーマ（スライド全体のデザイン）に応じて色が変わってしまうことがある。こうした色の変更は，オブジェクトに色を指定していない状態の時だけ適用される。つまり，オブジェクトの塗りつぶしや線の色が指定されている場合，その色まで変更されることはないし，大きさや配置なども変更されない。

【HINTS】 画像の形式と特徴

　以上では図の形式について言及したので，ついでに他の画像形式についても軽くふれておこう。まず PowerPoint で作った3つの円を選択した上で図XII-4を参考に，Word に「形式を選択して貼り付け」を行う。この時，形式には，図XII-4と同じ「拡張メタファイル」を選ぶ[4]。こうすると，表の場合と同様，3つの円は「図」として貼り付けられるため，見た目は保持されるものの編集ができなくなるので確認してみよう。また，形式を選択して貼り付けた場合，他にも表XII-1に列挙したような形式を選べることがある。

表XII-1　「形式を選択して貼り付け」で選べる画像形式（一例）

形　式	特　徴
BMP	他の形式と違い，画像を圧縮（省略）しない。このため色はきれいだがファイルサイズが非常に大きい。
GIF	使う色が少ないので写真には向かないが，ファイルサイズが比較的小さく，透明色も使えるので，小さなイラストなどに向く。
JPEG	人間が見て不自然にならない程度に圧縮するので，写真に向く。編集と保存を何度も繰り返すと画質が劣化するので注意が必要。
PNG	GIF や JPEG よりファイルサイズが大きくなるが，きれいに画像を圧縮・保持できる。稀に対応していないアプリがある。

---

(3) 貼り付けた時，想定より図が大きいように感じたかもしれない。これは，PowerPoint が画面いっぱいのサイズを基準にしているからである。

(4) この際の表示や用語も，環境によっては本文や図と異なることがある。しかし，ここでも大切なのは記憶することではなく，そのままコピー & ペーストする「以外の」方法があり，それを目的によって使い分けるという認識をもつことである。

　なお，これらの形式で貼り付けると，極端に拡大した時に画像の粗さが目立つようになる。た
とえば図XⅡ-7は，貼り付けた後の円を30倍に拡大して，その一部を切り出して比較したもので
ある。この図を見ると，左側の拡張メタファイルは比較的なめらかであるのに対し，JPEG形式
は全体的に粗いことがわかる。[5]

拡張メタファイル　　　　　JPEG
図XⅡ-7　形式による拡大時の粗さの違い

【描画できる範囲】

　描画できる範囲は Excel と PowerPoint で広く，Word が狭い。特に Excel は実用上制限なく
描くことができるため，大きな図を描く場合や，図の大きさがあらかじめ定まっていない場合に
使える。また PowerPoint でもスライドの範囲を超えて描画できるが，基本的にはスライドの中
に収めることを前提としているので，あまり大きな図を描く用途には向かない。これらに対して
Word では，ページ内にしか描画できず，はみ出た部分は表示されないため，書類や資料に収ま
るサイズの図を描くことに特化していると考えよう。

動画を創る

　PowerPoint のプレゼンテーションを使うと，動画を簡易に作成できる。「スライドショー」タ
ブにある「スライドショーの記録」を使うと，図XⅡ-8のようなウィンドウが開き，スライドシ
ョーをそのまま録画できる。この時，マイクを接続しておけば音声も録音できるし，Web カメ
ラを接続すれば発表者の顔を挿入することもできる。

---

(5)　JPEG 形式では「点」で画像を描いており，拡大すると点も大きくなるため粗く見える。この形式はラスタ（raster）
　　と呼ばれており，ちょうど電光掲示板を近くで見た時と似ている。これに対して拡張メタファイルは「設計図」に沿っ
　　て画像を描き，拡大すると画像を描き直すので，粗くならない。この形式はベクタ（vector）と呼ばれている。

「スライドショー」タブ
「スライドショーの記録」

スライドショーを記録
（録画）する画面では、
操作を直感的に行える

図XII-8　スライドショーの記録

　記録したスライドショーは，PowerPoint を使って上映するだけではなく，動画としても出力
できる。スライドショーで動画を録画し終えたら，「ファイル」メニューを開き，左の一覧から
「エクスポート」を選択する（図XII-9）。すると表示がエクスポート用のパネルに変わるので，
「ビデオの作成」を選び，「記録されたタイミングとナレーション[6]を使用する」が選択されている
ことを確認してから，その下にある「ビデオの作成」を押せば，動画の保存画面が表示される。
動画の保存画面では，他のファイルを保存する場合と同じように保存する形式を選べるが，特に
必要がなければ，初期設定である「MPEG-4」のままにしておくと汎用性が高い。

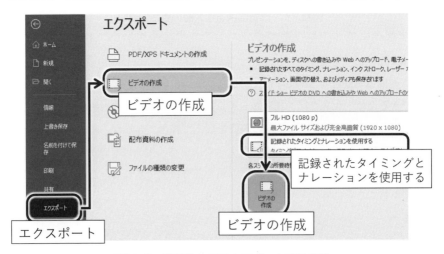

エクスポート

ビデオの作成

記録されたタイミングと
ナレーションを使用する

ビデオの作成

図XII-9　動画としてエクスポートする方法

【HINTS】　動画編集アプリ
　スライドショーの記録で行えるのは作成（録画と録音）のみであり，編集を行うことはできな
い。このため，もし動画が長くなるのであれば，スライドを複数に分割しておき，それぞれでス
ライドショーを記録して，失敗したらそのスライドだけ再び記録するとよいだろう。
　完成した動画をあとから編集したい場合は，専用のアプリを用いることになる。Windows で

（6）　スライドショーの動きは「タイミング」，音声は「ナレーション」として，それぞれ記録されている。

あれば「ビデオエディター」，Macintosh であれば「iMovie」などを用いれば，動画の一部をカットしたり，つなぎ合わせたりできる。

演習

1．Word で作ったテキストボックスと Excel で作ったグラフを PowerPoint に貼り付けた上で，PowerPoint のスライドのテーマを変更するとどうなるか確認してみよう。

2．「Ⅷ. 導く」の演習の 2（162ページ参照）で考えたプレゼンを 4 枚程度のスライドにした上で，MPEG-4 の動画にしてみよう。

XⅡ.3　作業を自動化する

では次に，コンピュータを使って作業を自動化する方法を知ろう。

私たちの社会は，これまで様々な作業を機械に任せ，自動化することで発展してきた。これは，機械が何度でも正確に作業を行えることと，単純作業を機械に任せることで，人間はもっとクリエイティブな作業に集中できたからである。この意味では，ミシンもコンピュータも同じ役割を果たすといえる。

そこで以下では，マクロ⁽⁷⁾という機能を使って単純作業を自動化してみる。マクロは Word，Excel，PowerPoint のいずれでも使うことができるが，ここでは Excel の例を示す。手順に沿えば必ずできるので，ぜひ Excel を起動して，一緒に進めていってほしい。

「開発」タブを表示する

マクロの機能は「開発」というタブにまとめられているが，初期設定ではこれが表示されていないので，以下のようにしてタブを表示する。

1．「ファイル」タブから「オプション」を選ぶ。

2．現れたパネルで「リボンのユーザー設定」を選ぶ。

3．すると図XⅡ-10のようになるので，右側の一覧で「開発」にチェックを入れ，最後に OK ボタンを押す。

---

(7) 「Ⅵ. 証す」でふれたように，マクロを使えばアプリやゲームを作ることもできるが，ここではごく初歩の機能だけを使う。

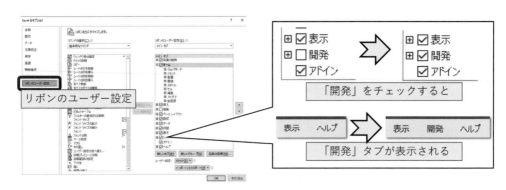

図XII‐10　「開発」タブを表示する

操作を記録する

「開発」タブにある「マクロの記録」を使うと，操作をマクロとして記録できる。ここでは練習として，以下の手順に沿って「新しいシートに時間割の表を作る」マクロを作ってみよう。

1．「開発」タブの「マクロの記録」を押す（図XII‐11：「マクロの記録」が「記録終了」に変わる）。

図XII‐11　「マクロの記録」が「記録終了」に変わる

2．「マクロの記録」ウィンドウが開くので，マクロ名を任意に変更して（たとえば「時間割作成」），「OK」で決定する（図XII‐12）。

図XII‐12　マクロ名を任意に変更して OK を押す
（変更しなくてもよい）

3．新しいシートを追加する（Sheet 2 ができる）（図XII‐13）。

図ⅩⅡ - 13　シートの追加

4．図ⅩⅡ - 14を参考に，時間割を作る。この時，セルの色や罫線などは自由に設定する。

	月曜	火曜	水曜	木曜	金曜
1限					
2限					
3限					
4限					
5限					
6限					

図ⅩⅡ - 14　　時間割の例

5．「開発」タブの「記録終了」を押す（2とは逆に「記録終了」が「マクロの記録」に変わる）。
　　これで操作が記録される。

操作を再現する

　以上のようにして記録された操作は，マクロを実行すれば再現される。マクロの実行方法は以下の通りである。

1．「開発」タブの「マクロ」を押すと「マクロ」ウィンドウが開くので，先ほど「操作を記録する」の2でマクロ名として設定した名前を選択して「実行」を押す（図ⅩⅡ - 15）（指定していなければ，一番下にあるマクロを選択する）。

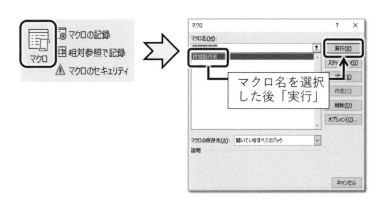

図ⅩⅡ - 15　マクロの実行

2．新しいシートが開き，「操作を記録する」の4で作ったものと同じ時間割が作られる。時間割は瞬時に作成されるので，何も変わっていないように見えるかもしれないが，マクロを実行するたびにシートが増えていくので確認してみよう。

マクロを保存して使う

　マクロを保存したい場合，通常とは異なるファイル形式を指定する必要がある[8]。したがってファイルから名前を付けて保存する際は，図XII‐16のように，名前だけではなくファイルの種類も指定する。マクロが使えるファイル形式には「マクロ有効～」と添えられているほか，xlsm，docm，pptm など，拡張子の最後に「m」が付けられていることからも判別できる[9]。なお，旧バージョンの Office で使われていた xls，doc，xls でもマクロを保存できるが，互換性や安全性の面で問題があるため，特段の事情がない限りこれらを使ってはならない。

図XII‐16　形式を「マクロ有効～」にして保存

　以上のように形式を指定して保存したファイルをいったん閉じて開くと，数式バーの上に図XII‐17のような警告が出る。「セキュリティの警告」と書かれているため最初は少し驚くが，これは主にマクロウィルス（HINTS で後述）を予防するためのものなので，自分が作ったファイルであれば「コンテンツの有効化」を選択してマクロを有効にしよう。

　なお，この警告はファイルを開くたびに表示される。セキュリティの設定を変えれば警告が出ないようにすることもできるが，安全のためのひと手間だと考えてもらいたい[10]。

---

(8)　一時的にマクロを使って作業しただけであれば，あえて保存しないこともできる。この場合，マクロが保存されない旨の警告が出るが，無視してよい。

(9)　ファイルに添えられている，ドット（.）で始まるアルファベットのことで，これを見ればファイルの種類を識別できる。たとえば xlsx や xlsm，xls など xls で始まるものは Excel で開くファイル，doc で始まるものは Word で開くファイルであることを意味している。

(10)　毎回ボタンを押すだけなので無駄だと思うかもしれないが，一瞬だけでも「判断」が入れば，違和感に気づくことができる。これと似た仕組みがハンコにもある。認め印は上下がわかりやすいようハンコの本体に切り欠きや出っ張りがあるが，実印にはそれらがない。このため実印を押す時には印面を確認する必要がある。これにより，実印を押していいのかどうか，たった一瞬でも判断してもらいたいとの願いが込められているのだという。

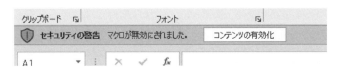

図XII‑17　コンテンツの有効化

【HINTS】　マクロウィルス

　マクロは非常に便利であるが，これを悪用して「マクロウィルス」が作られることもある。マクロウィルスは他のコンピュータウィルスと同様，感染すると増殖や破壊，情報漏洩，金銭の要求などを行う。

　マクロウィルスはメールに添付されることが多い（図XII‑18）。この時，「大切な書類ですので，至急ご確認ください」のような文面とともに送られてくることが多いため，うっかり添付ファイルをダウンロードしそうになるが，まずは文面や送信元などをよく確認してほしい。

　もし添付ファイルをダウンロードしても，開く前に拡張子を確認しよう。先ほど実習したように，マクロが使えるファイルは，拡張子の末尾に「m」がついているが，xls，doc，ppt など旧式のものには「m」がなく，これらを開く時には特に注意が必要である。

図XII‑18　マクロが入った添付ファイルの例

　また万一ファイルを開いてしまっても，心当たりがないなら不用意にマクロの実行を許可せず，念のため発信元に確認することを習慣づけよう。

XII.4　アプリを開発する

　以上のようなマクロは，実は VBA（Visual Basic for Applications）というプログラミング言語を利用したものである。プログラミング言語とは，プログラムを記述するための言語体系であり，目的に応じて様々な種類がある。中でも VBA は Word，Excel，PowerPoint などを制御することに特化した言語で，使いこなせれば書類や伝票などを効率よく作成できる[11]だけでなく，「VI. 証す」でふれたようにゲームも作成できる。

　VBA 以外にも，ゲームの制作に向いた言語や Web アプリの開発を得意とする言語，統計に

---

[11]　このため，研究や職場で Office を多用する場合，最も実用的なプログラミング言語の一つといえる。

特化した言語など様々な言語がある（表XII‐2）。これらを使えば，ゲームでもスマホアプリでも，自分がほしいと思うものを自分で創り出すことができる。最初は簡単なものしかできないが，オリジナルのアプリを開発することはとても楽しいので，ぜひチャレンジしてほしい。また，Word の知識やスキルが Excel や PowerPoint で活かせたように，一つの言語に慣れれば他の言語を使う時にも応用できるので，最初から無理に高度な言語を学ぶのではなく，自分にとって親しみやすいものから始めよう。

【HINTS】　成長とは背伸びが普通になること

　マクロを組んで作業を効率化したり，自作のプログラムを作ったりすることは敷居が高いように感じるかもしれないが，一度慣れてしまえばそれが普通になる。「どうせ自分には無理だろう」と思った人は，試しに自分がよく使う作業のショートカットを探し，普段の作業に採り入れてみよう。

　たとえば資料やレポートを作る際に多用する「形式を選択して貼り付け」のショートカットキーは ［Ctrl］+［Alt］+［V］（あるいは ［option（Alt）］+［command］+［V］）なので，これを採り入れてみる。すると，1 週間もしないうちに，それが「当たり前」になっていて，それなしでは作業効率が落ちることに気づくだろう。最初は背伸びだったことが普通になる，それが成長である。

演習

1. 表XII‐2 は，国内でよく使われるプログラミング言語の一部を表にしたものである。この表のうち，自分で興味をもったものを一つ，Web で調べてみよう。

表XII‐2　様々なプログラミング言語

HTML	Web ページを作るための言語。準備や習得が簡単で，ごく簡単な Web ページであれば，すぐに作成できる。CSS という言語（のようなもの）を併用すれば，ページの見た目を美しくできる。
Ruby	Web アプリやスマホアプリの開発に使われる。Twitter やクックパッドは最初これで作られた。日本人が開発したため，日本語の解説書や Tips（用例）が豊富にある。
Python	PC 用アプリのほか，AI や IoT のシステム開発などに使われる。VBA のように Word や Excel，PowerPoint の処理を自動化することもできる。文法が比較的平易で，C 言語との相性もよい。
JavaScript	Web アプリやスマホアプリの開発によく使われる。Web ページのクリエイターであれば誰でも触ったことがあるといえるほど普及している。
Java	自由度が高く，処理速度も速い上，セキュリティもしっかりしているので，企業などでの人気が高いが，初心者には少々難解。JavaScript とは別の言語。
Swift	iOS アプリの開発に特化した言語。コードが読みやすいため習得しやすいが，Apple 製品以外の開発には向かない。
C 言語	非常に汎用性が高く，処理も速いため，PC 用アプリだけではなく OS まで作成できる。銀行 ATM やコピー機，炊飯器や体温計に至るまで，C 言語で制御している例は多い。コンピュータの仕組みを知る上でも有用だが，初学者には文法が難しく見えることでも有名。

| R | データ分析や統計解析に秀でた言語。機械学習にも向いている。 |
| Scratch | 小学生〜高校生向けの教育用プログラミング言語で，ブロックを積み重ねるようにしてプログラミングを行う。プログラムの仕組みを楽しみながら学ぶことができる。幼児向けには Scratch Junior という言語も用意されている。 |

2．CODE.org® の Web サイト（ https://studio.code.org/courses ）を訪れ，「Hour of Code（アワーオブコード）」のいずれかのコースでプログラミングを体験してみよう。また，興味があれば他のコーナーも試してみよう（この時，対象年齢はそれほど気にしなくてよい）。

XII.5　未来を「創る」

経験は古くならない

　ツールが新しくなっても，その本質は変わらない。たとえば，このテキストが出版されて数年が経てば，新たなアプリやサービスが出現し，これまでに挙げたものに取って代わっているかもしれない。しかし，1876年にグラハム・ベルが世に送り出した電話が現代でも形を変えてコミュニケーションツールの一翼を担っているように，新しいツールも旧来のツールの良さを継承し，新たな良さを追加したものになっているはずだ。

　だからこそ，知識とスキルの積み重ねは決して古くならない。どれだけ新しいツールや環境であっても，それまでに培った経験は必ずアドバンテージになる。その実例が，皮肉にも災害で証明されている。

　2020年に日本を襲った COVID-19の災禍は，ワーキングスタイルやコミュニケーション方法を大きく様変わりさせた。テレワーク化が一気に加速し，一部を除いて大学の授業もオンラインで行われたことに伴い，それらを支えるシステムの利用が半強制的に進められ，旧来のシステムのいくつかは淘汰された。

　そのことの弊害ももちろんあったが，ここでは，そうした急速な進展にもかかわらず，私たちの社会が決定的な機能不全に陥らなかったことを覚えておいてほしい。人は不慣れなシステムであっても，これまでの経験を活かしてそれらを使い，コミュニケーションをとりながら事態に対処した。これが可能だったのは，何をするかという目標が変わらず，ツールだけが変わったからである。

コミュニケーションと創造

　新しいものを創造する際，個々人の能力を合わせると，その総和以上のものができる。これは，個人の能力などたかが知れている，というネガティブな意味ではない。浮世絵が，絵師，彫り師，刷り師，版元と多くの人の手によって世に送り出されたように，現代においてもそれぞれの道のスペシャリストが協力し合うことで，メンバーでさえ想像し得なかったものが創造できる，ということである。浮世絵の時代と違うのは，そのスピードと蓄積される知識の量であり，様々なツールを活用することで，個々人の能力を大きく超えた質のものを，驚くべき速さで生み出すことができる時代になってきている。

　また，個々人の能力を合わせるというのは，必ずしも協力し合うことと同義ではない。それぞれが相手の意見や手法などを否定していても，議論や改善を重ねることで，互いの優れている部分が組み合わされ，より高いレベルの到達に至ることもある。Ⅷ章の〈コラム　売らない店舗〉で紹介した例は，あえて矛盾する概念を導入することで新しいサービスやシステムを生み出した好例といえる。多くの才能が集まるコミュニティでは，互いの意見や手法がぶつかり合うようなことも少なくない。もちろん，否定のための否定は何も生まないが，創造的な否定もあることを知り，ぶつかり合うようなコミュニケーションを恐れず，新しい地平を拓いていってもらいたい。

---

(12)　哲学では「アウフヘーベン」（aufheben：止揚）と呼ばれる概念で，否定を発展のきっかけと捉える。

┌─ コラム ───

AI の心

「気まぐれ人工知能プロジェクト　作家ですのよ」という取り組みがある。曰く "星新一のショートショート全編を分析し，エッセイなどに書かれたアイデア発想法を参考にして，人工知能におもしろいショートショートを創作させることを目指す" とのことで，Web サイトを訪れると「成果」として実際に AI が書いたというショートショートが読める。その中にある「私の仕事は」という作品には人間とロボットが登場するが，これを AI が書いたとなると，戸惑いに似た感覚を覚えるだろう。

この戸惑いは，私たちが理性ではなくイメージで判断していることの現れである。「AI に心はあるのか」に対する意見はさておき，「AI」と「人間」から連想されるイメージは異なる。だからこそ，AI が書いた文章から人間味を感じるという矛盾に困惑するのだろう。

こうしたイメージを用いることで，私たちは素早く，まあまあの正確さをもって物事を判断できる。もしイメージがなければ，買い物をする場合でさえ，目の前の商品が購入対象かどうかをパッケージや品番などと照合しながら判断しなくてはいけなくなる。コンピュータはまさにそれを行っていて，どのコンピュータでも，私たちでは実行不能な速さで，目当ての商品かどうか正確に判断する。こうした計算に基づく判断をアルゴリズム（algorithm）という。これに対して，ヒトが行っている判断はヒューリスティクス（heuristics）と呼ばれる。イメージで判断するため高速だが，そのぶん不正確なので，時々間違って商品を購入する。

イメージによる判断は，知覚や感覚でも行われている。「濡れている」という感覚は触覚と冷覚が複合した錯覚によるものであるし，キンモクセイの芳香を「花のいい匂い」と捉えるか「おいしそう」と感じるか「トイレの芳香剤だ」と思うかもイメージによる。同様に，ゲームに登場するドットで描かれた勇者は違和感なく勇者に見えるし，お姫様の横にハートがあれば，描かれていないラブストーリーさえ想像できる。また，接客用ロボットが合成音声でぎこちない挨拶を再生すれば，私たちは「こんにちは」と挨拶を返すかもしれない。つまり私たちは，デジタルをイメージで包み，感覚として共有することができるのだ。

そう考えると，AI に心があるかどうかは，法律や人権の問題を除けばそれほど大きな問題ではない。心の有無にかかわらず，今後は，あるいはもうすでに，日常の様々な決定に AI が関わる。その結果，AI が人間を支配するという懸念があるかもしれない。しかし，抽象的なイメージをアルゴリズムに乗せることは，人間にしかできない。AI と人間の違いに戸惑いながらも，その矛盾をきっかけにしてさらなる高みに到達する力が，私たちにはある。このテキストを通じ，その準備はすでに整っている。あとは各自の興味と想像力を乗せて，豊かな未来を創っていってほしい。

└──

あとがき

　大学生が情報リテラシーを学ぶための書籍は広く公刊されている。それらに目を通す機会はあったが，内容が物足りない，操作方法に偏っている，時代に即していないなど，授業で利用でき，かつ自身で専門的な内容まで学べる教科書として活用できるものに出会うことがなかった。そうであれば自分たちが伝えたい，学生に身につけさせたい内容を盛り込んだ教科書を作ろうと考えたことが発端で，この書籍が生まれた。

　Society5.0と呼ばれる新たに到来する社会に向かっている現在，コンピュータを活用できる情報リテラシーは，「読み書き計算（そろばん）」と同じく基盤となる能力である。高等学校で教科「情報」を受講しているはずの大学生であっても，スマートフォンは難なく使いこなせても，十分な情報リテラシーを身につけているとはいい難い。インターネット利用が生活の一部になっている現在，ネットワークリテラシーは重要な能力ではあるが，社会で働く人にとってやはりコンピュータリテラシーは必要不可欠な能力といえる。「私はアナログな人間でコンピュータは使えません」といういい訳は，今は通用しない。

　本書は後者のリテラシーに焦点を置き，コンピュータを使いこなす知識と技能，そして知識を処理・応用・創造する思考力・判断力・表現力を育成することを目的としている。文書作成・表計算・プレゼンテーションなどの主なソフトが操作できる技能だけでなく，学ぶ内容全体の流れを俯瞰した上で，重要なポイントを押さえて詳細を学ぶ構成になっている。

　未来から来た友人を交えた2人の会話から始まり，重要なポイントのヒント，そしてその内容に関連するコラム，知識の習得を確認する演習問題など，多様な切り口で変化に富む構成となっている。本書に出てくる用語は重要なポイントであり，「なるほど」とヒントを与えてくれる内容が書かれている。ページ数の制限もあり，一度読んでも理解し難い言葉や内容があると思う。しかし，短い言葉だからこそ読者に疑問や関心をもたせる部分もある。自分で調べてみる，あるいは演習を試してみて，再度読み直すことにより理解が深まる内容になっている。初めてコンピュータを学ぶ人だけでなく，かなり精通している人にとっても，「へえ，そうなんだ」と思う内容が多く含まれている。

　本書はコンピュータ操作マニュアルではない。核となる考え方を学び，それを技能として実践できる内容になっており，コンピュータに興味を覚え，役立つツールであると実感できる書である。本書がさらに情報リテラシーを深く学びたいという動機づけになれば幸いである。

2020年12月20日

監修者　篠原　正典

索　引

251

《監修者紹介》

篠原　正典（しのはら　まさのり）
　現　在　佛教大学教育学部教授。
　主　著　『新しい教育の方法と技術』（共編著）ミネルヴァ書房，2012年。
　　　　　『教育実践研究の方法』（単著）ミネルヴァ書房，2016年。
　　　　　『教育の方法と技術』（共編著）ミネルヴァ書房，2018年。

《執筆者紹介》（執筆順，執筆分担）

上出　　浩（うえで　ひろし）第Zero章，第Ⅰ章，第Ⅵ章，第Ⅸ章，第Ⅹ章，第ⅩⅠ章
　現　在　佛教大学・立命館大学・京都橘大学・帝塚山大学非常勤講師。
　主　著　『Visual Basic.NET ——まなぶ・おしえるプログラミング（まなぶ編）』（単著）西日本法規出版，
　　　　　2004年。
　　　　　『いま日本国憲法は——原点からの検証（第6版）』（共著）法律文化社，2018年。
　　　　　『憲法問題のソリューション』（共著）日本評論社，2021年。

角田あさな（かどた　あさな）第Ⅱ章，第Ⅳ章，第Ⅴ章
　現　在　元佛教大学非常勤講師。
　主　著　「ルイス・キャロルの『アリス』シリーズにおける二者性の表現」立命館大学大学院先端総合学
　　　　　術研究科『Core Ethics』第11号，2015年，35-45頁。

破田野智己（はたの　ともみ）第Ⅲ章，第Ⅶ章，第Ⅷ章，第ⅩⅡ章
　現　在　関西学院大学理工学研究科/感性価値創造インスティテュート専門技術員，立命館大学人間科学
　　　　　研究所客員研究員。
　主　著　『「対人援助学」キーワード集』（共著）晃洋書房，2009年。
　　　　　「ギャンブルの分析と可視化に向けた基礎的検討——ギャンブルのイメージを基にしたギャンブ
　　　　　ル行動の構造の検証」『立命館人間科学研究』第39号，2019年，1-11頁。

大学生のための情報リテラシー
——活用力が身につく12章——

| 2021年3月31日　初版第1刷発行 | 〈検印省略〉 |
| 2024年4月10日　初版第5刷発行 | |

定価はカバーに
表示しています

監 修 者	篠　原　正　典
	上　出　浩　己
著　　者	破田野　智　己
	角　田　あさな
発 行 者	杉　田　啓　三
印 刷 者	中　村　勝　弘

発行所　株式会社　ミネルヴァ書房

607-8494　京都市山科区日ノ岡堤谷町1
電話代表　（075）581-5191
振替口座　01020-0-8076

Ⓒ篠原・上出・破田野・角田, 2021　　中村印刷・新生製本

ISBN978-4-623-09092-1

Printed in Japan

田中共子 編

よくわかる学びの技法［第3版］

新入生向けに「読む・聞く・書く・レポートする」の学ぶ技法を，パソコンを使った実践をふくめわかりやすく解説した好評書，最新版。　　　　　　　　　　　　　　　**B5判　180頁　本体2,200円**

川崎昌平 著

大学1年生の君が、はじめてレポートを書くまで。

ノートの取り方，図書館の使い方，ネットの読み方，意見の立て方，引用の仕方…大学生になったけれど「どう勉強すればいいの」に答える。　　　　　　　　　　　　　　　**A5判　168頁　本体1,400円**

白井利明・高橋一郎 著

よくわかる卒論の書き方［第2版］

卒論を書き進めていく上で必要な研究・執筆に関する知識や方法を，体系的かつ具体的に解説する。「パソコンの使いこなし方」や「文献の集め方」の解説の記述を改めるなど，最新の内容に改訂した第2版。　　　　　　　　　　　　　　　**B5判　224頁　本体2,500円**

坂谷内勝 著

わかる！ 小学校の先生のための統計教育入門

算数が苦手な先生のために，難しい公式・数式・記号は使用せず，間違いやすいところを詳しく説明。小学生にとって身近なデータやExcelの使い方を初歩から学ぶ。　　　　　　　　　　　　**B5判　144頁　本体2,200円**

森田健宏・田爪宏二 監修／堀田博史・森田健宏 編著

よくわかる！ 教職エクササイズ⑥

学校教育と情報機器

学校現場でICTを活用できる総合的な能力を育成するための「情報機器」の入門書。
　　　　　　　　　　　　　　　B5判　208頁　本体2,200円

━━ ミネルヴァ書房 ━━

https://www.minervashobo.co.jp/